COLLECTION MICHEL LÉVY
— 1 franc le volume —
1 franc 25 centimes à l'étranger

MÉRY

UNE HISTOIRE
DE FAMILLE

PARIS
MICHEL LÉVY FRÈRES, LIBRAIRES-ÉDITEURS
RUE VIVIENNE, 2 BIS
—
1856

UNE HISTOIRE
DE FAMILLE

PARIS. — TYP. DE Mme Ve DONDEY-DUPRÉ, RUE SAINT-LOUIS, 46.

UNE HISTOIRE
DE FAMILLE

PAR

MÉRY

PARIS
MICHEL LÉVY FRÈRES, LIBRAIRES-ÉDITEURS
RUE VIVIENNE, 2 BIS

—

1856

— Traduction et reproduction réservées. —

UNE HISTOIRE
DE FAMILLE

I

Le Boulevard des Italiens.

Il y a une foule d'histoires bourgeoises qui ne sont pas écrites, et qui pourtant renferment plus de leçons essentielles à la vie commune que les histoires des Grecs et des Romains. On ne retire aucun profit de la lecture des guerres puniques, des guerres du Péloponèse, des guerres sociales et de toutes les batailles qui sont l'histoire sanglante de notre cimetière universel. Bien au contraire : on veut encore se battre parce qu'on s'est toujours battu. Voilà le profit. Les catastrophes domestiques et instructives, accomplies sans retentissement, restent trop souvent ensevelies sous une toiture d'ardoises, entre quatre murs : un certain nombre arrive à l'éclat par un hasard de publicité. La justice s'en empare, et la leçon est donnée par les débats des tribunaux.

Mais le crime a surtout sa zone nébuleuse, sa voie lactée ; ce que le crime commet dans certaines circonstances exceptionnelles n'est pas toujours découvert et puni. L'œil de l'homme justicier ne perce pas toutes les portes et tous les murs. Si les dépositaires de secrets écrivaient les confidences horribles qu'ils ont reçues, les livres d'histoires domestiques abonderaient et seraient pleins de salutaires leçons. On a quelquefois la ressource de déguiser les histoires en romans : ce procédé diminue, par malheur, leur importance, mais du moins elles ne sont pas perdues, il en reste toujours un certain profit. On dénature alors les noms des personnages, et on raconte les faits, comme dans ce qui est offert au lecteur en ce moment.

A Paris, il y a des printemps qui continuent l'hiver jusqu'au mois de juin : les arbres sont verts, les jours longs, les fraises mûres, mais la pluie tombe, le ciel est gris, le pavé noir. Aux embouchures des passages du boulevard, stationnent des provinciaux mélancoliques qui attendent un fiacre ou un rayon de soleil, invisibles tous deux. Sur la porte des restaurants et des cafés, les maîtres contemplent l'absence du promeneur avec des yeux funèbres, et répètent sur tous les tons cette phrase : — A-t-on jamais vu un printemps comme celui-là! Les amis s'abordent sous le parapluie, en échangeant cette nouveauté : — Comprend-on un mois de mai comme celui-ci! — C'est la lune rousse. Or cette lune, fille des tristes Hyades, a souvent douze quartiers; elle se lève tous les ans à la même époque, et tous les ans elle tourmente les parapluies, les passants, les chevaux, les saltimbanques, les péripatéticiens, les candidats des académies, les ténors ambulants, les organistes barbares; enfin, toute cette intéressante classe de piétons qui, sur la foi de l'almanach, comptent sur un pavé sec, un trottoir habitable, un ciel propice, un printemps fidèle à ses engagements officiels.

Un beau matin, vers les calendes de juin, la lune rousse se fait blanche, *alba serenat*, comme dit le proverbe latin, c'est la résurrection d'une ville. L'air est tiède, le ciel bleu, le trottoir poli, le pavé blanc. La vie est dans l'air, la joie est aux balcons, les fleurs aux terrasses, les femmes aux fenêtres, le soleil partout. Il n'y a plus de passants, il y a des promeneurs; les tentes, les marquises, les lambrequins abritent le seuil des boutiques; les lettres d'or rayonnent sur les enseignes comme des illuminations du jour; les statues des Tuileries semblent sourire à un peuple vivant; la rivière roule des eaux vertes; le boulevard roule des visages gais; toutes les femmes sont belles, et on les aime toutes; elles passent d'un pied parisien sur l'asphalte avec des sourires de printemps, des robes de printemps, des grâces de printemps; mères ou jeunes filles, toutes du même âge, la joie au front, les perles aux lèvres, les lilas aux mains. Non, rien au monde de si charmant que ce premier beau jour de Paris; il faudrait payer vingt francs l'ardoise sur la terrasse de l'Opéra pour le voir passer.

C'était donc un de ces jours-là. Paris se promenait beaucoup, pour payer un arriéré de sept mois à l'asphalte du boulevard, depuis la Madeleine jusqu'à la Bastille absente. Le cadran directeur du Café de Paris marquait six heures et demie; les vitres des restaurateurs encadraient des visages frais, penchés sur des assiettes, et contractés par le mécanisme comique de la trituration. Devant Tortoni, les gastronomes réguliers se donnaient un supplément d'appétit avec les libations préliminaires de l'absinthe. Des groupes de jeunes gens, irréprochables de mise, se balançaient sur des chaises, en attendant sept heures; d'autres allaient et venaient en donnant des signes d'impatience à leurs montres consultées, et en maugréant contre l'infidélité d'un rendez-vous. Puis, tout à coup, si une jolie femme, en robe d'été, gracieusement suspendue au bras d'un mari quelconque, passait sur ce degré du boulevard, les chaises suspendaient leur balancement, les causeurs se taisaient, les yeux ne consultaient plus les montres, et les buveurs d'absinthe arrêtaient sur leurs lèvres la coupe teinte de vert. Tout ce monde disait en chœur, sur le même ton : — Voilà une bien jolie femme ! Simple tribut que le passant croit devoir payer à la beauté.

Une calèche s'arrêta, un homme d'un certain âge descendit lestement, et offrit la main à une jeune fille dont la beauté parut faire une vive sensation dans les groupes des causeurs assis. Les promeneurs s'arrêtèrent involontairement, et un long murmure mélodieux courut sur toute la la ligne. Les visages des vitres devinrent immobiles comme les fourchettes que tenaient les mains.

En mettant le pied sur le boulevard, la jeune fille avait un sourire d'ange; elle lança rapidement un regard circulaire pour tout voir à la fois dans le charmant tableau qui l'environnait; elle témoignait la joie enfantine de la pensionnaire rendue au monde et à la liberté.

— Six heures et demie ! dit l'homme qui l'accompagnait ; nous sommes trop exacts ; asseyons-nous et attendons.

— Ah ! on peut s'asseoir ici ? dit la jeune fille en fermant son ombrelle.

— Oui, Blanche, c'est comme à la promenade des Tilleuls, chez nous.

— Mon Dieu ! que Paris est beau ! reprit la jeune fille... Cher père, nous sommes au boulevard Italien, n'est-ce pas ?

— Oui, ma fille... Voilà le Café de Paris, le fameux Café

de Paris; voilà Tortoni, dont on parle tant. Cette grande maison que tu vois là-bas, c'est l'Opéra-Comique; l'Opéra est dans cette rue à gauche. Voilà la Maison-d'Or.

Blanche éprouvait des frissons de joie en écoutant ces noms si parisiens, et ses belles joues prenaient le double incarnat de l'enthousiasme et du bonheur.

— Voilà un quartier que je voudrais bien habiter, dit-elle, toutes les maisons ressemblent à des palais.

— Eh bien! ma fille, nous l'habiterons probablement quelque jour... Le comte San-Nereo, ton futur mari, est propriétaire d'une jolie maison rue du Helder, là tout près... Mais il se fait bien attendre, ton charmant futur!... Il est vrai que ce bon San-Nereo s'occupe probablement de toi en ce moment; il fait des emplettes chez Delille.

— Ah! Delille! oui, je connais ce nom, dit Blanche comme en *à parte*... Et vous croyez, ajouta-t-elle d'un ton discret, que M. San-Nereo est aux emplettes chez Delille?

— Là, ou ailleurs, dit le père en souriant; il s'occupe de toi, voilà ce qui est positif. Seulement, le comte San-Nereo est dans son tort; il devrait savoir que nous arriverions, nous, à Paris, avec l'exactitude ponctuelle du chemin de fer, et il aurait dû prendre toutes ses précautions pour nous recevoir au rendez-vous qu'il avait indiqué lui-même, ici, sur le boulevard.

— Au reste, dit Blanche en riant, il est fort excusable, s'il est chez Delille, comme vous le pensez.

— C'est que, reprit le père, le comte San-Nereo se pique d'exactitude; il est esclave d'un plan, lorsque c'est lui qui l'a conçu. Or, voici son plan tel que nous l'avons reçu à Évreux.

Le père de Blanche tira de sa poche une lettre et lut :

« A six heures et demie, le 7 juin, sur le boulevard, devant le Café de Paris ; nous dînerons dans le voisinage. A huit heures, je vous accompagnerai jusqu'à votre cottage de Saint-Mandé, où tout est prêt pour vous recevoir ; c'est votre fidèle Léonie, la vieille gouvernante de mademoiselle Blanche, que j'ai installée là, hier, d'après vos ordres, etc., etc. »

— Je crois, dit Blanche, que nous arriverons fort tard à Saint-Mandé... Mais, comprenez-vous, mon bon père, l'idée du comte San-Nereo, qui nous exile à la campagne le jour de notre arrivée, et nous permet à peine de traverser Paris ?

— Oui, dit le père, il a encore ajouté cela à son plan. San-Nereo est un excellent jeune homme ; c'est le fils de mon vieux compagnon d'armes de la division italienne, ainsi je l'aime beaucoup ; mais je reconnais qu'il a des bizarreries assez étranges dans le caractère, et je le crois jaloux, mais jaloux comme on ne l'est plus aujourd'hui... Redoutes-tu ce défaut, ma petite Blanche ?

— Moi ! dit la jeune fille en haussant les épaules, je n'ai jamais réfléchi sur la jalousie, mais il me semble que ce n'est pas un défaut ; c'est un luxe d'affection. J'aime le luxe en tout... Mais, dites-moi, bon père, à quel propos me parlez-vous de ce défaut ou de cette qualité de mon futur mari ?

— A propos de son plan de mariage ; il t'a promis de te montrer Paris, il tient parole ; voilà le boulevard des Italiens, c'est Paris, la plus petite ville du monde : elle commence aux Bains Chinois et finit au théâtre des Variétés. Tout le reste n'est que du remplissage. Puis, l'exhibition de ce Paris faite, il t'ouvre l'ermitage de Saint-

Mandé ; vous vous mariez dans huit jours, et le lendemain des noces vous partez pour faire un voyage de trois ans. Le comte San-Nereo craint Paris.

— Son plan a été accepté, dit Blanche avec résolution ; quant à moi, je n'ai aucune objection à faire : il est vrai qu'après notre voyage je compte bien décider le comte San-Nereo à me faire voir le remplissage de Paris.

— C'est possible, dit le père ; après trois ans de mariage un mari ne ressemble plus au futur.

Le comte Gaëtan de Sullauze, père de Blanche, était un colonel de la vieille roche, habitué à penser très-haut, et à parler plus haut encore, comme un homme qui, pendant une bataille de vingt ans, avait toujours causé avec l'artillerie. Assis au boulevard, en ce moment, il laissait à sa voix de conversation le diapason du foyer domestique de province : ceux qui étaient assis à côté de lui n'existaient pas ; son égoïsme paternel n'avait des yeux et des oreilles que pour sa fille ; Paris était peuplé par lui et par la belle Blanche, et on attendait le troisième habitant.

Il arriva enfin, le jeune comte San-Nereo, et dans son égoïsme d'amoureux, il traita aussi le boulevard Italien comme un absent ; une main dans la main de Blanche, et l'autre dans la main du beau-père, il s'excusa de son retard, raconta ses courses, cita vingt noms de marchands, accabla Paris de malédictions, et, sa montre à la main, il s'écria :

— Maintenant, allons dîner.

Et en offrant le bras à mademoiselle Blanche, il lui dit :

— Vous arriverez fort tard à Saint-Mandé ; mais tout est prêt pour vous recevoir.

— Le temps tourne à l'orage, dit Blanche en se levant,

et en montrant l'horizon, je suis charmée de passer la nuit à la campagne ; il y aura de la fraîcheur sous les arbres, et j'en profiterai. J'aime mieux la promenade que le sommeil, quand l'air est étouffant.

Ces trois personnes qui venaient de raconter ainsi leurs affaires en public causèrent encore une certaine agitation après leur départ ; tous les yeux suivirent, jusqu'à la porte du restaurant, cette jeune fille si belle, qui traversait Paris pour éblouir et disparaître, comme un météore de grâce et d'amour.

Lorsque le bonheur prend un corps, se matérialise et s'étale en public, on aperçoit d'étranges contractions sur certains visages. Le comte San-Nereo ne se doutait pas qu'il venait de se susciter à lui-même des ennemis, dans ce monde d'inconnus qu'il avait traversé. On disait çà et là, sur la ligne des chaises : — Il n'est pas beau, le marié. — Sa tête ressemble à une tache d'encre sur une cravate blanche. — C'est un Brésilien déguisé. — C'est un ex-noir. — Il est mis au dernier goût du Sénégal. — J'ai pris son gilet pour une redingote de dessous. — Et cette belle fille qui est condamnée à quarante ans de cet homme ! — Et innocente ! — Et elle n'a point de cour d'appel ! — Ni de cassation ! — Ce doit être un mari californien ! — Elle l'épouse comme un lingot. — Au moins, si elle pouvait le mettre au mont-de-piété ! — Ou le fondre à l'hôtel des Monnaies. — C'est affreux de penser qu'avec de l'or on peut acheter en mariage une belle fille comme celle-là. — Et il y a des pères qui se prêtent à ces marchés ! — Ce père a même un air très-joyeux. — Il ressemble à un actionnaire ruiné, cheveux gris, moustache blanche, lunettes d'or, ruban rouge ; ce père est receveur particulier dans son endroit, je parie dix louis. — C'est égal, la fille est superbe, je n'ai jamais rien vu de plus beau ; elle a illuminé le boulevard. — Voyez comme tout s'est fait sombre, quand elle a disparu ! — Oui, il semble que le soleil s'est couché à sept heures, au mois de juin.

Un jeune homme qui était assis sur quatre chaises, se leva paresseusement, rajusta son gilet sur la ceinture, fit tourner son *stick* entre ses doigts, et dit d'un ton sec ces deux mots :

— Viens-tu?

Le *viens-tu?* s'adressait à un gros garçon de vingt-cinq ans, doué de cette obésité précoce qui est le signe d'une indolence constitutionnelle reçue au berceau et guérie par la tombe. Celui-ci se leva et se suspendit au bras de son ami, dont le torse herculéen le remorqua sans peine jusqu'à l'angle de l'asphalte du boulevard.

Là, le colosse remorqueur poussa un monosyllabe guttural qui réveilla en sursaut un *groom* endormi sur le siège d'un tilbury.

— Va nous attendre, lui dit-il, devant le second passage de l'Opéra, et ne dors plus.

Et laissant tomber son bras de soutènement pour rendre à son ami la liberté de marcher seul, il lui dit à voix basse :

— Cours chez moi ; prends ce que tu sais ; ne perds pas une minute ; je t'attends ici, dans les trente pas du trottoir.

— C'est donc bien décidé? demanda tristement l'autre.

— Comment donc! tout ce qu'il y a de plus décidé.

— Cette maudite femme qui est venue s'asseoir à côté de nous! dit l'autre, en déchirant un gant ; il nous arrivera malheur!

— Voyons! reprit le colosse d'un ton sévère, veux-tu

m'aider, oui ou non? Tes échéances de fin courant les payera qui voudra.

A cet argument, l'ami baissa la tête et dit :

— Tant pis ! on ne voit l'enfer qu'une fois !

Et il courut pour faire la commission dont il était chargé.

Ce jeune homme, qui paraissait avoir à ses ordres un esclave blanc, ne quitta pas la ligne du boulevard, et ses regards, jamais distraits, se concentrèrent sur un seul point ; dans cette foule joyeuse qui fume, parle, fredonne, crie après dîner, personne ne remarqua son agitation fébrile et les éclats fauves de ses yeux. Cette foule du boulevard est une absence d'hommes. Tout le monde sort de table ; la vapeur des vins et des liqueurs flotte sur toutes les paupières ; chacun suit de l'œil la fumée de son cigare ; on ne remarque rien ; les plus proches voisins sont très-éloignés.

Le jour s'éteignait dans le crépuscule, lorsque le messager arriva, chargé de munitions secrètes. — C'est bien ! dit l'autre ; avant tout, fais-moi passer ma légitime défense ; c'est le meuble essentiel..

Et tout à coup, saisi comme d'un accès nerveux, il entraîna vivement son ami vers le passage de l'Opéra, et dit à son groom :

— Rentre, je n'ai plus besoin de toi.

Les deux jeunes gens montèrent en tilbury, et le cheval, conduit par une main habile, monta lentement la petite côte qui commence à la hauteur de la rue Richelieu. Il fallait se laisser conduire par une calèche qui allait prendre les devants, jusqu'à l'ermitage de Saint-Mandé.

Ce premier dîner parisien avait exalté la tête de mademoiselle Blanche, et ses lèvres, qui venaient d'effleurer le

champagne, lui empruntaient un babil charmant, écouté
par le futur mari avec une extase mêlée d'effroi. Le comte
de Sullauze, qui connaissait à fond le caractère de son
futur gendre, saisissait toutes les occasions pour s'empa-
rer de l'entretien et arrêter la verve folle de sa fille ; mais
Blanche se révoltait contre les interruptions paternelles,
et continuait à s'épanouir dans cette gaieté délirante, excitée encore à chaque pas par le spectacle de ces boulevards
superbes, où les édifices, les théâtres, la foule, les équipages resplendissent aux rayons du gaz et s'illuminent de
toutes les étoiles tombées du firmament.

— Comte San-Nereo, disait-elle à son futur mari, votre
haine contre Paris n'est pas juste ; que vous a fait Paris ?
Je suis sûre que Paris est innocent. Une grande ville comme
celle-là ne se mêle pas des affaires d'un jeune homme.
Vous détestez Paris comme je déteste le rouge ponceau ;
demandez-moi pourquoi, je n'en sais rien. Mais vous chan-
gerez de goût, n'est-ce pas ? vous aimerez ce que j'adore.
Il n'y a que Paris d'habitable au monde. La province est
le cimetière des vivants. Nous avons bien assez de la tombe
après notre mort, ne nous ensevelissons pas dans notre
vie. Vous voulez voyager après notre mariage ? j'accepte ;
voyageons dans Paris ; visitons ce monde inconnu. Changeons d'hôtellerie tous les soirs ; courons les boulevards en
chaise de poste ; prenons un passe-port pour le département de la Seine ; respirons l'air de tous les faubourgs ;
levons-nous, chaque matin, dans une ville nouvelle, sans
changer de ville ; laissons le reste du monde où il est, plai-
gnons-le de n'être pas à Paris, et n'allons pas chercher des
regrets ailleurs, puisque nous ne regrettons rien ici.

L'excitation était, comme on le voit, arrivée à son comble dans la tête de la jeune fille, et les deux auditeurs de la calèche ne trouvaient d'autre réponse à ce plaidoyer que des éclats de rire intermittents et sérieux; on arriva devant la grille de l'ermitage; elle était ouverte; la bonne Léonie attendait.

— Léonie est là, je suis chez moi, dit Blanche en sautant par-dessus le marchepied, sans le secours d'aucune main.

— Elle est vraiment très-exaltée ce soir, dit le comte San-Nereo d'une voix basse et soucieuse à l'oreille du père.

— Oh! ce n'est rien, dit le comte de Sullauze embarrassé; c'est un verre de champagne de trop. La fraîcheur de la nuit calmera toute cette excitation.

San-Nereo parut se contenter de cette raison, qui semblait bonne; il fit ses adieux à son futur beau-père et à la jeune fille; on échangea trois *à demain*, et la calèche reprit la route de Paris, emportant le jeune comte très-soucieux et plus amoureux que jamais.

La petite maison de campagne obtint au premier coup d'œil toutes les sympathies de Blanche; les arbres, les pelouses, les fleurs, les labyrinthes, les charmilles formaient un ensemble délicieux, même dans l'obscurité d'une nuit sans étoiles. L'air était rempli d'une fraîcheur parfumée qui ressemblait à un bienfait du ciel dans les ardeurs d'un orage suspendu sur l'horizon. Aussi Blanche se promit bien de savourer pendant une bonne partie de la nuit ces exhalaisons suaves, qui passent comme un baume divin sur la flamme du front.

Le comte de Sullauze n'avait rien à redouter pour sa fille dans une habitation située aux portes de Paris, entourée de voisins, et sur la limite d'un chemin qui est une grande rue. Il se retira dans sa chambre avec toute sécurité, sans faire la moindre recommandation de prudence à sa fille. Léonie vint offrir ses services à Blanche, qui la congédia en l'embrassant.

Restée seule, la jeune fille descendit du perron dans une toilette de nuit, et traversant une pelouse de gazon et de fleurs, elle trouva une allée de grands arbres, où l'air et la fraîcheur circulaient comme dans la nef d'une église interdite au soleil. La symétrie des allées vertes invite aux longues promenades. Blanche trouva cet endroit délicieux, et en marchant avec lenteur sur les herbes, elle sentit avec délices que le calme revenait dans sa tête, trop excitée par les émotions de ce jour.

Tout à coup, comme elle passait devant un arbre, elle vit une main énorme tomber sur sa bouche... Un cri d'effroi violemment refoulé dans la poitrine étouffa la pauvre fille ; elle perdit connaissance et tomba sur le gazon.

A l'aube du lendemain, le comte de Sullauze, levé de bonne heure, selon ses habitudes de vieux soldat, descendit dans le jardin, et entendit des plaintes sourdes du côté de l'allée ; il courut dans la direction, et la main qu'il incrusta sur son front en retomba lourdement. . . . . .

. . . .

C'était sa fille ! c'était le crime sans criminel. Le malheureux père rappela son énergie ; il souleva Blanche dans ses bras, la porta dans la maison, la déposa sur un lit, et lui prodigua, en pleurant, les premiers soins qui rendent à la vie et au désespoir.

II

La Recherche.

À dix heures du matin, le comte de Sullauze s'était composé un visage calme, et il disait à Léonie :

— Ne vous affligez pas ainsi, ce ne sera rien ; un médecin n'est pas nécessaire. Blanche, après une journée très-chaude, a été surprise par l'humidité de la nuit. Elle dort maintenant, et le sommeil la remettra tout à fait. N'allez pas être trop triste devant le comte San-Nereo ; vous savez combien il est soupçonneux : il se livrerait à des folies. Évitons un esclandre. Léonie, au nom du ciel, suivez bien tous mes conseils.

La bonne vieille essuya furtivement quelques larmes, et promit d'obéir.

Un observateur aurait lu dans les yeux du comte de Sullauze que le cœur du père et du soldat avait pris une énergique et violente résolution.

Un instant après, la sonnette de la grille se fit entendre.

— C'est lui ! dit le comte ; et, se retournant vers Léonie, il ajouta : Restez, je vais ouvrir.

M. de Sullauze se roidit sur ses pieds, essaya sa voix, passa vivement la main sur son visage pour colorer sa pâleur, et marcha vers la grille d'un pas résolu.

La grille ouverte, San-Nereo entra joyeusement, comme un amoureux, à l'expiration du futur, et serra la main de M. de Sullauze avec une affectation déjà filiale.

— Nous n'allons pas trop bien ce matin, dit le beau-père en entraînant San-Nereo vers l'allée qui ne conduisait pas à la maison.

— Qui ne va pas trop bien? demanda le jeune homme en ouvrant ses grands yeux noirs.

— Ma fille, reprit de Sullauze d'un ton calme.

— Mademoiselle Blanche est malade?...

— Oh! ce n'est rien, j'espère, poursuivit de Sullauze; la journée d'hier lui a fait du mal. Elle a passé une nuit fort agitée. Vous avez remarqué hier son exaltation à propos de Paris; cela n'était pas naturel; il y avait déjà un principe de fièvre.

— Avez-vous appelé un médecin? demanda vivement San-Nereo.

— Un médecin! dit le père avec l'embarras d'un homme qui ne s'attend pas à une question dangereuse, un médecin! Oh! il n'y en a pas... et ici, d'ailleurs, à Saint-Mandé... Je n'ai point de confiance en des médecins de village...

— Ma calèche est là, tout attelée encore, dit le jeune homme en se retournant vers la grille; en trois quarts d'heure je vous ramène un médecin de Paris.

— Non, dit le père en arrêtant San-Nereo par le bras, c'est peu de chose, je vous dis; cela ne vaut pas une visite de médecin...

— Alors, je puis la voir, interrompit le jeune homme en prenant la direction de la maison.

— Elle dort, elle dort, dit de Sullauze en arrêtant une seconde fois San-Nereo; le sommeil est le meilleur des médecins pour les fièvres de cerveau.

— Alors, reprit le jeune homme, j'attends son réveil, et je verrai s'il y a du mieux ou s'il faut courir à Paris.

De Sullauze ne répondit rien.

Après quelques instants de silence, San-Nereo ajouta :

— Eh bien ! comte Gaëtan, vous ne décidez rien ? Tout cela me paraît bien étrange, je ne vous comprends pas.

— Mon cher San-Nereo, dit de Sullauze avec mélancolie, vous ne pouvez pas voir ma fille aujourd'hui...

— Mais votre fille est ma femme ! interrompit le jeune homme.

— Pas encore... reprit le père d'une voix tremblante.

— Pas encore ! répéta San-Nereo, que dites-vous ? on publie nos bans demain.

— Demain, demain... dit le père en secouant la tête d'un air alarmant.

— Oh ! ceci est trop fort ! s'écria San-Nereo ; il y a un mystère que vous m'expliquerez ; je l'exige, c'est mon droit.

La dissimulation ne peut longtemps se soutenir sur des lèvres habituées à la franchise ; le comte de Sullauze, poussé à bout, éclata :

— Comte San-Nereo, dit-il d'un ton ferme, point de bruit, point de scandale. Ma fille peut nous entendre, et ceci est une affaire de vous à moi. Oui, il y a un mystère, et je vous prie de le respecter, puisque je ne veux pas le dévoiler en ce moment. Les bans ne seront pas publiés demain ; votre mariage est suspendu et non rompu. Voilà ce que j'ai décidé dans ma volonté de fer. Ne m'interrogez plus, je n'ai rien à vous répondre. Brisons là.

Un accès de rage agita San-Nereo de la tête aux pieds ; il croisa les bras sur sa poitrine, et dit avec un sourire affreux :

— Je comprends, je comprends...

— Eh bien ! que comprenez-vous ? demanda sèchement de Sullauze.

— On est revenu à un premier amour, poursuivit le jeune homme.

— Vous ne comprenez rien du tout, interrompit brusquement le père. Écoutez, mon cher San-Nereo, vous n'êtes pas heureux dans vos soupçons; ils n'ont pas l'ombre du sens commun. Si, en ce moment, je disais la vérité à un homme de votre caractère, ma vérité serait traitée de mensonge; je ne la dirai pas, foi de colonel, comte Gaëtan!... Mais attendez, mon cher fils, attendez, vous dis-je, ne vous désespérez pas ainsi; ne pleurez pas comme une femme; vous me brisez le cœur... Il y a eu une fatalité... ne m'interrogez pas... Oui, j'ai été heureux quarante ans... c'est trop pour un homme... le malheur m'a frappé!

Les larmes étouffèrent la voix du comte Gaëtan; il saisit la main du jeune homme et la serra; puis, dominant cet accès de douleur, il poursuivit ainsi :

— Mon enfant, j'ai là, dans la tête, une idée fixe, et rien au monde ne peut l'en arracher. Je ne vous accorderai rien, je ne vous répondrai rien; je ne vous céderai pas. C'est pour notre bonheur à tous que je dois agir. Retournez à Paris, ne vous montrez pas en public; vivez seul; ne confiez à personne vos douleurs, et attendez; vous recevrez une lettre de moi... Quand?... je l'ignore; je ne fixe aucune date... trois jours, trois mois, trois ans... Vous êtes jeune, vous avez du temps à perdre; sachez le faire courageusement. Et surtout point de conjectures; les conjectures sont des erreurs; vous ne devineriez rien. Vivez sans penser. Ayez foi dans la parole de l'ami de votre père et de votre ami. Je vous promets de vous écrire, je vous écrirai. Le désespoir est la ressource des faibles. Soyez fort, mon enfant; prenez exemple sur moi. Vous me voyez debout, eh bien ! pas un de ces nuages qui sont sur nos têtes ne renferme un coup de foudre plus terrible que celui qui m'a frappé aujourd'hui.

San-Nereo, anéanti par ces paroles, s'appuyait contre un arbre, et ne répondait que par les pleurs du désespoir.

— Mon cher fils, poursuivit le comte Gaëtan, je vous crois assez fort pour supporter un malheur, ne me désabusez pas. Nous avons, vous et moi, une rude épreuve à traverser; associons nos courages, et Dieu nous aidera ! Croyez-moi, croyez un ami, un père; partez ! laissez votre destinée en mes mains; vous ne pouvez rien faire pour moi; résignez-vous, et sachez attendre...

— Et ne rien savoir ! ne rien savoir ! interrompit le jeune homme, en frappant son front.

— Vous saurez ! quand le jour sera venu de savoir, ajouta le père; nous avons déjà trop prolongé cet entretien. Venez; embrassez-moi, mon enfant, et arrivez quand je vous appellerai.

Le jeune homme se roidit sur ses pieds, essuya ses larmes, embrassa le comte Gaëtan, et convaincu que tous ses efforts étaient inutiles pour obtenir le moindre éclaircissement, il regagna la grille d'un pas rapide et disparut.

Le comte Gaëtan, resté seul, prêta l'oreille aux bruits du dehors, et lorsqu'il entendit rouler la voiture de San-Nereo sur la route de Paris, il sortit du jardin pour voir si le crime n'avait pas laissé quelques indices à l'extérieur. En longeant le mur de clôture, il vit, sur le sable et les herbes, deux traces de roues, qui, d'abord assez éloignées, se rapprochaient sur un point contre le mur, et indiquaient visiblement qu'une voiture avait servi à l'escalade du criminel. Les vestiges des pieds d'un cheval et du fer des roues annonçaient un tilbury élégant, et conséquemment un criminel de bonne maison. Sur ce même point, le sommet du mur, hérissé de petites plantes pariétaires, gardait les traces d'une dévastation récente, et en examinant avec attention, on découvrait là deux légères excavations parallèles qui paraissaient avoir servi à accrocher une échelle de corde, pour faciliter la sortie du criminel. De l'autre côté du mur, dans le jardin, d'autres vestiges donnaient raison à cette conjecture ; des pointes de pieds avaient crevassé le ciment, par intervalles, et à des distances d'échelons. Le comte Gaëtan, qui voulait instruire cette affaire criminelle, pour son propre compte, prit minutieusement la mesure des moindres traces que le criminel avait laissées des deux côtés du mur.

Porter une plainte publique en justice, lancer la police sur la trace du criminel, convoquer la curiosité de l'Europe à des assises solennelles, livrer une jeune fille aux dangers des plaidoiries, et lui faire raconter en public, à elle-même, les incidents d'une nuit épouvantable, voilà ce qu'aurait pu faire le comte Gaëtan s'il eût suivi la marche ordinaire des procès criminels ; mais voilà ce qu'il ne fit pas. Au reste, il aurait trouvé dans le caractère de sa fille un obstacle invincible, s'il eût voulu ébruiter le crime. Blanche se serait brisé le front contre la grille de fer du jardin, s'il eût fallu la franchir pour se rendre en justice. Le père et la fille se trouvaient ainsi parfaitement d'accord sur ce point.

Le comte Gaëtan loua une petite maison dans le voisinage du Luxembourg et y conduisit sa fille le lendemain même ; il eut recours à des mensonges obligés pour lui développer un nouveau plan au sujet de son mariage avec San-Nereo, et comme il se disposait à faire chaque jour de longues absences, il prit l'excuse fort naturelle qu'il avait de grands devoirs de convenance à remplir auprès du jeune comte, et qu'il s'était engagé à le voir tous les jours. Il lui fallut encore donner quelques raisons plus ou moins spécieuses pour expliquer la transformation qui allait s'opérer dans sa personne. Le comte Gaëtan rasa sa moustache blanche, fit teindre en noir ses cheveux gris, remplaça les lunettes d'or par un lorgnon mobile, serra sa taille svelte dans un frac à la mode nouvelle, se rajeunit ainsi de quinze ans, et il parut un soir, comme pour la première fois de sa vie, sur le boulevard Italien, en murmurant tout bas cette phrase, qui exprimait sa première pensée, la pensée d'inspiration, la pensée qui vient du ciel : — *Le coup part d'ici !*

Le comte Gaëtan, parmi ses facultés naturelles ou acquises dans une longue période de voyages, avait cette perception délicate qui sait lire les pensées à travers la transparence des physionomies ; faculté qui n'est pas toujours infaillible, au premier coup d'œil, mais qui trompe bien rarement, si elle s'exerce à la longue sur le même sujet d'observation. Plein de confiance en lui, le comte se donna les airs d'un habitué du boulevard, et affectant des regards distraits, il se mit à examiner tous les jeunes gens, assis, ou en promenade, dans ce coin si animé de Paris. Son raisonnement était juste. « Il est impossible, pensait-il, qu'un homme chargé d'un crime si récent, ne laisse pas percer, par intervalles, sur sa figure, le sombre reflet d'une pensée inquiète, voilà ce qu'il faut saisir au vol. » Au reste, ce travail d'inspection se trouva simplifié tout de suite, et réduit à des proportions fort simples. Le seul indice que Blanche avait pu fournir à l'interrogatoire de son père, était suffisant ; cette main large et vigoureuse qu'elle avait sentie tomber sur sa bouche comme un bâillon d'airain, était comme l'échantillon de la constitution physique du criminel. Dans cette foule d'hommes concentrés sur le boulevard, bien peu restèrent donc soumis à leur insu à une observation minutieuse, et ceux-ci ne donnèrent aucun résultat satisfaisant ; ils avaient les apparences qui autorisaient les premiers soupçons, mais leurs figures étaient si gaies, leurs conversations si bruyantes, leurs allures si étourdies, leurs yeux si honnêtes d'expression, qu'il fallait renoncer à découvrir un bandit nocturne chez eux. Le comte Gaëtan ne s'attendait pas à réussir le premier soir, mais il restait inébranlable dans sa conviction : le coupable était naturel de cette zone ; il pouvait s'en écarter quelquefois pour les distractions des théâtres, des soirées, des courses champêtres ; mais la force de l'habitude devait le ramener tôt ou tard sur son terrain de prédilection, et il serait d'autant plus aisément reconnu qu'il apporterait un visage tout nouveau à ce tourbillon de visages déjà observés, connus et absous.

Le comte Gaëtan apportait aussi à ce travail la vertu qui arrive à tout, la patience ; la patience qui ne compromet jamais la réussite par une précipitation étourdie, qui ne s'irrite jamais des obstacles, qui sait renvoyer au lendemain l'œuvre inachevée la veille ; aussi, après plusieurs jours perdus, il recommençait ses études avec le calme du début, ayant toujours la même confiance dans la valeur de son idée, et s'étonnant parfois de la quantité d'honnêtes gens qui circulent en public, dans notre siècle de corruption, puisqu'il lui était impossible de surprendre un remords, un souvenir criminel, une pensée perverse sur tant de visages soumis à sa pénétrante observation.

Un soir, au coup de sept heures et demie, le comte Gaëtan vit un tilbury s'arrêter sur la ligne du trottoir. Deux jeunes gens descendirent et vinrent se mêler aux promeneurs. L'un des deux était d'une haute taille, et labourait la foule avec des coudes métalliques; les éclats de rire qu'il poussait en écoutant son compagnon avaient une gaieté fausse, et ils s'éteignaient subitement, sans transition, dans une contraction farouche du visage. Il tenait dans sa main gauche des gants froissés, et la droite nue faisait manœuvrer un cigare avec une précipitation qui multipliait les bouffées de fumée, contrairement à l'usage méthodique des fumeurs épicuriens et réguliers.

Déjà mis en éveil de soupçon par le tilbury, le comte Gaëtan examina ce jeune homme par un coup d'œil qui embrassa l'ensemble et les détails, et une voix sembla dire à son oreille : — C'est lui ! Aussitôt il fit taire énergiquement son émotion, et ménageant ses pas avec adresse, il suivit le sillon des deux amis, se rapprocha d'eux, les serra de près dans la foule, puis les dépassa, en essayant, dans toutes ces évolutions, de recueillir quelques paroles. Une seule phrase se détacha claire de la bouche de l'autre :

— Je te parie, disait-il, que nous la verrons ce soir au Ranelagh.

Dans toutes les entreprises, on a beau organiser un plan primitif, un incident non prévu arrive, le plan est renversé; un nouveau et bien meilleur surgit dans le front illuminé soudainement; c'est celui-là qu'il faut suivre, on le suit.

Le comte Gaëtan se jette dans un coupé de remise, court chez lui, pour annoncer à sa fille qu'une affaire très-grave le retiendra en ville fort tard. Au retour, en traversant la rue Vivienne, il achète quelques bijoux de prix, avec l'espoir vague d'en tirer un profit pour son affaire, et à neuf heures il était sur la route du Ranelagh.

Quand il arriva, la foule n'était pas grande, et le comte Gaëtan s'aperçut du premier coup d'œil que le jeune homme attendu manquait encore à la réunion. Les préludes de la première contredanse résonnaient dans l'orchestre, et ces joyeux sons, répandus par la brise de la nuit dans les allées du bois, attiraient les retardataires et doublaient l'élan des équipages sur les limites de Passy.

Favorisé par l'éclat des lumières et les mensonges de la nuit, le comte Gaëtan ne paraissait pas trop éloigné de l'âge heureux où la danse est permise ; il engagea donc la première beauté, laide ou non, au hasard, celle qui lui tomba sous la main ; et cette préférence excita bien des jalousies dans le voisinage, car le comte avait composé habilement son extérieur, et tout, dans sa toilette, sa démarche et la distinction de ses bijoux, annonçait l'homme opulent, l'homme adoré des femmes, même avant d'être connu.

Au milieu de la contredanse, le comte Gaëtan eut la satisfaction de voir arriver les deux amis dans le cercle des spectateurs du bal ; bien sûr d'être distingué au milieu des autres danseurs vulgaires, il s'applaudit du hasard qui permettait de prendre au début une si belle position de partie. Le criminel présumé entrait au Ranelagh ; il se posait d'abord en spectateur, passait à l'inspection le personnel dansant des deux sexes, et distinguait,—chose aisée entre vingt cavaliers d'origine équivoque, un homme aux belles manières, aux poses naturelles et charmantes, un danseur d'élite qui semblait s'être échappé d'un salon aristocratique pour savourer furtivement, et avec délices, le fruit défendu d'un bal du Ranelagh. Qui aurait pu supposer que tout était faux, excepté les bijoux, dans cet homme si naturellement absorbé par le bonheur du moment?

La contredanse finie, le comte Gaëtan salua gracieusement sa danseuse d'occasion, et, le lorgnon à l'œil, il examina les nouvelles femmes du bal, comme un danseur acharné qui fait sa liste pour toute sa nuit; mais ses yeux ne regardaient jamais dans leur direction apparente ; un homme seul peuplait ce bal; le comte Gaëtan ne le perdait pas de vue dans le tourbillon de la foule, et il prit encore un intérêt plus vif à ses mouvements, lorsqu'il le vit s'approcher d'une femme jeune et belle que son ami lui présentait avec une parodie de cérémonial. Peu après, l'orchestre exécuta un prélude de valse.

Et le jeune homme fit groupe avec cette femme, et se mit à décrire des ellipses immenses en emportant sa valseuse, sous la pression d'une main énorme, que recouvrait un gant fait sur mesure, car aucun gant n'avait pu prévoir cette main. A l'expression des yeux et au perpétuel mouvement des lèvres du valseur, comme aux minauderies de la femme, le comte Gaëtan comprit qu'il s'agissait, non pas d'une rencontre fortuite, mais d'un de ces caprices qui sont les passions des bals publics et se prolongent quelquefois jusqu'à la fin de l'été. C'était, à coup sûr, la femme annoncée par l'ami du boulevard. La chose admise, le comte Gaëtan sortit de la grande salle et s'enfonça dans les ténèbres les moins illuminées du jardin, pour donner un peu de fraîcheur à son front, faire des corrections à son plan, dans le calme de la pensée, et ne rien compromettre par la précipitation, cette ennemie du succès.

Après la valse, le coupable présumé prit le bras de son compagnon et l'entraîna au jardin ; il avait des confidences à lui faire sur la scène de la valse. Gaëtan suivit une allée détournée, rentra au bal, et se présentant à la même femme avec cette politesse qui honore, il l'engagea pour la première contredanse ; mais il arrivait trop tard : trois numéros prédécesseurs figuraient déjà sur l'*agenda* du bal.

— Je vais toujours attendre mon bonheur, dit le comte en s'inclinant avec respect, comme il eût fait devant une duchesse. La jeune femme, éblouie et charmée, accorda le numéro quatre avec un enthousiasme de bon augure, et lança au comte un regard tout lumineux d'avenir.

Cependant, le comte Gaëtan ne commit pas la faute de se reposer pour attendre son tour de contredanse ; il trouva aisément sur les banquettes du bal des comparses négligées et des Ariadnes disponibles qui ne donnaient pas de numéros et se levaient d'un bond pour répondre au premier appel.

Quand l'heure du numéro quatre sonna, le comte Gaëtan se mit en ligne avec sa danseuse. Pendant les préliminaires et les évolutions des chercheurs de vis-à-vis, il la regarda très-minutieusement et sans maladroite affectation : c'était une belle et fraîche blonde de vingt-quatre ans au plus, avec une toilette d'été fort simple et surtout remarquable par l'absence de bijoux, ce qui annonçait un noviciat sans exigences ; le regard qui tombait de ses grands yeux velours d'iris exprimait une vivacité charmante, une intelligence naturelle et beaucoup de douceur. Par intervalles, un nuage de tristesse voilait son visage ; mais l'éclair du sourire luisait tout de suite, et chassait une de ces pensées sombres qui s'élèvent trop souvent dans le cœur des femmes déshéritées de tout avenir. Elle se nommait, d'après sa carte de visite, Isaure Saint-Martin.

— Vous paraissez aimer beaucoup la danse? dit-elle d'un ton leste au comte Gaëtan, avant le premier coup d'archet.

— Oh! passionnément, dit le comte; si j'habitais Paris, je ne manquerais pas un bal.

— Ah! monsieur habite la province?

— Hélas! il le faut bien, madame, toutes mes propriétés sont dans la Brie ; mais si la Chambre nous accorde l'embranchement du chemin de fer, mon château se trouvera à deux pas de la station, et, pour ainsi dire, aux portes de Paris.

Isaure prit alors la pose grave d'une femme qui a l'honneur de danser avec un riche propriétaire et un châtelain.

— Et vous viendrez alors plus souvent à Paris? dit-elle en maniant à l'espagnole son éventail.

— Oh! mon plan est arrêté, madame ; je viendrai à Paris trois fois par semaine... Surtout, ajouta-t-il d'un ton adroitement mystérieux, surtout si je suis attiré dans la capitale par des motifs d'agréments.

— Ah! mon Dieu! dit Isaure avec un soupir, qu'on est heureux d'être riche!

— Oui, reprit nonchalamment le comte; la richesse donne de grandes joies, parce qu'elle donne cent occasions de faire du bien. Mais l'homme riche qui garde son or et ne vient en aide à personne est un être malheureux.

Ce dialogue était brisé, repris, interrompu, selon les exigences des figures qui déplaçaient les deux interlocuteurs ; mais la jeune femme n'avait rien perdu des paroles de son riche danseur, et elle cherchait, dans le recueillement d'un solo de contredanse, un expédient honnête pour éprouver le naturel généreux de ce noble inconnu.

— Venez-vous souvent aux bals du Ranelagh ? reprit le comte.

— Oh ! je n'en manque pas un, monsieur ; que voulez-vous que fasse une veuve ? On s'amuse, au moins, ici, et chez soi, on s'ennuie à la mort ; mais je ne fréquente que le Ranelagh, parce que c'est le bal comme il faut. Les femmes qui se respectent peuvent y venir... seulement, cela coûte fort cher. Je paye toujours quatre heures de nuit de mon coupé de remise, et une course hors barrière pour venir. C'est ruineux, comme vous voyez.

— Abonnez-vous chez Spiégler...

— Eh bien ! quand je m'abonnerais, il faut toujours payer l'abonnement.

— Non, madame.

— Comment, non ! chez Spiégler, on s'abonne gratis ?

— Pas précisément ; mais un autre peut payer.

— Un autre ! Ah ! monsieur, on voit bien que vous habitez la province ! Les hommes sont tous d'une avarice ! les plus riches vont en omnibus. Comment voulez-vous qu'ils payent les abonnements chez Spiégler !

— Vous ne m'avez pas laissé achever, madame ; Spiégler est le fils de mon vieux jardinier, j'ai fait les frais de son établissement, je l'ai commandité. Ainsi, tous les soirs de Ranelagh, dès neuf heures, vous aurez un coupé à votre porte, et vous le garderez toute la nuit. Cela ne vous coûtera rien ni à moi non plus... Aurez-vous la bonté, madame, de me donner votre adresse?

— Mais, monsieur, dit la jeune femme en mettant un saut de joie sur le compte d'une contredanse, mais c'est charmant, ce que vous m'offrez là!

— Une bagatelle, madame; seulement, je vous prie de n'en parler à personne; on m'accablerait de demandes d'abonnements gratuits...

— Oh! monsieur, il me sera facile d'être discrète, je vous en réponds.

— Madame, vous avez oublié de me donner votre adresse.

— Ah! c'est juste!... Madame Isaure Saint-Martin, 67, rue de Provence.

— Madame, après-demain, à neuf heures, le coupé commencera ses stations à votre porte.

Isaure serra énergiquement la main que le comte lui présentait dans un chassé-huit.

La contredanse terminée, le comte offrit son bras à Isaure, en lui proposant, pour cause de chaleur excessive, un tour dans le jardin : ce qui fut accepté.

III

Une Soirée rue de Provence.

Le comte Gaëtan s'avançait dans le jardin, et paraissait contempler avec bonheur cette hilarité lugubre qui règne dans les bals publics, lorsque les tristesses des femmes et les ennuis des hommes se traduisent en éclats de rire sans motifs.

— Vous aimez donc beaucoup ces espèces de bals? demanda Isaure, pour renouer l'entretien.

— Je les aime comme à dix-huit ans... Savez-vous, madame, ce que je regrette aujourd'hui?

— Ah! aujourd'hui, vous regrettez quelque chose! remarqua Isaure, avec un ton léger de coquetterie... Voyons, monsieur, que regrettez-vous?

— Le quadrille danois; vous êtes trop jeune, madame, vous n'avez pas entendu ce quadrille. C'est le chef-d'œuvre de Musard, l'inventeur de la contredanse. Un quadrille merveilleux, qui vous piquait aux pieds comme une tarentule. Il fallait l'entendre à Tivoli! un jardin public superbe... Vous n'avez pas connu Tivoli?

— Non, monsieur; était-ce mieux que le Ranelagh?

— Cent fois mieux!... C'était en mil... mil... huit cent... trente-six ou sept... Il y avait un orchestre en plein air... trente musiciens de choix... Musard conduisait... Oh! le beau temps!... Vingt mille personnes dans le jardin; une rotonde comme un décor d'opéra; on y prenait des glaces... Un théâtre, un tir, un jeu de bagues... Quand les premières notes du quadrille danois éclataient dans le cornet à piston de Dufresne, c'était un délire général, une vraie bacchanale; les têtes n'étaient plus maîtresses des pieds; on dansait partout, et ceux qui étaient assis étaient obligés de se lever; on prenait leurs chaises, et on les brisait en mesure sur un air noté, il ne restait plus une chaise debout dans le jardin. C'était superbe!

— Vraiment! dit Isaure, vous parlez de cela avec un feu qui me ferait aimer ce quadrille danois. Nous ne voyons rien d'aussi gai à présent. Aussi, voyez comme ce jardin est triste. Il faudrait casser bien des chaises pour m'égayer un peu.

2.

— Allons donc ! que dites-vous, madame ? Comment, à votre âge, vous auriez besoin du quadrille danois pour vous égayer ?

En disant ces mots, le comte lança un regard vif et pénétrant sur la jeune femme.

— Ah ! mon Dieu, oui ! dit Isaure avec un soupir.

— Mais pourtant, madame, vous paraissez fort gaie, même en l'absence de tout quadrille !

— On paraît toujours ce qu'on n'est pas, monsieur.

— Vous avez des raisons sans doute...

— Des raisons ! interrompit Isaure ; je voudrais bien avoir des raisons pour être triste. On se débarrasse de ces raisons, et la gaieté revient.

— Ah ! je comprends, dit le comte d'un ton d'intérêt mal déguisé... je devine ce que vous désirez...

— Peu de chose, monsieur : le bonheur.

Il y eut un moment de silence entre nos deux interlocuteurs du jardin du Ranelagh.

— Au reste, continua Isaure, je suis folle de vous dire ces choses-là ; je me porte tort à vos yeux ; mais c'est plus fort que moi. Après deux contredanses, je deviens si triste, que ma mauvaise humeur s'échappe et trahit ma pensée. Tant pis ! on ne peut pas toujours porter un masque sur son visage, cela étouffe. Laissez-moi respirer un peu, et ensuite j'aurai encore l'air de rire de bon cœur. Ah ! monsieur, ce n'est pas gai de savoir qu'une femme comme moi n'est rien, ne compte pour rien, n'existe pas !... Mais je suis stupide, rentrons au bal, et excusez-moi, monsieur.

— Mais, dit le comte avec une émotion déguisée, rien ne vous oblige à quitter sitôt le jardin... à moins que...

— A moins que... répéta Isaure en souriant et sur un ton interrogatif.

— Pardon, madame, ajouta le comte d'un ton insouciant, j'ai vu tout à l'heure deux jeunes gens qui paraissent vous connaître... et...

— Ah! oui, interrompit Isaure, je connais un de ces jeunes gens... c'est-à-dire je le connais pour avoir dansé deux fois avec lui... Je ne sais pas son nom ; il m'a présenté l'autre, son ami, un grand diable qui n'en finit pas. Je leur ai promis deux contredanses. Le petit a l'air très-bête, mais bon enfant ; le grand ressemble à un tambour-major déguisé en monsieur ! Tiens ! voilà ma gaieté qui me revient !

— Je vous demanderai la permission, dit le comte, de fumer, sous ces arbres, une cigarette ! c'est une habitude que j'ai prise en Espagne...

— Comment donc ! dit Isaure ; je fume aussi ; toutes les femmes du grand monde fument. C'est du meilleur ton.

Le comte s'approcha d'un lampion, ôta son gant de la main droite, et tout en confectionnant avec lenteur deux cigarettes, il fit étinceler, aux yeux d'Isaure, deux bagues de pierreries sur ses doigts. Cela fut fait avec un naturel qui excluait toute idée d'ostentation.

Les yeux de la jeune femme ne regardaient pas les cigarettes.

Ces pierreries étaient irritantes, et Isaure ne put retenir cette exclamation :

— Monsieur, vous avez là deux bijoux qui ressemblent au bonheur comme deux gouttes d'eau.

— Ah! ceci? dit le comte d'un ton dédaigneux. Oh! je n'ai aucun mérite à porter des bijoux. Mon père a fait sa fortune dans le commerce des diamants; il avait une maison à Hyder-Abab... Dans les balayures de l'héritage, nous avons trouvé une assez grande quantité de ces joujoux d'enfant...

— Joujoux d'enfant! dit Isaure; on trouverait beaucoup de grandes personnes qui auraient le goût de ces enfantillages.

— Voyons si vous êtes de mon avis, dit le comte; laquelle de ces deux bagues préférez-vous?

— Je les préfère toutes les deux, dit lestement la jeune femme, dont les grands yeux bleus, animés par le feu de la convoitise, semblaient refléter l'éclat des diamants.

— Mais s'il s'agissait de choisir? ajouta le comte.

— Je choisirais les yeux fermés, reprit Isaure.

— Eh bien! fermez les yeux, dit Gaëtan.

Une mélodie joyeuse courut sur les lèvres d'Isaure; elle ne se fit pas répéter l'ordre, étendit la main, et choisit sans voir.

— Le comte Gaëtan ôta de son doigt la bague touchée, et la présenta gracieusement à Isaure, qui n'osait avancer la main pour la recevoir.

— Je vous remercie de la bague que vous me laissez, dit-il; j'y tiens beaucoup. Le hasard m'a favorisé.

Elle est incalculable, la somme de joie qui entre au cœur d'une femme, quand le premier diamant étincelle sur son doigt. Isaure ne se possédait plus; elle aurait voulu montrer son trésor à tout le bal; mais le comte lui ayant fait la même recommandation que pour le coupé, elle remit son gant, et ensevelit la bague pour ne pas déplaire à un homme dont la générosité ne devait pas probablement s'arrêter en si beau chemin.

L'orchestre exécuta une nouvelle gamme de rappel; le comte Gaëtan tira sa montre, et fit un mouvement brusque, comme un jeune homme en tutelle attardé par les distractions enivrantes du bal.

— Diable! dit-il en riant, le portier de mon hôtel va se scandaliser; me voilà perdu de réputation. Je me sauve. Veuillez bien excuser un provincial qui est esclave de minuit.

Il salua pour prendre congé.

— Vous ne me donnez donc pas le temps de vous remercier? dit Isaure.

— Vous me remercierez après-demain, dit le comte en serrant la main offerte; j'espère bien que la complaisance de mon portier me donnera une permission de minuit.

Le comte traversa le jardin, fendit la foule, chercha son coupé dans la ligne de l'avenue, et reprit la route de Paris.

Chemin faisant, il pensait à tous les incidents de cette soirée, et s'applaudissait de sa conduite; surtout il se félicitait d'avoir imposé l'inaction à sa juste fureur, en présence de ce jeune homme qui était évidemment le criminel de l'ermitage de Saint-Mandé.

Après tout, pensait-il, je dois marcher à mon but sans m'écarter de ma ligne de sagesse. Dans la marche ordinaire de la justice humaine, un juge d'instruction, un ministère public quelconque interrogent un prévenu, et s'ils le reconnaissent innocent, ils le rendent à la circulation. Ces deux magistrats n'y perdent rien; cela leur est bien égal. Mais moi, si je fais un esclandre, si j'attaque à faux, si je tombe en public sur un innocent, je donne l'éveil au vrai coupable, qui prend désormais ses mesures de précaution contre moi, et toute satisfaction possible m'est interdite à jamais. Le crime triomphe et m'insulte après m'avoir flétri.

Et en récapitulant son plan de conduite, il maintint, après chaque article, ces trois mots :

— Point de précipitation !

A la seconde soirée du Ranelagh, le comte Gaëtan avait fait encore quelques progrès vers la réussite. Se souvenant d'une phrase qu'Isaure avait laissée tomber dans leur premier entretien, il lui avait dit adroitement :

— Vous vous ennuyez, dites-vous, dans vos soirées, lorsque vous ne les passez pas au Ranelagh ; eh bien ! pourquoi ne faites-vous pas comme tout le monde? Pourquoi n'invitez-vous pas, deux fois par semaine, vos connaissances à un thé ? On ferait une petite partie, un lansquenet modéré, ou tout autre jeu, jusqu'à minuit ; ce serait autant de gagné sur les jours sans bal. Il y a même beaucoup de femmes très-honorables qui retirent un joli bénéfice de ces soirées ; elles y gagnent le thé, les cartes et les bougies, et même davantage. Essayez.

Isaure avait écouté cette proposition avec des yeux ravis, et elle réfléchit quelque temps pour se détailler à elle-même tous les obstacles qu'elle trouvait et qu'il fallait détruire.

— Oui, dit-elle ensuite avec un soupir ; votre idée est excellente ; mais... oh! si vous saviez tout ce qui me manque pour donner un thé ?

— Et que vous manque-t-il? demanda le comte.

— Ce n'est pas le thé, reprit Isaure en riant, c'est tout le reste.

— Voyons ! insista le comte.

— D'abord, il me manque une femme de chambre. J'ai

une paysanne picarde qui parle comme dans les vaudevilles et qui est coiffée comme un chien fou. Elle prétend que c'est la mode dans son pays.

— Vous louerez une femme de chambre parisienne, à l'agence Moisson, passage du Caire.

— Au prix du coupé? demanda Isaure en riant.

— Au même prix, madame, je verrai Moisson.

— Bien, reprit Isaure, j'aurai une femme de chambre de remise, à l'heure; cela me rappelle aussi qu'il me manque une pendule... une pendule sérieuse. J'en ai une en porcelaine, mais elle n'a pas de cadran... puis-je louer aussi une pendule à l'heure?

— Non, vous trouverez demain sur votre cheminée une pendule sérieuse qui m'embarrasse chez moi et qui perd son temps dans un salon abandonné; elle ne demande pas mieux que de sonner; vous m'obligerez en l'acceptant.

— Oh! monsieur! dit Isaure toute joyeuse; vous êtes adorable! vous n'êtes pas un homme!

— Surtout, encore une fois, reprit le comte, je vous recommande le secret.

— Soyez tranquille, monsieur, on dit que les femmes ne savent pas garder un secret; ce sont les hommes qui ont fait courir ce bruit; ils mettent ainsi toutes leurs indiscrétions sur notre compte.

— Et après? interrompit le comte.

— Après, reprit Isaure; il me manque encore tout le reste.

— Dites, madame, faites un inventaire en bloc; au reste, ce luxe de pauvreté vous honore; ne me cachez rien.

— Voici, monsieur : deux fauteuils habillés, deux chenets à tête de lion, deux candélabres, un cabaret de porcelaine, un tapis à fleurs, une boîte à jeu, une table ronde, douze cuillers en vermeil, une paire de rideaux brodés; voilà tout, je crois.

— J'ai pris bonne note de toutes ces bagatelles ; il ne vous manquera rien.

— Ah! vous croyez, monsieur, qu'il ne manquera rien! reprit Isaure. Hélas! vous êtes dans l'erreur.

Le comte avait déjà deviné la pensée d'Isaure; c'était ce qu'il y avait de plus essentiel au fond de cet entretien, qui paraissait n'avoir pour objet qu'un achat d'accessoires de salon.

— Il me semble, dit-il en regardant le plafond, il me semble que nous avons épuisé l'inventaire, comme deux commissaires priseurs.

— Voyons, monsieur, reprit Isaure en riant, que faut-il mettre autour d'un thé; vous ne devinez pas?

— Non, madame, dit le comte ingénument.

— Il faut mettre ceux qui prennent le thé! Ah! vous comprenez, maintenant... On ne loue pas des invités de remise; on n'achète pas des amis au bazar Bonne-Nouvelle.

— C'est juste, remarqua le comte; vous êtes charmante...

— Je n'ai pas même des amis d'occasion, reprit Isaure. Quant aux femmes, ne m'en parlez pas. J'ai vu deux soirées de lansquenet dans ma vie; il y avait six femmes et douze hommes : ces pauvres diables ont voulu être galants, avec des *bancos;* ils sont tombés en pleine forêt de Bondy. On leur a fait une souscription pour les ramener chez eux, tous les six, dans une citadine à trois places, après une perte de vingt-deux mille francs. C'était une nuit affreuse de décembre, il pleuvait des rasoirs glacés.

— Cependant, dit le comte, on a toujours quelques connaissances... quelques relations... quelques voisins...

— Ah! oui, dit Isaure, j'ai deux personnes... oui, celles-là viendront sans se faire prier...

— En voilà déjà deux, reprit machinalement le comte. Vous les nommez?

— Madame Sarlieux et madame Charremont, deux vieilles femmes, très-vieilles, qui n'ont pas le temps de mourir, parce qu'elles ont toujours les cartes à la main.

— Eh bien! dit le comte un peu désappointé, voilà deux bonnes pierres d'attente, deux éléments de thé... Cela ne suffit pas...

— Je puis encore inviter, reprit Isaure, trois jeunes gens, trois frères qui logent dans la maison. Figurez-vous que ces messieurs sont si polis qu'ils ne se séparent jamais lorsqu'ils me font une visite : ils entrent trois, ils restent trois, ils sortent trois. Est-ce délicat! dites?

— Ils méritent d'être invités, madame... Et maintenant, si vous avez encore deux ou trois personnes... je pense que...

— Ce serait suffisant, interrompit Isaure; oui, avec mon trio délicat... Ah! au fait... je puis encore inviter ces deux danseurs... le grand et le petit... Nous devons danser justement ce soir ensemble... Je ne les aime pas trop... le grand surtout... Il a un œil de lune rousse qui m'agace les nerfs... Mais enfin, c'est un bon diable... Il joue l'amoureux... Je vous dirai même confidentiellement qu'il m'a écrit deux lettres sentimentales... Pensez-vous que je puisse l'inviter?... Vous avez plus d'expérience que moi... je suivrai votre avis.

Le comte eut l'air de réfléchir quelques instants; il secoua plusieurs fois la tête en sens contraire, comme s'il balançait entre le oui et le non, puis il parut se fixer et dit avec négligence :

— Je ne vois pas d'inconvénient à inviter ce jeune homme; cela ne lui donne aucune espèce de droit sur vous... Seulement, je crois que ses lettres ne s'arrêteront pas à deux.

— Cela m'est bien égal, je ne crains pas les lettres quand elles sont affranchies... Voilà donc deux invités de plus... cela suffit...

— Vous verrez, madame, si vous trouvez encore quelques personnes, dit le comte; mais, à tout prendre, cela me paraît suffisant comme à vous.

Cet entretien, frivole en apparence, et si intéressant pour le comte de Sullauze, fut ainsi terminé. La première soirée de thé devait avoir lieu le lendemain,

Nous sommes donc à ce lendemain, dans un petit salon de la rue de Provence, où sont déjà réunies sept personnes, y compris la maîtresse de la maison. Les deux vieilles femmes invitées pour faire nombre et jouer la petite pièce, comme lever de rideau, ont déjà commencé, en tête à tête, un modeste duo de lansquenet. Les hommes causent avec Isaure du bal de la veille. La femme de chambre en location va et vient, s'agite, arrange les fauteuils avec symétrie, entretient le feu, dispose les bougies, supprime les courants d'air, et se donne enfin toute l'importance possible pour mériter les largesses des joueurs, qui paraissent tous des hommes opulents.

— Ma belle dame, dit le grand jeune homme que nous connaissons, avez-vous invité ce petit monsieur qui danse de si bon cœur ?

— Oui, dit Isaure avec nonchalance, c'est le meilleur enfant du monde ; je lui ai offert une tasse de thé, hier, au Ranelagh ; il a accepté tout de suite, et il m'a promis de venir ce soir.

— Comment s'appelle-t-il ? demanda l'ami.

— M. de Verrières, répondit Isaure. C'est un propriétaire de la Brie : il s'ennuie à mort dans son château, m'a-t-il dit, et il vient passer l'été à Paris pour danser au Ranelagh et partout. Je n'ai jamais vu de femme qui aime le bal comme ce monsieur.

— S'il aime le jeu comme la danse, dit le grand jeune homme, il jouera avec ces deux dames jusqu'à demain.

L'une des deux vieilles joueuses, piquée de la réflexion, suspendit l'étalage des cartes, et regardant le jeune homme par-dessus ses lunettes, elle lui dit sentencieusement :

— Monsieur, vous n'aurez pas le bonheur de rester toujours jeune, et quand vous aurez mon âge, vous aurez des nuits bien longues, si vous n'épousez pas la dame de cœur.

— Très-bien, madame, dit le jeune homme ; je vous fais *banco* ; combien avez-vous au jeu ?

— Deux francs, monsieur, et je passe la main.

— Je la prends, reprit-il ; nous jouons un jeu d'enfer... Voyons, il y a deux francs ?

La femme de chambre ouvrit la porte, et annonça M. de Verrières.

Tout le monde se leva, et couvert de son nom d'emprunt, le comte Gaëtan de Sullauze entra, présenta ses respectueux hommages à madame Isaure Saint-Martin, et s'assit devant la table sur le fauteuil désigné.

— Ah ! monsieur de Verrières, dit Isaure, vous arrivez à propos : nous commençons, et M. Saint-Servais vient de prendre une main. Nous jouons un jeu fou.

— Ce n'est pas mon jeu, dit le comte ; je joue un jeu raisonnable, moi.

— Voyons, madame, dit Saint-Servais, faites-vous mon *banco ?*

— Qu'y a-t-il au jeu ? demanda le comte en ôtant son gant de la main droite.

— Oh ! une somme fabuleuse, dit Saint-Servais ; deux francs !

— J'en fais la moitié, dit le comte.

— Ces messieurs, remarqua Isaure en désignant les autres invités, dédaignent votre jeu ; ils attendent, pour se lancer, qu'on joue plus sérieusement.

— A vous dire vrai, reprit le comte Gaëtan, moi je redoute ce jeu ; il vous entraîne, vous domine, et vous fait aller plus loin qu'on ne voudrait. J'aimerais mieux faire un whist à vingt-cinq centimes la fiche.

Les deux vieilles femmes murmurèrent, les hommes gardèrent le silence.

— Nous faisons le franc qui reste, dit la plus jeune des vieilles.

Saint-Servais déroula les cartes, gagna le coup, et dit avec une solennité ironique :

— Messieurs, il y a quatre francs.

— Cela s'échauffe, remarqua le comte en fouillant tous les coins de son porte-monnaie.

Isaure hasarda le *banco* et gagna.

Dès ce moment, la partie fit des progrès rapides. Les invités arrivaient aux pièces d'or. Gaëtan secouait la tête, laissait tomber, en *à parte*, des monosyllabes plaintifs, et affectait avec beaucoup de naturel la prudence d'un homme qui se méfie de son ardeur et sait se contenir. Les deux vieilles joueuses, imperturbables dans leur système, déposaient toujours cinquante centimes sur le tapis, quand venait leur tour de prendre les cartes, et le comte attaquait alors résolûment ce modeste enjeu que personne ne lui disputait.

— Croiriez-vous, dit-il, qu'au petit jeu que je joue, je perds déjà vingt-cinq francs ?

— Isaure regardait fixement le comte Gaëtan pour deviner si sa mauvaise humeur était vraie ou fausse, mais elle n'osait hasarder aucune observation.

Saint-Servais prit les cartes et dit :

— Messieurs, il y a vingt-cinq francs !

— Tout juste ! dit Isaure ; monsieur de Verrières, vous pouvez vous rattraper du coup.

— Votre idée est-elle bonne ? demanda le comte à la jeune femme.

— Je le crois, répondit Isaure.

— Allons ! répondit le comte d'une voix émue, *banco !*

Il perdit et se donna un mouvement nerveux bien réussi ; puis, tirant de son portefeuille un billet de cinq cents francs, il le jeta brusquement sur le tapis en disant :

— Je vous dois vingt-cinq francs.

— Le jeu est trop fort, dit l'une des vieilles femmes en secouant la tête.

— Mais c'est toujours ainsi au lansquenet ! remarqua le comte en froissant le billet ; on commence par dix sous, on arrive au billet de mille ! L'an dernier, chez M. Pelabon, rue Saint-Louis, au Marais... un riche marchand de la rue Saint-Denis, retiré des affaires... en famille, nous avons commencé par cinq sous... devinez ce que j'ai perdu?... trois mille deux cents francs!... Aucun de ces messieurs ne connaît le whist?... le whist à trois?... le *mort?*

— Il y a cinquante francs, dit Saint-Servais.

— Je ne fais pas un sou, murmura le comte entre ses lèvres.

Un spectateur qui eût été dans le secret aurait admiré cette stratégie du comte Gaëtan, qui ne faisait jamais une note fausse, qui avait toujours le naturel exigé par la situation, et se gardait bien de compromettre la réussite par un de ces écarts qui peuvent amener un funeste soupçon chez un adversaire méfiant et rusé.

Les autres joueurs élevèrent le *banco* à la somme de dix louis. Saint-Servais tenait toujours les cartes, et personne ne répondait à sa provocation. On trouvait l'enjeu trop fort; on craignait une série. Ce refrain irritant : *Il y a dix louis*, prononcé sur un ton de psalmodie, parut tout à coup agiter les nerfs du comte Gaëtan; il se leva et dit d'une voix sourde :

— Je les fais.

Les yeux du comte suivaient avec une anxiété fébrile la cascade de cartes; sa main frappa le tapis; il avait perdu le coup. Cette fois, il se fit ressembler au joueur qui a perdu la tête ; il fit *banco* sur *banco*, vida bourse, et ayant demandé timidement s'il pouvait jouer un coup de quarante louis sur parole, il le joua et le perdit.

— Je vous dois quarante louis, dit-il en s'asseyant brusquement.

— Monsieur de Verrières, dit Saint-Servais, je ne vous

engage pas à continuer, mais j'accepte toujours votre jeu sur parole.

Le comte Gaëtan réfléchit, roula son porte-monnaie entre ses doigts, regarda le plafond, et affectant de prendre tout à coup une détermination énergique, il dit :

— Non, en voilà assez !

Isaure retira les cartes des mains de Saint-Servais, et commanda le thé.

IV

L'allée de l'Observatoire.

Les teintes de la mauvaise humeur subirent une dégradation rapide sur le visage du comte Gaëtan ; il hasarda un léger sourire, qui semblait demander excuse à la société pour ses emportements de mauvais joueur, et il dit d'un ton radouci :

— Je ne devrais jamais jouer ! Ce n'est pas la perte de l'argent que je redoute, c'est la perte de ma bonne humeur.

On servit le thé. La conversation devint générale ; on parla théâtres et artistes, selon l'usage. Les nouveautés dramatiques furent passées en revue ; chacun fit son feuilleton. Le comte Gaëtan se déclara partisan des saines doctrines, et, d'un ton convaincu, il s'échauffa contre les tendances du mauvais goût contemporain. Il cita la Harpe, le Batteux, Domairon, et démontra qu'en dehors de ces maîtres il n'y avait que décadence et confusion. Les deux vieilles femmes dormaient en attendant le jour. Isaure ne voyait pas très-clair dans la conduite qu'avait tenue, toute la nuit, le comte Gaëtan. Son instinct de femme lui conseillait d'ouvrir la bouche pour lui demander des explications, son intérêt lui ordonnait de se taire. L'intérêt l'emporta sur l'instinct.

Au point du jour, le comte Gaëtan se leva, et tous les invités se levèrent aussi.

— Veuillez bien me donner votre adresse? dit le comte à Saint-Servais; les dettes de jeu se payent le lendemain.

— Comment! dit Saint-Servais; à notre première rencontre vous me donnerez cela...

— Oh! non. Permettez-moi d'insister, reprit le comte en riant; quand j'aurai payé ma dette, je ne penserai plus à mon équipée. Laissez-moi me délivrer au plus tôt de ce souci.

Saint-Servais s'inclina, et remit une carte à son débiteur.

Le comte prit congé de la maîtresse de la maison, salua et descendit l'escalier en fredonnant un air joyeux : c'était une dernière excuse qu'il envoyait pour faire oublier sa mauvaise humeur.

Après la sortie du comte de Sullauze, Isaure témoigna un vif mécontentement, et prononça cette féminine excuse de migraine, qui est d'ordinaire un congé poli donné à des visiteurs.

Les deux vieilles femmes se levèrent et demandèrent aux jeunes gens si aucun d'eux ne demeurait dans le quartier Rochechouart, toujours dangereux pour les femmes, à une heure avancée de la nuit.

C'était solliciter indirectement le bras officieux d'un cavalier accompagnateur.

Les jeunes gens répondirent unanimement qu'ils demeuraient tous dans la rue de Rivoli. Les deux joueuses septuagénaires firent éclater un soupir, qui était la satire inarticulée, mais terrible, de la jeunesse du jour.

Isaure appuyait ses coudes sur la table, et son front sur ses deux mains, pour soutenir le poids de sa migraine, et se dispenser ainsi de prononcer cette foule de phrases banales qui accompagnent la fin d'un thé.

Il ne resta bientôt plus que Saint-Servais dans le salon, et, pour se donner une contenance, il dessinait sur le tapis des arabesques avec des fiches et des etons.

— Ah! je vous croyais parti avec les autres! dit Isaure en paraissant se réveiller.

— Parti! eh non! dit Saint-Servais d'un ton railleur; je veux savoir à quoi m'en tenir sur ce personnage, qui me doit quarante louis.

— Ce personnage, puisque vous l'appelez ainsi, reprit sèchement Isaure, vous payera, n'ayez pas peur.

— Oh! cela m'est bien égal, madame!

— Eh bien! alors, monsieur, je ne vous comprends pas.

— Votre migraine, madame, nuit à votre intelligence en ce moment; je vais donc m'expliquer avec clarté. A quel titre M. de Verrières est-il reçu chez vous?

— Monsieur, dit Isaure piquée au vif, vous n'avez aucun droit de m'adresser une pareille demande; vous n'êtes ni mon mari ni mon tuteur.

— Alors tout est compris, remarqua le jeune homme malicieusement.

— Alors rien n'est compris, répéta Isaure sur le même ton.

— Madame, reprit Saint-Servais, je soupçonne M. de Verrières d'être au moins votre tuteur.

— Monsieur, dit Isaure en regardant sa pendule, vous

choisissez mal vos moments pour jouer une scène de comédie. Les spectacles sont fermés partout. Le public est couché.

— Vraiment, madame, vous êtes ce soir d'une humeur singulière ; j'avais cru devoir espérer mieux après nos premiers entretiens...

— Espérez toujours, monsieur.

— Oh ! c'est que je sais m'obstiner, madame !

— Obstinez-vous, monsieur.

— Je n'aime que les conquêtes difficiles, et je m'estime heureux de m'être trompé. Vous êtes le phénomène du Ranelagh. J'ai cherché une ville ouverte, et je trouve une place forte, tant mieux !

— Au nom du ciel, monsieur Saint-Servais, dit Isaure en marchant vers la porte, comme pour montrer au jeune homme son chemin, au nom du ciel, renvoyez vos amabilités à demain ; le monde ne finira pas cette nuit. Si je vous réponds, ce n'est pas mon intelligence qui vous parle, c'est ma migraine ; ainsi nous perdons tous deux nos paroles, ce qui est peu, et une heure de sommeil, ce qui est beaucoup.

— Allons, dit Saint-Servais en se levant, j'attendrai le retour de l'intelligence ; mais vous me direz adieu d'un air plus amical, plus riant, n'est-ce pas ?

— Oui, oui, reprit Isaure d'un ton de femme qui veut se débarrasser à tout prix d'une obsession intolérable, oui, je vous dirai l'adieu que vous voudrez.

— Oh ! je ne vous demande, belle Isaure, qu'un simple sourire.

— Voilà le sourire ; partez.

— Et vous me permettez de vous dire à demain ?

— Ouvrez cette porte, reprit Isaure ; placez-vous sur la première marche de l'escalier, et je vous permets tout.

Saint-Servais poussa un soupir, et obéit.

— A demain, dit-il.

Isaure répondit par un mouvement de tête, referma sa porte, et laissa le jeune homme dans les ténèbres de l'escalier.

Cette petite scène donnera une idée juste de la position morale que Saint-Servais occupait dans la maison d'Isaure. Il fallait bien éclaircir ce point, pour la suite de cette histoire...

Le comte de Sullauze regagna sa petite maison du Luxembourg à pied et lentement. Il réfléchissait. Sa sortie et sa rentrée avaient été ménagées, si bien que personne ne les remarqua ; sa fille, son domestique et Léonie dormaient encore. Ainsi rentré furtivement comme un jeune coureur d'aventures, il se revêtit du costume négligé du lever, et sortit dans son jardin, pour réfléchir avec calme sur les détails d'une visite, préparée depuis plusieurs jours dans son ensemble.

A force de tourner dans le même cercle d'idées, le comte Gaëtan éprouvait quelquefois cette sorte de délire que le vertige donne au cerveau. En ce moment surtout, après une nuit sans sommeil, la fièvre du front semblait s'accroître, et tout ce qui, la veille, lui paraissait si clair, si évident, se voilait d'une brume épaisse, et changeait la consolation en désespoir. Ce Saint-Servais, que la Providence semblait avoir jeté sur le chemin où passe la vengeance, apparaissait alors à l'imagination du comte Gaëtan comme un jeune homme injustement soupçonné d'un crime abominable ; en l'examinant de près, en l'étudiant toute une nuit, le comte Gaëtan lui reconnaissait des manières aimables, une tenue modeste, une douceur de caractère, manifestée par la douceur de la voix, enfin toutes les qualités apparentes qui annoncent la bonté du cœur. Sa figure même, observée avec soin, avait cette fraîcheur limpide, cet incarnat reposé qui annoncent le *bon enfant*, pour nous servir d'une expression vulgaire, mais sans équivalent connu. Cette nouvelle appréciation du caractère de Saint-Servais paraissait encore plus juste au comte Gaëtan à l'approche de l'heure décisive. Si le sillon tombait à faux, sur quel autre sillon de recherches fallait-il se lancer? Toute trace du vrai coupable semblait effacée. Paris se déroulait dans son immensité désespérante, gouffre ténébreux, profond Océan, où les yeux doivent découvrir l'atome désigné.

En proie à cet horrible souci, le comte Gaëtan n'avait pas entendu un bruit de pas dans le jardin. Blanche, sa fille, sortait de la maison, et marchait lentement vers son père en tenant à la main un journal. Blanche était toujours aussi belle, mais l'éclat éblouissant de ses yeux et de son teint avait disparu sous une sombre couche de tristesse. Elle embrassa son père, et lui désignant du doigt un passage du journal, elle le lui donna, en lui faisant signe de le lire. Le comte réprima un mouvement de terreur, et prit la feuille. Il s'agissait d'un procès criminel dans lequel une femme était en cause, en qualité de plaignante. Un jeune avocat de la partie adverse, *usant des droits illimités de la défense,* s'exprimait ainsi :

« A Dieu ne plaise que je veuille ici faire des allusions outrageantes pour qui que ce soit, mais l'intérêt de mon client doit me faire sortir du cercle des considérations vulgaires. Vous l'avez entendu, messieurs, et tous les témoins se sont plu à le reconnaître : mon client est un jeune homme studieux, moral, réglé dans sa conduite, esclave de ses devoirs, et ne donnant ainsi aucune prise au soupçon, dans une accusation si grave. Madame ***, au contraire, a des antécédents légers; elle est femme du monde, dans toute l'expression du mot; elle aime avec fureur les bals, les spectacles, les réunions bruyantes; j'ai là, dans mon dossier, des lettres que je pourrais lire, et qui attesteraient au besoin que la pruderie d'aujourd'hui n'a pas toujours été la sauvage vertu d'autrefois... »

Le comte Gaëtan froissa le journal et s'arrêta. Sa fille le regardait avec une expression qui fut aussitôt comprise.

— Ma chère Blanche, lui dit-il, ne crains rien; j'ai deviné ta pensée. Oui, il est inutile de te le cacher; puisque mes longues absences t'éclairent, oui, je fais d'actives démarches pour découvrir l'auteur du crime, mais je te jure que le secret le plus profond enveloppera toujours cette affaire; je te jure qu'elle n'aura aucun retentissement public devant un tribunal. Dieu jugera.

— Alors, dit Blanche d'une voix tremblante, vous comptez exposer vos jours, et...

— Je n'exposerai rien, interrompit le père; le colonel Gaëtan de Sullauze n'est pas un de ces hommes qu'on tue d'un coup d'épée... Écoute, ma fille... tu descends d'une vieille race militaire, et tu dois avoir le courage de ton sang. Les femmes de notre famille ont toujours vu, sans pleurer, partir leurs frères, leurs pères, leurs maris pour les guerres ou les duels. Ne sois pas la première à faillir, en ce moment; une de tes larmes me brûlerait le cœur; elle me prouverait que nous avons dégénéré dans notre famille. Chère Blanche, laisse-moi toute ma force, toute ma présence d'esprit; j'en ai besoin, non pas pour tenir une épée, mais pour affermir ma parole. Ce qui commence va peut-être me dire un grand secret...

Blanche tressaillit; elle saisit vivement la main de son père, et son silence expressif sollicitait une plus longue explication.

— Ma chère enfant, reprit le comte, j'en ai trop dit, c'est une faute; ta douleur a égaré la mienne; mais, que veux-tu, je suis désolé de passer devant toi avec une bouche muette et de ne jamais répondre à ton silence; j'ai voulu m'épancher un moment et faire briller à tes yeux un rayon d'espoir... Oui, ma fille, l'espoir n'est pas perdu; je devine aussi ce que tu n'oses me dire, et je vais te satisfaire autant que cela est possible. Ton mariage avec le comte San-Nereo n'est pas rompu. Si Dieu m'aide, j'espère bien que ce bon jeune homme sera ton mari; mais nous avons encore quelques obstacles... Tu veux tout savoir, ma fille; eh bien! plains-moi de ne pouvoir pas tout te dire. Il y a des choses qu'il m'est impossible de t'expliquer... D'ailleurs, tu ne les comprendrais pas... Qu'il te suffise de savoir ceci... Maintenant, ce mariage est impossible; je connais le caractère de San-Nereo... tu serais malheureuse toute ta vie... Ton regard me demande un éclaircissement, je ne puis te le donner... Va, j'entre bien dans le fond de ta pensée; je devine tout ce que tu n'oses me dire, dans ta délicatesse de jeune fille, et mon cœur se serre sous le poids de la réponse qu'il garde... Donne-moi ta confiance, ma chère enfant, je te rendrai le bonheur : il faut anéantir le passé pour avoir le calme dans l'avenir.

Blanche inclina la tête en signe d'obéissance et de résignation.

Le comte Gaëtan s'éloigna lentement de sa fille, pour ne pas lui montrer un visage désolé par le désespoir, au moment où il prononçait le mot confiance, et s'efforçait de la rassurer.

Blanche se retira dans un coin solitaire du jardin, pour réfléchir sur les paroles mystérieuses de son père et en deviner le sens. La pauvre fille avait perdu sa gaieté charmante et toutes ses joies naïves. Elle s'était éteinte sur ses lèvres, cette mélodie de paroles qui ravissait ceux qui l'écoutaient. On ne pouvait maintenant la regarder qu'avec tristesse, comme on regarde, dans une volière, ces brillants oiseaux indiens aux ailes d'émeraude, de topaze, de saphir et d'écarlate, qui, un jour de neige, ne font plus entendre leurs gammes de notes d'or et gardent l'immobilité de l'agonie, en attendant le retour du soleil !

Le comte Gaëtan tira de son portefeuille la carte de Saint-Servais, et relut l'adresse. Il est permis de se présenter à toute heure chez son créancier pour lui porter l'argent dû ; cependant, même dans ces rares occasions, il y a de certaines convenances à garder, et un débiteur, trop acharné à la poursuite de son créancier, peut paraître suspect. Ces mœurs phénoménales de solvabilité trop précoce sont de nature à provoquer des soupçons. Le comte, après avoir réfléchi, fixa la visite des quarante louis à midi. Mais comment employer les quatre heures séculaires que l'horloge du Luxembourg gardait dans ses rouages éternels, jusqu'aux douze coups du milieu du jour ? Quatre heures qui nous séparent d'un moment solennel semblent ne pas devoir finir, surtout si l'œil s'acharne à regarder l'aiguille d'un cadran, cette image mobile de l'immobilité.

Le voisinage du jardin du Luxembourg inspira au comte Gaëtan de Sullauze l'idée d'entreprendre une de ces promenades qui abrégent les heures en vous obligeant à parcourir une allée jusqu'au bout, et à revenir sur vos pas pour recommencer. Ce jardin a été inventé pour les promenades de la rêverie et de la tristesse; il y a surtout une allée toute sablée de mélancolie, une allée qui est l'antipode du boulevard des Italiens, celle qui aboutit à l'Observatoire, monument bâti pour la nuit, et toujours sombre le jour. Aussi le comte Gaëtan, qui cherchait une nature en harmonie avec ses douleurs, traversa d'un pas rapide le côté joyeux du jardin, et gagna l'allée de l'Observatoire, où déjà erraient, comme des ombres élyséennes, quelques étudiants insolvables et quelques rentiers taciturnes, tous locataires de la rue d'Enfer.

La grâce d'une matinée d'été ne projetait aucun rayon sur cette zone du Luxembourg; le comte Gaëtan s'y trouvait à son aise, et prenait même quelque plaisir à regarder les figures mélancoliques ou somnolentes qui défilaient entre ces éternelles rangées d'arbres, alignés tristement comme un funèbre convoi du monde végétal.

A vingt pas devant lui, marchait un jeune homme qui paraissait dépaysé dans cette zone, car ses deux mains, croisées derrière le dos, retenaient un *stick* de prix, dans une paire de gants paille, sans plis, ce qui, à huit heures du matin, annonçait un promeneur de haute distinction, ou un pair de France endormi la veille profondément par une oraison de la séance du Luxembourg, et oublié sur un fauteuil, par le concierge, dans sa visite de la nuit.

Le comte accéléra le pas dans un sentiment de curiosité oisive, pour examiner de près ce phénomène, et une boucle de cheveux de jais, collée sur une tempe d'un brun créole, produisit sur le père de Blanche l'effet d'une signature lue avant la lettre. Il allait battre en retraite, lorsque, par un de ces mystères magnétiques que le rapprochement fait fonctionner entre deux êtres associés par la sympathie, le promeneur se retourna et tressaillit en étouffant une exclamation.

C'était le jeune San-Nereo... Le vulgaire appelle ces rencontres un jeu de hasard : il serait temps que la Providence détrônât ce faux dieu.

Le comte de Sullauze se précipita sur San-Nereo, le saisit par le bras, et lui fit le signe qui signifie : venez.

Transformé, comme il l'était, dans sa coiffure, sa toilette et son allure, le comte ne fut pas tout de suite reconnu par San-Nereo ; mais lorsqu'il eut fait un salut familier de la main, le comte s'approcha en regardant avec stupéfaction le comte Gaëtan rajeuni.

— C'est Dieu qui vous envoie pour me sauver ! dit San-Nereo.

— C'est vous, répondit le comte d'un ton sévère, c'est vous qui marchez à votre perte en oubliant la promesse que vous m'avez faite...

— Quelle promesse ? interrompit le jeune homme.

— J'avais exigé de vous, San-Nereo, que vous ne vous montreriez pas en public.

San-Nereo fit une pantomime si expressivement italienne, qu'elle arracha au comte un sourire, qui se serait élevé jusqu'à l'éclat dans une moins triste occasion.

Cette pantomime, accompagnée du regard, signifiait :

— Vous appelez cela se montrer en public! l'allée de l'Observatoire !

— Oui, reprit le comte avec douceur, je vous comprends... Mais enfin, vous m'avez rencontré, moi ; vous pouviez en rencontrer un autre...

— Impossible ! cher comte ; on ne rencontre jamais personne ici. Ce n'est pas un lieu public. Je puis dire même que je ne vous ai pas rencontré ; car vous ne ressemblez plus au comte Gaëtan ; vous êtes un autre homme, et si vous êtes ici, c'est que vous avez, comme moi, une raison qui vous oblige à ne pas paraître en public.

— San-Nereo, dit le comte Gaëtan, tout cela n'est que spécieux ; vous avez fait une grande faute ; vous n'avez aucune expérience des choses de ce monde ; vous ne savez pas qu'il faut arriver jusqu'au ridicule des précautions, quand on veut réussir ! Quand le malheur nous en veut, il nous fait glisser sur un atome. Tenez ! ajouta le comte Gaëtan en regardant autour de lui avec une sorte d'effroi, mon cœur bat et mes pieds tremblent... J'en fais courageusement l'aveu, j'ai peur !

— Et que craignez-vous ici ? demanda naïvement San-Nereo.

— Vous êtes un enfant, mon ami, reprit le comte ; ne causons pas plus longtemps ensemble... Gagnez la campagne par la plus proche barrière, et rentrez chez vous en fiacre, ce soir, après deux heures de nuit.

— Voulez-vous descendre dans le jardin botanique, dit San-Nereo ; nous causerons plus à notre aise ?

— Mais je n'ai rien à vous dire, mon cher Nereo.

— Rien, absolument rien ? demanda le jeune homme d'une voix notée par un désespoir aigu.

Et prenant le comte Gaëtan par le bras, il le conduisit à l'escalier du jardin botanique, et l'entraîna dans cet autre désert, vierge de botanistes.

— Tiens! dit le comte Gaëtan en descendant l'escalier, je ne connaissais pas cet endroit.

— Nous avons encore, reprit San-Nereo, de l'autre côté, l'ancien clos de la Chartreuse.

— Mais, dit le comte Gaëtan, qui prenait pitié de l'état désespéré de ce jeune homme, mais je vois que vous connaissez à merveille tous les coins et recoins de cette solitude...

— Parbleu! je n'en bouge pas; j'y fais élection de domicile. Voilà ma vie, mon cher comte Gaëtan, et vous allez juger s'il est temps que cela finisse. Pour obéir à votre consigne, je sors tous les matins à l'aube de chez moi; je traverse Paris. A cette heure il n'y a que des balayeurs qui arrivent et des chiffonniers qui partent. Certes, je ne crains pas d'être reconnu par cette population. J'arrive au Luxembourg en suivant toutes sortes de chemins de traverse, et je passe ma journée dans l'allée de l'Observatoire. A onze heures et à six, je fais deux simulacres de repas, rue Madame, dans un cabinet particulier. Vous dire ce que je souffre dans cette allée du purgatoire, est chose impossible! J'ai épuisé mille conjectures sur les combinaisons probables qui peuvent faire rompre un mariage au pied de l'autel, et dans toutes ces conjectures, je n'ai rien trouvé de satisfaisant. Maintenant, je ne pense plus, je ne veux plus penser; je vagabonde comme une bête fauve, dans ma prison, sans trouver une issue. Un espoir qui décroît chaque jour me soutient encore un peu dans cette fiévreuse promenade de seize heures; je compte trouver une de vos lettres, le soir, en rentrant chez moi. La lettre promise, la lettre attendue n'arrive jamais. Comte Gaëtan, cette vie est intolérable ; c'est l'agonie perpétuelle sans la mort. Au nom du ciel, que notre rencontre d'aujourd'hui ne soit pas stérile; venez à mon secours par une bonne parole ou tuez-moi par la révélation de votre secret.

Le comte Gaëtan regarda le ciel et prit affectueusement la main du jeune homme.

— Croyez bien, lui dit-il, que le plus infortuné de nous deux, c'est moi. J'ai mon désespoir aussi dans le fond de mon âme, et je le garde. Mon Dieu! mon Dieu! ajouta-t-il en versant quelques larmes, ne me demandez rien.

— Eh bien! dit le jeune homme d'un ton résolu, eh bien! ma résolution est prise.

— Que ferez-vous? demanda le comte avec effroi.

— Ce que fait le désespoir épuisé.

Il y eut un moment de silence ; le comte Gaëtan regardait la terre et paraissait méditer profondément; puis relevant fièrement la tête :

— Comte San-Nereo, dit-il, vous voulez porter sur vous des mains violentes; la pensée d'un suicide est là dans votre front.

Le jeune homme ne répondit rien.

— Eh bien! sachez encore attendre huit jours. Ce dernier délai expiré, si je ne puis vous appeler mon gendre, je me rends chez vous et je vous dis : Comte San-Nereo, je vous jure sur l'honneur que le fils de mon ancien ami ne mourra pas seul. Nous mourrons deux.

San-Nereo croisa les mains, les éleva sur sa tête et s'écria :

— Mais quel est donc cet horrible secret qui vous conseille la mort violente, à vous aussi?

— Acceptez-vous ? demanda le comte Gaëtan d'une voix ferme.

— J'accepte le sursis de huit jours que vous me donnez, dit le jeune homme en serrant la main du père de Blanche.

— Pas un mot de plus, reprit Gaëtan. Séparons-nous, et à huit jours !

Il monta lentement l'escalier du petit jardin, et partit pour payer sa dette à Saint-Servais.

V

La Bibliothèque du dix-huitième siècle.

Saint-Servais demeurait en pleins Champs-Élysées, dans une maison mystérieuse à cause de son isolement. Avant de porter la main au cuivre de la sonnette, le comte Gaëtan examina cette petite maison avec une attention méticuleuse sur les quatre faces de ses murs. Il y avait une grande porte d'entrée, une porte de remise et une sorte de poterne voilée par des arbres. Quand on est intéressé à trouver des choses suspectes, on en trouve partout ; telle fut la sage réflexion du comte Gaëtan, après qu'il eut fait son examen.

Il sonna ; un domestique ouvrit.

— Monsieur Saint-Servais ? demanda-t-il d'un ton léger.

— Monsieur n'est pas encore levé, répondit le domestique.

Le comte tira sa montre, et se dit à lui-même : Midi !

— J'attendrai le lever de monsieur, reprit-il en s'avançant dans le jardin ; j'ai de l'argent à lui remettre.

A ce mot *argent*, le domestique, qui peut-être redoutait le contraire, prit une figure avenante, et dit en prêtant l'oreille :

— Je crois entendre remuer chez monsieur ; qui dois-je annoncer ?

— M. de Verrières, dit le comte Gaëtan.

Le domestique monta, et reparut bientôt après, en faisant signe respectueusement que M. Saint-Servais pouvait recevoir.

Le comte suivit son introducteur, et entra dans la chambre à coucher, au moment où Saint-Servais nouait les cordons de sa robe de chambre.

— Comment donc ! s'écria-t-il en tendant affectueusement la main vers son débiteur, comment donc ! vous avez pris la peine de venir si loin ! mais vous m'auriez donné cela à la première occasion !

— Non, non, dit le comte Gaëtan en alignant quarante louis sur un guéridon, vous ne sauriez dire jusqu'à quel point je pousse le scrupule de ces sortes de dettes... Au reste, monsieur, je vous devais cette visite pour vous remercier de la confiance que vous avez eue en moi en m'accordant un si fort coup sur parole.

— Mais, je vous en prie, monsieur de Verrières, ne restez pas debout... reposez-vous un instant...

Le comte eut l'air d'hésiter et dit :

— C'est que j'ai une autre visite à rendre là, dans le voisinage, rue Jean-Goujon... Vous habitez une maison délicieuse, monsieur Saint-Servais.

— Oui, elle n'a que le tort d'être petite, dit le jeune homme.

— Mais, ma foi ! reprit le comte, c'est suffisant pour un

garçon. Si, un jour, je puis quitter mes herbages, et si je me fixe à Paris, je voudrais avoir un logement sur le modèle du vôtre. Je déteste les portiers et les voisins.

— Ce sont presque toujours des espions, dit Saint-Servais.

— Ayez la plus petite intrigue au milieu de Paris, ajouta le comte, cela ricoche de porte en porte, et en moins de trois jours tout le quartier en est instruit.

— Ici, dit Saint-Servais avec un léger éclat de rire, on ne redoute pas cet inconvénient.

— J'ai toujours adoré la vie de Paris, reprit le comte en se renversant sur son fauteuil ; la vie n'est qu'à Paris. *On végète ailleurs*, comme dit Casimir Delavigne, je crois, et il a bien raison. Paris est le paradis des jeunes gens. Moi, j'ai perdu mes plus belles années en province... Vous avez là une pendule du meilleur goût...

Il se leva pour examiner la pendule, et continua :

— C'est un groupe d'Amour et Psyché... J'ai une Danaë, moi, sur ma cheminée de chambre. Il faut vous dire que j'abhorre, comme modèles de pendules, les Charles-Quint qui donnent leur démission, les Annibal qui passent les Alpes, les Archimèdes qui font des chiffres, les Mazeppa poursuivis par des loups ; il me faut des sujets gracieux et reposés... les figures tourmentées ont quelque chose d'irritant pour les yeux... votre pendule est charmante.

— J'ai là un album qui sera peut-être aussi de votre goût, dit Saint-Servais : ce sont tous des dessins de maître.

Le comte prit l'album qu'on lui offrait et le parcourut, en poussant devant chaque feuille une exclamation de surprise.

— Vous avez là, dit-il, un vrai musée d'amour ; tous ces types de femmes sont délicieux.

— D'après le Corrége, remarqua Saint-Servais.

— Oh! Corrége! le divin Corrége! le peintre des Grâces et des Amours!... Tout cela est d'après Corrége! c'est merveilleux! Malheureusement, on ne peut pas montrer cet album à tout le monde.

— A Paris, c'est reçu, dit Saint-Servais en riant.

— Vraiment! c'est reçu! ajouta le comte en se mettant à l'unisson du rire de Saint-Servais.

Et revenant au sérieux :

— En effet, dit-il, j'ai remarqué, à ce dernier voyage, un grand relâchement dans les mœurs parisiennes. L'autre jour, j'étais à l'Opéra; on jouait *Robert le Diable;* excusez un malheureux provincial : je ne connaissais pas *Robert...* il y a une scène d'une immoralité révoltante; eh bien! le public la subit très-courageusement.

— Quelle scène? demanda Saint-Servais; celle du viol du quatrième acte : *Grâce, grâce, grâce!*

— Non, interrompit le comte; je n'ai pas remarqué celle-là... Il s'agit d'une scène du premier acte... Robert prend une jeune vassale, et dit à quarante chevaliers français : *Chevaliers, je vous l'abandonne!* Alors les chevaliers se précipitent sur la jeune fille avec une galanterie peu française, et préludent apparemment à des actes inouïs; car la jeune fille, menacée par toute la croisade, se débat et implore leur pitié. Tout à coup, Robert change d'avis, et arrache la victime aux bras luxurieux qui l'enchaînaient. Cette intervention irrite les chevaliers français, qui, furieux de se voir enlever leur proie, crient à Robert : *Tenez votre promesse; point de pitié pour ses larmes!* La bonne renommée de courtoisie des chevaliers français est furieusement compromise par cet acte de brutalité sauvage ; mais je n'ai remarqué d'abord, moi, que son étrange immoralité. Je vous prie de croire que je n'en suis pas du tout scandalisé pour ma part. Je constate un fait, voilà tout. Le théâtre est le thermomètre des mœurs. Si Paris tolère sur une grande scène lyrique, subventionnée par l'État, une bande de croisés *n'ayant pas de pitié pour les larmes d'une jeune fille*, qu'un chevalier leur abandonne en toute propriété, c'est que Paris, comme Jean-Jacques Rousseau, *a vu les mœurs de son siècle*, et lui donne ce qui lui convient. Ainsi, je ne m'étonne plus si vous mettez cet album dans toutes les mains, sans regarder le sexe. Il faut être de son siècle avant tout.

— C'est évident ! dit Saint-Servais... Tenez, monsieur de Verrières, voulez-vous jeter un coup d'œil sur ma bibliothèque privée... puisque vous êtes amateur ?

— Comme tout campagnard sédentaire, je suis un peu bibliophile, dit le comte en examinant les rayons de la bibliothèque ; mais, c'est encore comme pour les pendules, je déteste les livres sérieux... Diable ! vous avez là une collection d'élite...

— Oui, dit nonchalamment Saint-Servais, j'ai quelques éditions rares... Voilà un de Sade complet, avec les gravures faites d'après les dessins de l'auteur, édition de Londres. Je ne donnerais pas cela pour mille francs.

— Je crois bien ! dit le comte en feuilletant courageusement ce monstrueux ouvrage, comme s'il eût caressé un tison, par devoir, l'auteur de ce livre est, dans son genre, un homme de génie.

— De génie, c'est le mot, dit Saint-Servais.

— Il a outré, il a exagéré ses peintures, mais il y a, malheureusement pour l'humanité, un fond vrai... Ah ! vous avez là un livre que je regarde comme un chef-d'œuvre...

— Lequel, monsieur de Verrières?

— Celui-ci... les *Liaisons dangereuses*... On ne fait plus rien de cette force aujourd'hui...

— Je l'ai lu plus de vingt fois, dit Saint-Servais.

— Et moi, donc! j'en faisais mes délices à l'âge de vingt ans. Il ne me quittait pas... comme théorie de séduction, comme œuvre de didactique... C'est vraiment un *vade-mecum* pour un jeune homme. Les femmes n'ont pas besoin de livres pour nous tromper; elles ont une bibliothèque de ruses dans la poche de leur tablier; mais nous, c'est différent, nous avons besoin d'éducation.

Saint-Servais accompagna cette phrase d'un éclat de rire stupide.

— Vous avez là un superbe *Faublas!* poursuivit le comte Gaëtan; je raffole de *Faublas!* Dans mon beau temps, je ne cherchais que des marquises de B***, des comtesses de Lignolle, des Sophie... Ouvrage admirablement écrit, d'ailleurs! et que d'esprit! que d'esprit! « O Vénus! Vénus! tu voulus pour la gloire de mon sexe... » Cette invocation de Faublas à Vénus est un diamant... On ne fait plus rien de cette force aujourd'hui.

Saint-Servais fit tomber par la fenêtre un geste méprisant sur la génération contemporaine, qui ne fait plus de *Faublas*. Ce devoir rempli, il offrit un cigare au comte Gaëtan, qui l'accepta de la bouche, car ses deux mains étaient encombrées de livres ouverts. Toute l'âme du faux de Verrières semblait s'être abîmée dans la revue d'une bibliothèque.

— On voit que vous êtes là dans votre élément, dit Saint-Servais.

— Je ne m'en cache pas; j'aime mieux ces livres qu'un recueil de sermons... j'en ai bien ma bonne part chez moi... mais de mauvaises éditions d'Avignon, des gravures façon d'Épinal; par-ci par-là, quelques livres érotiques de choix... le *Biblion*, de Mirabeau; les *Dames romaines*, le *Musée de Naples*... Eh bien! mon cher monsieur Saint-Servais, lorsqu'on est attaché à ces livres, ils vous rendent un vrai service...

— Voyons le service? demanda Saint-Servais.

— Vous ne devinez pas?

— Non, monsieur de Verrières.

— Ils vous empêchent de faire une grande sottise; ils vous empêchent de vous marier; ils vous imposent le célibat.

— C'est vrai! c'est vrai! dit le jeune homme avec un éclat de rire écarlate.

— Que diable! poursuivit le comte, vous seriez bien forcé de vendre ou de brûler toutes ces collections précieuses, si vous preniez femme légitime. La première belle-mère venue vous les incendierait après la signature du contrat.

— Parfaitement raisonné! monsieur de Verrières.

— Votre bibliothèque, Saint-Servais, est une assurance contre le mariage.

Le jeune homme se laissa tomber dans un fauteuil et prolongea sur tous les tons une bruyante gamme de gaieté.

— Saint-Servais, poursuivit le comte, j'ose dire que mon caractère ne m'a jamais attiré que des amis.

— Je le crois, je le crois, interrompit sérieusement le jeune homme.

— Cependant, pour un mur mitoyen, reprit le comte, je

me fis un ennemi qui m'accabla de procès. Quand j'eus perdu le dernier, nous fîmes le semblant de nous réconcilier, pour vivre en bons voisins ; nous déposâmes un voile transparent sur le passé, nous badigeonnâmes nos haines, et nous fîmes le boston avec le receveur et le curé de mon endroit. Ma rancune vivait toujours dans mon cœur ; une rancune de dix-sept mille trois cent quatorze francs vingt-sept centimes. Je n'oublierai jamais le chiffre de ma condamnation. Notre vanité de propriétaire ne saurait s'accommoder de pareils oublis !

— Eh bien ! que fîtes-vous ?

— Un jour, ce voisin vint me demander un conseil sur un mariage qu'il méditait timidement. Je lui conseillai de se marier, avec tant de bonnes raisons à l'appui, qu'il se maria dans quinze jours. Trois ans se sont écoulés depuis ; c'est un homme perdu. Je le plains même quelquefois ; son mariage m'a trop vengé.

Saint-Servais, toujours enfoui dans son fauteuil, agitait son torse colossal sous l'oppression d'une hilarité furibonde.

— Tiens ! s'écria le comte, qui parlait toujours en furetant, vous avez là un petit roman bien rare !

— Lequel, monsieur de Verrières ?

— L'*Échelle de soie*... On l'attribue à Crébillon fils... Ce roman a failli me coûter une jambe, une au moins...

— Ah ! contez-moi cela ! dit le jeune homme en renouvelant l'air de ses vastes poumons pour se préparer à de nouveaux éclats de gaieté folle.

— Tenez, justement, je tombe sur le passage qui a compromis mes jambes... « La belle Pepita me dit, dans la foule, en sortant de l'église : Je serai à mon balcon, à minuit. Moi, peu initié aux usages de Madrid, j'arrivai au rendez-vous ; le balcon était fort élevé ; nous causâmes deux heures, moi en français, elle en espagnol, séparés par une colonne d'air de quinze pieds : c'était pénible. En fermant sa croisée, Pepita me lança un mot espagnol que je ne compris pas, comme tout le reste ; mais je le fis expliquer le lendemain par un interprète. Ce mot signifiait nettement : *Vous êtes un imbécile !*

» Cela me fit réfléchir profondément. Né dans le pays des troubadours, je me sentis humilié plus qu'un simple voyageur par cette qualification, et je résolus d'en mériter une autre par excès d'audace, avec la chance de réussir. J'achetai chez Marliano, rue de Compostelle, une échelle de soie, et le lendemain, à minuit, j'escaladais hardiment le balcon de Pepita... etc., etc., etc. » Nous savons le reste.

— Oui, dit Saint-Servais ; mais l'histoire de vos jambes, je ne la sais pas.

— C'est juste ! reprit le comte avec ce ton naturel qui donnait tant de force à ses piéges si légitimes, en lisant, j'avais oublié pourquoi je lisais... Me trouvant à Madrid en mil huit cent trente-deux, ou trente-trois... oui, trente-deux, je disais bien ! le hasard me donna une bonne fortune. Je tombai dans les bonnes grâces d'une fille majeure, très-majeure. Pour un voyageur, il n'y a pas d'âge. Voulant se rajeunir de quelques années à mes yeux, elle se plaignit d'être gardée à vue par une mère intraitable qui ne permettait que la sérénade et la mandoline. Une nuit, comme je chantais sous le balcon :

Je suis Lindor, ma naissance est commune,

mon Espagnole me fit signe de monter : *Per hablar un poquito,* pour parler un peu. Je répondis par le signe qui veut dire : Je n'ai point d'échelle de soie ! Cela l'étonna au dernier point. A Madrid, un Lindor est toujours censé avoir ce meuble d'escalade dans sa poche. Alors, je me rappelai le livre galant attribué à Crébillon fils ; j'achetai une échelle, et, la nuit suivante, je pris mes mesures pour l'assaut. J'ai pour principe qu'en pays étranger, il faut se donner tous les agréments et tous les désagréments du pays. A Londres, on doit hasarder un quart d'heure de boxe et un demi-bol de *turtle-soup ;* en Russie, on doit se faire poursuivre par des loups et se frotter le nez avec de la neige ; en Italie, on doit manger des ravioli et tout saupoudrer avec du parmesan ; en Allemagne, on doit assaisonner le rôti avec de la confiture et jouer du trombone ; en Espagne, il faut goûter l'*olla podrida* et escalader un balcon. Esclave de mon principe et mon échelle de soie posée, je commençai mon ascension. Ma main se cramponnait déjà au fer du balcon assiégé, lorsqu'un échelon de soie se brisa sous mes pieds ; je n'eus pas assez de vigueur de bras pour me retenir ; je tombai lourdement dans la rue. Par bonheur, il n'y avait point de pavé : l'Espagne, à cette époque, n'était pas assez riche pour paver ses rues. Cette économie municipale me sauva. Je tombai sur un amas de doux gazon, mais je me promis bien de ne plus me servir d'échelle dans mes opérations de nuit. Au reste, je n'ai jamais cru aux échelles de soie. On en porte, en Espagne, pour ne pas s'en servir.

— Ah ! ici je vous arrête, dit Saint-Servais en se levant et en marchant vers une armoire ; je pourrais vous gagner un pari à coup sûr. C'est mon métier de gagner des paris.

Une sueur froide courut sur l'épiderme du comte Gaëtan.

Ce moment qu'il avait amené par tant de ruses, lui sembla décisif. Toutes les forces de l'âme et du corps étaient nécessaires au père de Blanche, pour soutenir avec calme la révélation délatrice qui se préparait.

Saint-Servais déroula une échelle de soie aux yeux du comte et lui dit :

— Mon cher monsieur de Verrières, si celle-ci était assez longue, je me ferais fort de descendre des tours de Notre-Dame.

Le comte baissa la tête comme pour examiner de plus près l'échelle ; il craignait de se trahir par sa pâleur. Ainsi les natures les plus vigoureusement trempées ont toujours leurs heures de frisson. La bravoure du champ de bataille n'accompagne pas le héros dans tous les accidents de sa vie bourgeoise. Le cœur qui ne bat pas sur la brèche d'une citadelle, s'émeut devant une péripétie de salon. Il n'y a point de brave dans le sens absolu du mot.

Le comte avait la ressource d'examiner minutieusement l'échelle de soie, en attendant le retour du calme et de la parole libre. D'ailleurs, Saint-Servais le mettait à son aise en continuant ainsi :

— Si vous aviez eu cette échelle à Madrid, vous arriviez au balcon sans risque ; regardez-la bien, c'est un chef-d'œuvre ; chaque échelon, si fluet qu'il vous paraisse, est composé de douze torsades ; chaque torsade de neuf tresses ; chaque tresse de trois tressines ; le tout passé à l'eau de goudron...

— Peste ! interrompit le comte, qui avait repris son sang-froid, il paraît, mon cher Saint-Servais, que vous avez étudié la question ! vous en parlez *ex professo !* Eh bien ! sans nier vos connaissances dans cette partie, je n'aurais pas plus de confiance dans votre échelle que dans la mienne de Madrid.

Saint-Servais éclata de rire, et prenant l'échelle des mains du comte, il l'accrocha au balcon de la fenêtre, et il se disposait à faire sa démonstration de descente, lorsque le comte, jouant l'effroi à merveille, poussa un cri, et, l'arrêtant par le bras :

— Je vous crois sur parole, dit-il; n'allez pas plus loin! je me rétracte; j'ai pleine confiance en ses torsades, ses tresses, ses tressines; c'est une échelle de bronze. Rien n'est solide comme la soie; mais au nom du ciel, n'enjambez pas votre balcon. Je tiens le fait pour démontré.

En se rappelant, par approximation, les mesures prises sur le mur du jardin de Saint-Mandé, le comte Gaëtan crut sans hésiter que l'échelle qu'il avait tenue dans ses mains était bien celle du crime. Ce pas immense fait dans l'instruction, le comte allait se retirer; mais, avant son départ, il voulut faire naître un de ces incidents qu'un homme adroit emploie toujours pour préparer naturellement une autre rencontre et renouer l'entretien. C'était surtout une confidence que le comte Gaëtan attendait et provoquait avec adresse; mais Saint-Servais ne paraissait pas appartenir à ces natures expansives et loquaces qui racontent leurs bonnes fortunes vraies ou fausses au premier venu. Il avait, au contraire, tous les types extérieurs du jeune homme égoïste et déjà gangrené par l'avarice morale, celle qui vit pour elle seule, prend aux autres tout ce qu'elle peut leur prendre, et ne leur donne jamais rien, pas même une confidence; car elle leur donnerait un plaisir, et donner un plaisir, c'est diminuer le sien.

Avec ces caractères exceptionnels, on ne peut réussir

que par surprise, et dans d'autres circonstances plus favorables que des entretiens du matin.

A la recherche de son nouvel incident, le comte renoua l'entretien avec la ressource inépuisable de la bibliothèque.

— Ah! dit-il, voici qui vaut mieux que votre échelle de bronze... La *Pucelle*, de Voltaire, avec des gravures de Lejay...

— Un livre estimé soixante louis, dit Saint-Servais.

— *Banco!* cria le comte; prenez des cartes.

— Je n'en ai jamais chez moi, reprit le jeune homme en riant.

— Quel magnifique ouvrage, poursuivit le comte; on ne fait plus rien comme cela aujourd'hui!... Vous mène-t-il lestement cette coureuse de Jeanne d'Arc, ce diable de Voltaire! Quelle victoire contre les superstitions du moyen âge! et quand on pense que Voltaire n'a mis que douze ans pour élever ce monument à la gloire de la France!

— J'ai entendu dire quinze, remarqua timidement Saint-Servais.

— Mettons quinze, si vous voulez, reprit le comte; cela m'est bien égal.

— Tenez, monsieur de Verrières, vous venez de toucher un autre chef-d'œuvre... cette belle reliure de Thévenin... Là... près du *Faublas*...

— Oui, dit le comte; j'y suis... les œuvres complètes du chevalier de Parny. Mon livre de prédilection!... Quels vers... Et dire qu'ils faisaient tous des choses dans ce genre, au dix-huitième siècle!... Nous sommes des enfants, de vrais petits enfants aujourd'hui! A peine un poëte hardi ose-t-il s'élancer un peu dans le goût du dix-huitième siècle! on l'arrête... Tenez, lorsque nous avons vu jouer le vaudeville de *la Chanoinesse*, nous avons cru un instant que tout allait recommencer ; pas du tout. On a forcé l'auteur à reculer. Le public ne demande pas mieux. L'autre soir, dans *la Dame Blanche*, lorsqu'un officier, choisi pour parrain, dit à la mère de son filleul :

> Mais en voyant tant d'attraits, je regrette
> De ne pouvoir être que son parrain,

toute la salle a éclaté de rire, ce qui prouve que le public n'est pas encore perverti au point de siffler ces choses érotiques qui ont fait les délices de nos pères. L'auteur de *Robert le Diable*, de *la Chanoinesse* et de *la Dame Blanche* est un élève de Parny, mais il se contient : son drame de *Dix ans de la vie d'une femme* ouvrait, après 1830, une ère nouvelle aux mœurs théâtrales ; malheureusement, la réaction a éclaté après l'affaire du Cloître-Saint-Merry ! Sans cela, nous allions bien loin ; nous dépassions peut-être Sylvain Maréchal.

— C'est incontestable ! remarqua Saint-Servais.

— Mais, j'oublie qu'on m'attend rue Jean-Goujon, reprit le comte ; adieu, Saint-Servais, au revoir, et à très-bientôt... Laissez-moi vous remettre en ordre ces livres... J'ai tout bouleversé... Voilà encore un livre de ma connaissance...

— Lequel ?

— Le petit in-18... *Galerie des Dames*... anonyme.

— Oui, dit Saint-Servais, mais on connaît l'auteur.

— On ne le connaît pas. Le catalogue des érotiques le classe dans les anonymes.

— Le catalogue se trompe : la *Galerie des Dames* a été publiée par M. de Jouy, à l'âge de vingt ans.

— Ne croyez pas cela, Saint-Servais.

— Mais j'en suis sûr, de Verrières, je vous fais le pari que vous voudrez.

— Je veux bien... je vous parie... voyons... quelque chose de léger, car vous me paraissez trop sûr de votre fait... je vous parie une loge d'Opéra.

— Tenu. Je me fais fort de vous apporter demain... Allez-vous au thé de la rue de Provence?

— Oui.

— Eh bien! je vous apporterai un certificat signé par deux bibliophiles connus de vous, sans doute, Silvestre et Blanchard.

— Si vous n'apportez rien, vous avez perdu, Saint-Servais?

— J'ai perdu!... pariez-vous dix louis en sus?

— Non, une loge d'Opéra quand on jouera *Robert;* je veux le voir deux fois avant mon départ pour la campagne.

Saint-Servais et Gaëtan échangèrent de vives poignées de main, comme auraient fait deux hommes unis par vingt ans d'amitié.

Du côté de Saint-Servais, cette expansion amicale était sincère; le caractère du faux de Verrières lui plaisait beaucoup, et quand il fut parti, il se promit bien de ne jamais laisser échapper une occasion de fumer quelques bons cigares avec lui, bien qu'il le soupçonnât d'être amoureux de la blonde Isaure. Saint-Servais vivait dans un monde étrange, où la jalousie attend l'amour, pour exister, et elle attendra éternellement.

VI

Le Souper de la Maison-d'Or.

On jouait *Robert le Diable*. Ce chef-d'œuvre avait, comme d'habitude, peuplé l'immense salle de l'Opéra. Le comte Gaëtan n'ayant trouvé, disait-il, à la location, qu'une loge obscure au rez-de-chaussée, n'avait pas conseillé à Isaure de s'ensevelir dans une de ces tombes, qui, en été, sont des baignoires de feu. Il était donc seul avec le jeune homme.

Saint-Servais était radieux de joie ; il avait retrouvé une occasion de passer une soirée avec le faux de Verrières ; quant à l'opéra de *Robert*, il se promettait bien de ne pas en écouter une note, pour rendre son bonheur complet.

Le comte, pour se conformer à l'habitude générale de parler quand on chante à l'Opéra ou aux Italiens, avait déjà raconté deux intrigues amoureuses de sa première jeunesse, quand le rideau tomba sur la fin du troisième acte. Ces confidences venaient de réjouir Saint-Servais au dernier point.

— Vous voyez, dit le comte, que je raconte sans gazer. Pourquoi gazerais-je ? Nous sommes ici, en ce moment, en plein esprit du dix-huitième siècle ; on a mis votre bibliothèque en action, calembour à part. Vous venez de voir tout un couvent de religieuses, la supérieure en tête, se trémousser sans gaze, dans le cloître de Sainte-Rosalie. Avec les jambes de ces religieuses, on fait recette ; cela explique tout, et au moins nos yeux sont réjouis, comme devant les gravures de votre bibliothèque. Et avec quelle adresse cela est arrangé pour prévenir les clameurs des réactionnaires ! Ces religieuses ne sont pas des religieuses : ce sont des *nonnes*. Vous savez que c'est le terme de raillerie dont se servait le dix-huitième siècle pour désigner les jeunes filles des couvents.

> Mais feu de nonne est un feu qui dévore...
> Rien n'assouvit les appétits des nonnes.

La Fontaine, dans son conte si naïf des *Lunettes*, emploie le mot *nonne* à chaque phrase, et Gresset le prodigue dans *Vert-Vert*. Jamais on ne s'est servi de ce mot dans le sérieux. C'est donc un progrès énorme que nous devons à l'auteur de la *Chanoinesse*. Bertram lui-même, vous venez de l'entendre, les apostrophe gravement ainsi : *Nonnes, qui reposez !* Il les appelle *nonnes*; c'est comme si dans sa tragédie, Andromaque appelait son enfant *mon moutard*. Eh bien ! grâce à cette hardiesse, *nonnes* est maintenant passé dans nos mœurs. Chez les poëtes du dix-huitième siècle, on les appelait aussi *nonnains;* nous arriverons là quelque jour, si l'auteur de la *Chanoinesse* ne se convertit pas, comme Gresset.

> ..... Longtemps petit badin
> Sanctifié par ses palinodies ;
> Il avait fait jadis des comédies
> Dont à la vierge il demandait pardon.

Ces vers de Voltaire contre la conversion de Gresset sont écrasants.

Le comte se tut; on commençait le quatrième acte. Pendant l'admirable duo de Robert et d'Isabelle, et jusqu'à la dernière note de l'air magnifique de *Grâce*, jusqu'à la sublime explosion de l'orchestre, le comte Gaëtan manœuvra si habilement du lorgnon, qu'il ne perdit pas de vue un seul instant la figure de Saint-Servais. La scène de violence parut intéresser le jeune homme ; il suivit avec des yeux sombres tous les mouvements de Robert, criant à Isabelle :

Crains ma fureur, ne me résiste pas.

Par intervalles, son regard tombait sur le bord de la loge, il semblait alors se recueillir et assister, par le souvenir, à quelque scène analogue, toujours vivante dans le passé. Telles étaient du moins les conjectures que formait le comte Gaëtan.

Au commencement de l'entr'acte, le comte fit danser les pointes de ses doigts sur le velours d'appui de la loge, et prenant un ton leste :

— Ce Robert, dit-il, est un être assez stupide. Il tient à la main un rameau vert, un rameau vénéré, qui endort cinquante chevaliers comme un seul homme, et il ne se sert pas de son talisman pour endormir une femme qui lui *résiste*. Mais si j'avais un rameau vert comme celui-là, j'endormirais toutes les jolies femmes...

— Et moi aussi, dit Saint-Servais, avec son rire ordinaire.

— Et vous aussi, reprit le comte, et bien d'autres aussi. Notez bien que ce n'est pas par moralité qu'il s'abstient ; c'est un scélérat qui abandonne une pauvre jeune fille au libertinage de quarante chevaliers, qui menace de tuer toute la croisade d'un coup de tabouret ; qui se promène à minuit sur le sommet d'une montagne, pour chanter : *Fatal moment! cruel mystère!* qui ne se gêne pas pour faire un pacte avec le diable, malgré sa croix de chevalier ; qui oublie son amour pour Isabelle, et se laisse séduire par des nonnes, habillées en femmes nues ; ce n'est donc pas un scrupule qui le retient, lorsqu'il n'endort pas Isabelle avec son rameau vert et vénéré ! Pourquoi donc ne l'endort-il pas?

Saint-Servais accompagnait d'un rire cadencé la boutade du faux de Verrières, mais il ne disait rien ; aucune confidence ne paraissait poindre sur ses lèvres : c'était désespérant !

Il y avait bien une question à poser, une question directe, souvent débattue, et qui remonte à Lucrèce, la femme de Collatin ; mais il était difficile d'attaquer un point si délicat sans exciter une ombre de soupçon et tout perdre, au moment où il y avait tant d'espoir de réussir.

Il fallut donc attendre et se résigner.

Minuit sonnait à la mairie du deuxième arrondissement lorsque nos deux hommes, sortant de l'Opéra, vinrent respirer la fraîcheur sur le boulevard. Le comte s'extasia sur la beauté de la nuit, et, feignant de prendre congé de Saint-Servais, il lui dit :

— Malgré la beauté de la nuit, il faut songer à regagner, moi, mon faubourg, vous, vos Champs-Élysées.

Saint-Servais n'accepta pas cet adieu trop précoce.

— Ah ! dit-il en retenant le comte avec la plus vigoureuse des mains, c'est trop provincial de quitter le boulevard à minuit, en été. Il y a des jeunes gens qui se lèvent et qui arrivent pour déjeuner.

— Eh bien ! je reste, dit le comte, si vous ne me refusez pas ce que je vais vous proposer ?

— Accepté d'avance, mon cher de Verrières.

— Un petit souper à la Maison-d'Or?

— Parbleu! je soupe tous les soirs, moi!

— Et moi aussi; vieille habitude du *medianoche* de Madrid. Ordinairement, je soupe chez moi.

— On ne doit souper qu'au boulevard, mon cher de Verrières.

— Mon cher Saint-Servais, dit le comte en affectant une pose comique de dandy, si je passe encore quinze jours avec toi, tu me naturalises Parisien... Allons à la Maison-d'Or.

— Et je paye le souper, moi, dit Saint-Servais.

— Non! mais non; c'est moi qui paye.

— Vous avez payé la loge.

— Je l'avais perdue dans un pari. Les bibliophiles Sylvestre et Blanchard m'ont condamné... Il y a dans ce livre, le livre de la *Galerie des dames*, un chapitre très-curieux.

— Tous les chapitres sont curieux, interrompit Saint-Servais.

— Oui, mais il y en a toujours un plus curieux que les autres...

Ils montaient l'escalier de la Maison-d'Or, en parlant ainsi; le comte poursuivit :

— Ici, tous les cabinets particuliers sont commodes?

— Oui, monsieur, dit un garçon.

— Donnez-nous le plus commode.

— Numéro sept, monsieur.

— J'aime ce numéro... D'abord, garçon, donnez-nous du champagne frappé et du chambertin sérieux, pour arroser un buisson d'écrevisses... ensuite, tout ce que vous voudrez. Servez vite; et quand nous serons servis, nous ne voulons être entourés que d'absents.

— Et ce chapitre de la *Galerie des dames*, demanda

Saint-Servais, qui ne voulait jamais rien perdre dans une conversation avec le faux de Verrières, ce chapitre, quel est-il ?

— Donc, puisque vous voulez que je parle de ce chapitre, c'est celui où les femmes du château de... j'ai oublié le nom ; c'est un château... les femmes se réunissent dans un pavillon de verdure, et se plaignent des hommes ; l'une après l'autre, elles font toutes leur confession, et la plus vieille raconte une scène qui a rapport avec celle de *Robert*...

— Oui, oui, je me rappelle, interrompit Saint-Servais ; on lui a donné un breuvage, et on l'a endormie...

— Sans rameau vert? reprit le comte...

— Avec un narcotique dont le livre donne la recette, poursuivit Saint-Servais ; on le compose avec de la jusquiame, du pavot et du nénuphar.

— Peste ! comme vous retenez les recettes de narcotique ! dit le comte.

— Eh bien ! je n'en ai jamais fait usage, parole d'honneur !

— Parce que l'occasion vous a manqué, reprit le comte en baissant la voix. Ces murs ont-ils des oreilles, vous qui les connaissez?

— Oh ! on ne peut rien entendre, dit Saint-Servais ; les murs ont une épaisseur énorme, et il n'y a point de communication.

— Me voilà rassuré, Saint-Servais ; eh bien ! moi, j'ai cultivé le narcotique.

— Vraiment ! remarqua le jeune homme ravi.

— Oui, dans mon premier voyage à Vienne, où j'allais pour faire une opération sur les métalliques... Il faut vous dire, mon cher Saint-Servais... Servez-vous du champagne...

— Ce chambertin est parfait, de Verrières.

— Qu'il ne vous fasse pas négliger le champagne ; regardez-moi, je bois des deux mains... Il faut vous dire, mon cher Saint-Servais, qu'à Vienne il y a des alchimistes qui travaillent le narcotique dans la perfection. Votre recette les ferait rire comme si vous leur chantiez de la musique italienne sérieuse... J'avais vingt-quatre ans, j'étais assez épris de moi-même, je portais haut ma fierté française chez l'étranger, et avec ces simples titres je devins amoureux d'une baronne qui avait un blason chargé de seize quartiers. Cependant, elle daigna me regarder du haut de son arbre généalogique, et elle consentit à m'aimer. C'était une femme dans le genre de la présidente de Tourvel, des *Liaisons dangereuses;* un embonpoint aristocratique, des cheveux d'un blond vénitien, un visage de séraphin efféminé, une carnation d'ivoire rose; trente-quatre ans sur l'extrait de naissance, vingt-huit dans la conversation. Elle m'invitait souvent à passer deux jours à son château de Diestrich-Froff, situé sur le Danube, à deux pipes de Vienne.

— Au fait, de Verrières, au fait !

— Nous lisions des romans d'Auguste la Fontaine, sous les arbres du parc; elle pleurait sur les infortunes des amants, et me tenait toujours à une distance respectueuse de sa noblesse autrichienne, et tout était dit. Le soir, lorsqu'elle se retirait dans sa chambre, elle me présentait le bout de son gant, et permettait à mes lèvres de l'effleurer avec respect. La doctrine amoureuse de Platon ne fut jamais de mon goût. A vingt-quatre ans, je n'aimais l'amour que pour la dernière scène. Une pareille intrigue devait donc me pousser à des folies, car ma passion devenait chaque jour plus vive dans l'atmosphère de ce château. Poussé à bout, j'osai enfin, mais timidement, me plaindre de ce gant ironique qui m'était présenté, chaque soir, comme la suprême faveur de l'amour. La baronne me lança un regard sévère, et m'écrasa du poids de ses aïeux; elle me dit qu'elle descendait de la maison de Souabe, fondée en 1137; qu'elle avait pour premier ancêtre un cousin de Conrad III, et qu'elle portait une *guivre* dans ses armes, parce que son second ancêtre avait été tué, à la prise de Milan, par Frédéric Barberousse, en 1152. Cependant, elle ajouta que son affection m'était acquise, qu'elle me voyait avec le plus grand plaisir, mais qu'elle ne consentirait jamais à conduire jusqu'à la fin, avec moi, une intrigue mondaine; ses aïeux s'y opposaient formellement.

Le comte versait du chambertin à Saint-Servais, par intervalles très-courts; ici, il s'arrêta, et dit :

— Nous buvons à cette excellente baronne, n'est-ce pas?

— Je veux bien, dit Saint-Servais; mais continuez votre récit, cher de Verrières.

— Ce n'est pas un récit que je vous fais, reprit le comte, c'est mieux que cela; on fait des récits aux étrangers, on fait des confidences aux amis.

Saint-Servais trouva cela charmant et s'inclina.

— Un jour, en arrivant au château, poursuivit le comte Gaëtan, je trouvai un invité que je ne connaissais pas, mais qui me parut être bien avant dans les bonnes grâces de la baronne. J'interrogeai une fille de service qui était à mes gages, et j'appris que cet inconnu était l'amant de la baronne depuis cinq ans. Il descendait aussi de la maison de

Souabe, et comptait même quelques aïeux de plus que la maîtresse du château. Cette découverte me rendit fou. Je résolus de me venger à tout prix.

— Voyons la vengeance.

— Je connaissais un alchimiste auquel je soumettais quelquefois des pièces d'or suspectes, et je lui demandai un narcotique innocent, mais sûr, en échange d'une somme quelconque, exigée par sa discrétion. Le marché fut onéreux pour moi, mais j'obtins le narcotique. Le noble amant de la baronne avait un grade supérieur dans l'armée ; il partit bientôt pour une tournée d'inspection, sans daigner m'honorer de sa jalousie ; à ses yeux, je n'existais pas. Autre sujet de vengeance. Humiliation des deux côtés. Un soir, on servit le thé, selon l'usage, et quand la tasse de la baronne fut remplie, je m'extasiai sur la beauté d'un clair de lune qui nous laissait voir un admirable paysage, par la grande porte ouverte sur le perron. La baronne, qui adorait les clairs de lune, se leva pour jeter un coup d'œil sur la campagne, et je déposai, en très-petite dose, le narcotique dans le thé.

Ici, le comte fit une pause et sembla se recueillir ; puis il sonna et commanda du johannisberg, en souvenir de la baronne allemande. Saint-Servais ouvrit la fenêtre pour donner de l'air ; le mélange des vins agissait dans son cerveau ; il était deux heures du matin, mais le boulevard avait l'animation de midi. On entendait les voix pompeuses des garçons de Tortoni, les éclats de rire des jeunes gens, le bruit des plateaux sur les guéridons, et les psalmodies aigres des vendeurs de journaux du soir. Le comte versa du johannisberg à plein verre à son auditeur, et, d'un ton plein de mélancolie :

— Jeune homme, poursuivit-il, vous n'avez jamais ressenti et vous ne ressentirez jamais ce qu'on éprouve lorsqu'une passion inexorable vous emporte et vous fait commettre une de ces actions appelées coupables par un législateur froid et sans sexe ; il y a dans les préparatifs de ces sortes de crimes qui se commettent en dehors de l'amour vulgaire, de l'amour bourgeois, il y a un bonheur fiévreux, une expectative irritante, qui ferment les oreilles au cri de la justice et de la raison. Verrait-on le glaive du châtiment suspendu au ciel d'une alcôve, on ne s'arrêterait pas, on franchirait le seuil interdit. La passion vraie, la passion faite d'amour, de haine, de vengeance, de luxure, est un ouragan qui vous emporte dans un monde inconnu, dans un désert peuplé de deux habitants, le sacrificateur et la victime ! Que vous dirai-je ?... lorsque, grâce à la trahison d'une servante qui m'était dévouée, je sentis la porte de la chambre céder sous ma main ; lorsque la nuit, la solitude et le sommeil me permirent de tout oser, j'éprouvai une défaillance qui semblait donner raison à l'opinion des hommes ; mais je me révoltai contre cet instant de faiblesse ; je me rappelai violemment tous mes griefs, plus impérieux encore que mon amour : l'amant qui m'avait insulté par le silence de sa jalousie, la baronne qui m'avait humilié avec sa maison de Souabe, et l'honneur de ma jeunesse compromis par le ridicule en pays étranger. C'était irrésistible. Je franchis le seuil d'un pied résolu, et, quand le jour vint, j'étais sur la route de France, poursuivi par la malédiction de Conrad III... Un *toast* à la maison de Souabe, mon cher Saint-Servais, et avec du johannisberg ! Voilà ce que nous faisions dans notre jeune temps ; avouez que la jeunesse a bien dégénéré.

Saint-Servais secoua la tête, et faisant courir sa large main sur son front chargé de vapeurs champenoises, bourguignonnes et rhénanes, il frappa la table, et dit :

— Eh bien ! vous êtes un enfant !

Le comte tressaillit involontairement à cette apostrophe qui paraissait promettre une révélation si attendue ; mais, par bonheur, ce mouvement fut interprété par l'imprudence de Saint-Servais dans le sens le plus naturel.

— Ah ! cela vous étonne ! poursuivit-il avec un éclat de rire à moitié noté par l'ivresse, ah ! cela vous étonne !... Votre histoire de la baronne m'a diverti... Vous êtes charmant... tu es charmant, mon bon Verrières... mais tu n'es pas fort sur les femmes... Tiens ! moi, je ne parle pas... c'est bête de parler de ses bonnes fortunes... et puis, je ne parle pas assez bien en société... il me manque des mots... Si je m'exprimais comme toi, je raconterais ma vie... Verse-moi du johannisberg...

— Ah ! je suis un enfant ! dit le comte en remplissant le verre présenté.

— Oui, mon ami... un enfant, avec tes narcotiques... tes alchimistes... tes baronnes de trente-quatre ans... Je n'aime que les vieilles bouteilles, moi... Entends-tu ce bon mot ?... Si j'avais ton esprit, je ne voudrais jamais dire une bêtise... Touche-moi la main, Verrières...

— Ah ! je suis un enfant !...

— Bon ! tu ne l'as pas laissé tomber par terre, celui-là !... Voyons, n'allons pas nous brouiller... tu es nécessaire à ma vie... je m'ennuie quand tu n'es pas là... D'abord, je t'avertis, si tu te brouilles, moi je ne me brouille pas... Je ne sais plus ce que je voulais te dire...

— D'abord, il faudrait le prouver, que je suis un

enfant, dit le comte avec un sourire provocateur.

— Le prouver! Bah! ce n'est pas difficile!... Moi... Écoute ceci, Verrières... je n'aime pas les vieilles baronnes.... j'aime les femmes jeunes... au-dessous de dix-huit ans, et même moins... je n'aime pas les narcotiques, moi; c'est compromettant... Voilà mon narcotique, ma main droite. As-tu vu une main comme celle-là? Je tiens vingt-quatre dominos alignés là; tu ne veux pas le croire?

— Oui, oui, je le crois.

— Sonne le garçon et demande des dominos.

— C'est inutile, Saint-Servais; je le crois.

— Vois-tu, Verrières... c'était une fille belle comme Sophie de Faublas... une taille comme tu n'en as jamais vu... Elle allait se marier avec un imbécile... du Brésil ou du Sénégal.... Était-ce juste, voyons?

— Non, dit le comte.

— Il me vint une idée... Bon, me dis-je, si ce Brésilien l'épouse, il ne l'épousera qu'après moi... Tu vois bien, Verrières, que tu n'es qu'un enfant...

— Allons... continuez... dit le comte frissonnant de la tête aux pieds.

— Tu ne devines donc pas le reste, reprit Saint-Servais d'une voix qui s'éteignait graduellement. Eh bien! la petite, sans le savoir, m'avait mis au fait de tout... et au milieu de la nuit... vois-tu... Verrières... le meilleur des narcotiques est un évanouissement...

— C'est possible, dit le comte d'une voix sourde.

— Un narcotique compromet, poursuivit Saint-Servais avec le bégayement de l'ivresse; il compromet, un narcotique... On est obligé de l'acheter chez un chimiste.. un pharmacien... et puis... il y a un procureur du roi... j'ai peur des procureurs du roi... ils n'entendent rien à l'amour... ils vous confrontent avec le chimiste... Est-ce vrai, Verrières?

— Très-vrai... murmura le comte.

— Et puis on fait venir M. Orfila... Un narcotique, vois-tu, Verrières... c'est du poison... est-ce vrai?

— Continue... continue... Saint-Servais...

— Je continue... Verrières... ce vin du Rhin me travaille la tête... comme un narcotique... Un évanouissement ne compromet pas... j'ai appris cela dans une pièce du boulevard... Il y a une jeune fille... qui s'évanouit dans un pavillon... eh bien! toute l'intrigue est bâtie là-dessus... As-tu vu cette pièce, Verrières?

— Non.

— Je te conseille de la voir... ça t'amusera... Elle s'appelle... le... la... j'ai oublié le titre... c'est égal, va la voir... tu m'en diras des nouvelles.... Cette pièce a achevé mon éducation... On voit... cette pauvre jeune fille... au troisième acte... c'est une femme... Il y a un officier russe, en 1814, ou un Cosaque... je m'embrouille... La *Chanoinesse*... non, c'est une autre... Attends... La scène se passe... à Saint-Mandé... Non... Je te... Verrières... bonne nuit... mon ami... mon...

Saint-Servais s'appuya sur le velours qui borde le divan du cabinet et s'endormit.

Le comte Gaëtan se leva et regarda le ciel, pour remercier Dieu; puis, ayant réfléchi quelque temps, il sonna, régla le souper et dit au garçon :

— Faites avancer mon coupé, il est devant la maison; demandez le cocher Paul. Vous m'aiderez ensuite à mettre mon ami en voiture; il a craint le johannisberg.

Quand tout fut prêt pour le départ, le comte Gaëtan secoua vivement le dormeur, qui ouvrit les yeux à demi.

— Venez donc, il faut partir, dit le comte ; la voiture est avancée ; je vais vous conduire chez vous.

Saint-Servais se leva péniblement et marcha comme un somnambule dans le corridor ; il descendit l'escalier avec lenteur, en s'appuyant sur deux bras auxiliaires, et sa haute taille eut toutes les peines du monde à se loger dans le coupé.

Le comte dit quelques mots à l'oreille du cocher, et on partit.

A peine installé, Saint-Servais avait repris son sommeil un instant interrompu et ne se doutait pas du chemin que la voiture parcourait. Le cocher n'avait reçu des indications que pour les trois quarts de la route ; quand il se trouva sur le chemin de Vincennes, il mit son cheval au pas et se laissa diriger par la voix du comte Gaëtan.

On s'arrêta devant la grille de l'ermitage de Saint-Mandé. Le comte réveilla une seconde fois le dormeur ivre, qui reprit son pas de somnambule, et entra dans le jardin, remorqué, pour ainsi dire, par le comte. La voiture était repartie pour Paris.

VII

Le Rendez-vous de la Tourelle.

L'aurore nuançait de ses teintes la cime des arbres, mais la nuit noircissait encore les allées du jardin. Le comte referma la grille et conduisit Saint-Servais sur la place même où Blanche avait été trouvée, après la plus horrible des nuits. Le jeune homme, qui, dans son ivresse de plus en plus lourde, obéissait machinalement à la main et à la volonté d'un autre, chancela sur ses genoux, s'assit sur le gazon, et prit enfin la pose la plus favorable au sommeil.

La fraîcheur de l'aurore qui descendait aux pieds des arbres, et s'y maintenait encore après le lever du soleil, dissipa seule les vapeurs du vin sur le front de Saint-Servais. Bientôt son sommeil devint léger, comme celui des heures matinales, et, ne retrouvant pas sur la route de Vincennes la tranquillité cimmérienne des Champs-Élysées, le réveil ne se fit pas attendre. Saint-Servais releva brusquement son torse au milieu d'un fracas de roues, de chevaux, de cris, de jurements, qui éclata à son oreille, comme s'il se fût endormi dans une ornière de la grande route.

Il ouvrit de grands yeux stupides, se regarda pour se convaincre de l'identité, prononça quelques phrases décousues pour s'écouter parler, se recueillit pour chercher des souvenirs, et ne trouvant que confusion autour de lui et dans sa tête, il se leva tout frissonnant de terreur, et marcha d'un pas rapide pour s'assurer s'il dormait dans un rêve, ou s'il vivait dans la réalité.

Dans la nuit du crime, Saint-Servais n'avait pas vu ce jardin ; il s'y trouvait donc comme pour la première fois ; tout y était nouveau pour lui. Le hasard de ses pas le conduisit à la grille ; elle était solidement fermée. A travers les barreaux, on apercevait une longue ligne d'arbres, comme sur tous les boulevards extérieurs de Paris ; aucun signe de reconnaissance n'annonçait la route de Vincennes et le voisinage de Saint-Mandé. Il revint sur ses pas, dans l'espoir de découvrir autre chose, et aperçut une maison dont la porte était ouverte à deux battants. Le silence du désert régnait autour. C'était effrayant, quoique illuminé par le soleil. Il s'avança, plein de confiance dans sa force herculéenne, monta le perron, et prononça d'une voix forte quelques mots comme pour s'annoncer aux gens de l'intérieur. Silence profond. Il franchit le seuil, traversa le vestibule, et, trouvant la porte du salon ouverte, il entra.

Un grand désordre régnait dans cette pièce, et la poussière couvrait tous les meubles, ce qui annonçait une maison abandonnée. Deux grands portraits suspendus au mur, et respectés par la poussière, frappèrent le jeune homme ; il les regarda, d'abord d'un œil indifférent, puis avec une sorte d'effroi. L'un représentait une jeune fille, assise un livre à la main, et si merveilleusement belle de corps et de visage, qu'il fallait la reconnaître quand on l'avait vue une seule fois. L'autre portrait produisit encore plus d'impression sur Saint-Servais ; il ressemblait à M. de Verrières, avec cette différence qu'il était peint en uniforme de colonel...

— Mon Dieu ! s'écria le jeune homme, en enfonçant ses mains dans ses cheveux, mon Dieu ! que signifie tout ceci ?

Et comme il se retournait du côté de la porte, il aperçut un homme debout, immobile, silencieux, et dont la figure pâle et le regard foudroyant conservaient encore la ressemblance du portrait.

— C'est vous, Verrières ! s'écria-t-il, comme dans un rêve de fièvre.

— Ce n'est plus Verrières, dit le comte ; c'est le colonel Gaëtan de Sullauze qui pourrait égorger ici un scélérat, et qui consent à se battre avec lui, à armes égales. Tu ne reconnais donc pas ce jardin de ton crime! Tu n'as donc pas vu la muraille de l'escalade; tu n'as donc fait aucun rêve de remords sur l'herbe où tu as dormi?

— C'est maintenant que je rêve! s'écria Saint-Servais, en mordant ses poings comme un damné. De Verrières, c'est bien vous!... Comment, vous mon ami, hier... Je me souviens de tout maintenant... Ah!... le traître! il m'a arraché mon secret du fond des entrailles!... Oui... oui, je me battrai... Oui, je boirai ton sang!... Comment, tout cela était un jeu de l'enfer qu'il jouait avec moi!... Il a pris tous les masques, tous les tons, toutes les ruses pour me faire tomber dans un piége à loups!... Comme c'est honorable! comme c'est loyal! Vantez-vous-en, colonel!...

— Il ose se plaindre! s'écria le comte d'une voix stridente. Il ose se plaindre ici, devant le portrait de ma fille! devant moi! dans le jardin où il est entré par le chemin des bandits, où il a joué avec le crime, où il a détruit l'honneur et le repos d'une famille! Voilà une audace de démon! Le coupable, c'est moi! l'innocent, c'est lui! Voilà la logique de ces cerveaux stupides, de ces géants de chair, de ces pygmées d'intelligence! Il est de bonne foi dans sa plainte, ce gigantesque étourneau!... N'approche pas! n'approche pas! Si tu fais un pas de plus, je n'attends pas le duel, je renonce au jugement de Dieu; je te tue avec ces deux pistolets, et je t'enterre dans l'allée où tu as dormi!... Ne m'irrite pas! car je ne répondrais plus de ma tête et de ma loyauté... finissons...

— Oui, finissons, répéta le jeune homme épouvanté.

— Nous nous battrons ce soir à sept heures. Le rendez-vous est à la Tourelle. Ce sera un duel à mort. Tu n'amèneras qu'un témoin, et ce témoin ignorera tout... Tu diras que nous nous sommes insultés à l'Opéra hier soir. Il faut que l'horrible secret de ton crime soit emporté dans la tombe. Ce n'est pas trop exiger de toi. Maintenant, suis-moi, je vais t'ouvrir la porte, et tu seras libre jusqu'à ce soir. Tu m'appartiens ce soir, et je t'ai assez insulté, je t'ai assez souffleté sur tes deux joues pour espérer que tu ne te feras pas attendre au rendez-vous. Tes armes seront les miennes ; j'accepte tout.

Le comte Gaëtan descendit lestement le perron pour éviter une attaque de surprise, et marcha d'un pas précipité vers la grille. Saint-Servais le suivait à certaine distance, la tête basse et le regard pensif. En sortant, il dit d'une voix sourde :

— A ce soir.

— Et maintenant, dit le comte à lui-même, tu ne m'échapperas plus !

Il attendit encore un quart d'heure, ferma la grille, courut à la station de la barrière du Trône et se jeta dans une voiture, en donnant au cocher l'adresse de San-Nereo. C'était le huitième jour ! le jour fixé pour un double suicide ; mais le comte Gaëtan avait oublié cette échéance de mort dans les incidents orageux de la semaine écoulée. San-Nereo, lui, ne pouvait pas oublier ce huitième jour.

A l'entrée du comte Gaëtan, San-Nereo prononça énergiquement ces paroles :

— Comte Gaëtan de Sullauze, je vous attendais ; je suis prêt.

Le comte, harassé de fatigue, se laissa tomber sur un fauteuil, et essuya la sueur de son front.

— J'ai passé toute ma nuit à écrire des lettres, poursuivit le jeune homme. Les voilà.

— San-Nereo, dit le comte, permettez-moi de prendre haleine ; tout se brouille dans mon esprit, je ne pense pas clair... Un instant, mon ami.

— Je vois bien, reprit San-Nereo, que nous ne pouvons pas exécuter notre projet ici?

— Non, dit au hasard le comte toujours abattu.

— Mon cher monsieur de Sullauze, dit le jeune homme d'un ton affectueux, tenez-vous à la vie?

— Oui, oui, j'y tiens aujourd'hui plus que jamais! répondit Gaëtan, les larmes aux yeux.

— Eh bien! vivez! je mourrai seul... veuillez bien vous charger de ces lettres...

Le comte regarda San-Nereo d'un air stupéfait.

— Que parlez-vous de mourir seul? dit-il. Est-ce qu'il est question de cela! Je vous apporte de l'inattendu.

— Comment! vous avez oublié nos conventions du Luxembourg? C'est aujourd'hui, pour nous deux, une échéance de mort...

— Ah! fit le comte en se frappant le front, c'est juste ; nous devions nous tuer aujourd'hui ; mais nous vivrons... laissez-moi cependant vous serrer la main ; vous êtes un digne jeune homme ; vous étiez prêt pour la mort. Il y a un cœur de héros chez vous... Riche, jeune, sain de corps et d'esprit, il n'a pas reculé devant le suicide, ce noble San-Nereo! Eh bien! si Dieu juge dans sa justice, vous épouserez Blanche, je vous en donne ma parole d'honneur.

San-Nereo sauta au cou du comte, et l'embrassa dans toute l'ardeur d'un amour filial.

Le comte repoussa doucement le jeune homme, et fit le signe triste qui jette un crêpe noir sur les illusions.

— Il faut que Dieu juge selon sa justice, reprit-il... Ce

soir, je me bats, et je vous ai choisi pour mon témoin. Je viens de voir que vous méritez cette marque de confiance ; vous vous êtes révélé à moi dans ce moment comme le fils du brave San-Nereo ; vous avez le cœur de votre père, et je m'en réjouis, car si je suis tué dans ce duel à mort, vous ramasserez mon arme, et mon témoin deviendra mon second.

San-Nereo serra énergiquement les mains du comte ; sa bouche resta muette ; la flamme de ses yeux parla seule et promit tout.

— Cher et jeune ami, reprit le comte avec un ton de tendresse paternelle, toute cette semaine j'ai pensé à vous, à chaque minute du jour, et quand la fatigue me donnait quelques heures de sommeil, je vous revoyais encore dans un rêve, et votre père était auprès de vous, et il me rappelait la vie aventureuse que nous avons passée dans nos guerres de montagnes, toujours l'un à l'autre unis devant les mêmes dangers.

— Oui, oui, dit San-Nereo attendri, mon père m'a raconté bien des fois ces terribles guerres.

— Je leur dois beaucoup à ces guerres étrangères, moi, reprit le comte Gaëtan avec une intention marquée, et voilà pourquoi j'ai pensé à votre père et à vous si souvent ces jours derniers...

San-Nereo regarda de Sullauze comme pour lui demander une explication.

— J'en ai peut-être trop dit, reprit de Sullauze avec un certain embarras dans la parole et le maintien ; mais... un jour... qui est bien près, sans doute... il faudra bien tout dire...

— Oh ! de grâce ! s'écria le jeune homme en prenant

vivement les mains de son second père, rapprochez encore ce jour! prenez pitié de ma raison qui meurt avant mon corps! parlez...

— Soyez patient encore un peu, mon fils, dit le comte Gaëtan avec une autorité douce; tout ce que je puis dire à présent, je vous le dirai, rien de plus. Dans la vie bourgeoise que j'ai menée après la vie des camps, j'avais oublié mon métier de jeune guerilla; tout à coup il a fallu le reprendre, et je me suis retrouvé tel que j'étais à vingt ans. On redevient aisément ce qu'on a été autrefois; l'âge est un mensonge en chiffres, la volonté seule est une vérité toujours. Nous avons appris de très-bonne heure, votre père et moi, l'art d'éviter ou de tendre des piéges à un ennemi; nous avons pris un sixième sens dans nos guerres de montagnes; c'est l'odorat subtil des races félines. Nous avons fait la chasse à l'homme; nous avons accompli des expéditions nocturnes où nous étions en même temps chasseur et gibier; l'oreille toujours tendue aux échos, le doigt toujours arrondi sur la détente de nos carabines, et nous faisions des indices des moindres accidents de terrain que nous rencontrions sur la piste de l'ennemi : un brin d'herbe courbé, une feuille tombée à hauteur d'homme, une branche d'arbre rompue, une pelouse flétrie, un caillou trouvé hors du sillon, une fleur sauvage brisée sur sa tige dans une nuit calme; tout nous servait, nous éclairait, nous guidait. Notre instinct et notre raison fonctionnaient ensemble, et cette association de deux facultés précieuses nous rendait supérieurs aux bêtes fauves les plus intelligentes, qui n'ont reçu de la nature que l'instinct. Aussi, lorsque j'ai voulu appliquer ce système de guerre à la vie bourgeoise, je me suis trouvé supérieur à beaucoup d'hommes qui n'ont ni l'instinct ni la raison. Voilà, mon cher San-Nereo, tout ce que je puis vous confier aujourd'hui ; cette confidence vient d'un souvenir de votre père, et, plus tard, elle vous éclairera. Rien de plus maintenant. Je vous trouverai ce soir à la barrière du Trône, sur la route de Saint-Mandé.

San-Nereo regardait toujours le comte Gaëtan avec des yeux stupéfaits, mais il n'osa pas hasarder une demande qui flottait sur ses lèvres. Un double adieu fut échangé. Encore cette fois, le comte Gaëtan triompha de lui-même, et emporta le secret de ses révélations.

Mais cette fois, du moins, le silence du comte de Sullauze ne paraissait pas devoir être de longue durée, et tous ces mystères promettaient pour le soir même à San-Nereo un dénoûment lumineux.

Le comte Gaëtan et le jeune homme se quittèrent en se serrant la main, et comme s'il eût craint un oubli, le comte de Sullauze recommanda à son jeune ami de se trouver à six heures à la barrière du Trône, et de renvoyer sa voiture. Il n'ajouta pas un mot de plus.

Rentré chez lui ensuite pour prendre un peu de repos, si nécessaire après tant d'agitation, il passa plusieurs heures auprès de sa fille, et inventa de nouveaux prétextes pour justifier une nouvelle absence, qui, probablement, serait la dernière, disait-il. Les femmes intelligentes, ou, pour mieux dire, toutes les femmes écoutent les prétextes, et ne se laissent jamais tromper par eux, quoiqu'elles aient toujours l'air d'y ajouter foi. Blanche soupçonnait bien quelque chose d'affreux dans l'étrange conduite de son père, et les réticences embarrassées de ses justifications ; mais, en fille soumise, elle respectait même ces mensonges, qui prenaient sans doute leur nécessité dans une bonne intention, et dans les réserves les plus délicates de l'amour paternel.

Dans cette vie que Dieu nous donne pour la faire douce, et que les hommes font si amère, il y a des moments si difficiles à traverser, que la vertu du plus fort semble devoir succomber à l'épreuve. Le comte Gaëtan se disposait à partir pour son rendez-vous, et il faisait les plus grands efforts pour ne laisser poindre sur son visage aucune des pensées terribles qui agitaient son cœur. Autour de lui régnait ce calme bourgeois, qui émeut si vivement ceux qui écoutent l'orage qui les attend au dehors. Les domestiques s'occupaient des choses du lendemain; ils arrosaient les fleurs du parterre, ils soignaient les meubles, ils fredonnaient des airs de chanson; le jardin était charmant à voir, dans son ombre fraîche de cinq heures; toute la maison avait une physionomie sereine qui souriait au maître, et semblait vouloir le retenir.

Et un quart d'heure après, le maître de cette calme demeure était sur la route de la barrière du Trône; il recélait, dans sa voiture de place, une provision d'armes qu'il avait achetées chemin faisant, et qui portaient encore le sceau virginal de la fabrique. A cette heure solennelle, le comte de Sullauze prenait toutes les précautions d'un vieux soldat.

San-Nereo s'était placé en vedette entre les deux colonnes de la barrière, et comme il avait revêtu le plus élégant des costumes de salon, on le distinguait du premier coup d'œil, dans cette zone du faubourg Saint-Antoine.

Le comte Gaëtan mit pied à terre, aborda San-Nereo, prit son bras, et faisant signe au cocher de suivre, il se dirigea vers une allée latérale de la route pour parler plus à l'aise et loin du bruit, dans un moment où rien ne doit être perdu, le moindre mot ayant son importance et sa valeur.

— J'espère maintenant, dit San-Nereo, que vous allez m'éclairer sur ce duel ; je suis, depuis ce matin, dans les plus vives angoisses ; tout me fait supposer que vous allez vous battre pour un mystère de famille. Je m'épuise en nouvelles conjectures, elles sont toutes désolantes. Le nom de votre fille est dans ce duel.

— San-Nereo, dit le comte, j'ai une réponse bien simple à vous faire. Le témoin de mon adversaire ignore tout ; il arrive sur le terrain en aveugle. Les chances doivent être égales dans une rencontre d'honneur ; mon témoin ignorera tout aussi.

— Je m'incline devant cette raison, reprit le jeune homme avec un soupir ; mais plus que jamais je garde mon idée sur la cause de ce duel.

— Votre pensée vous appartient, mon cher fils, et mon secret est à moi. Dans un moment aussi solennel, il ne faut pas discuter, il ne faut pas se plaindre, il ne faut pas faire des conjectures, il faut faire son devoir ; le mien est de me battre, le vôtre est de vous tenir debout et silencieux à mon côté.

— Je ne manquerai pas au mien, comte Gaëtan, et je suis bien sûr que vous remplirez le vôtre.

— Cela suffit aujourd'hui, San-Nereo ; demain est à Dieu.

— Je serai prêt encore demain, dit San-Nereo.

— Je le sais, je le sais, mon fils, reprit le comte en serrant la main du jeune homme. Si vous saviez comme votre courage me rend fort dans ce moment suprême... Écoutez... je suis un soldat, et comme je connais tous les caprices des armes, les plus forts et les plus braves ne sont pas toujours vainqueurs. C'est la main de Dieu qui conduit la pointe d'une épée ou le vol d'une balle; ce n'est pas l'adresse, comme le disent les adroits. Dans une heure, je puis être tué.

— Quelle horrible idée! comte Gaëtan !

— Écoutez-moi jusqu'au bout, mon fils. Voici un billet scellé de mes armes; je l'ai écrit à la hâte aujourd'hui; il est court, mais il dit tout ce qu'il faut dire. Prenez ce billet, serrez-le soigneusement et n'y pensez plus. Si je suis tué, ouvrez cette dépêche de la mort, et suivez vos inspirations; elles seront héroïques, je le jure pour vous.

San-Nereo prit le billet de la main du comte et dit d'un ton énergique :

— Comte Gaëtan, j'espère bien ne pas l'ouvrir; mais si je suis destiné à briser le sceau de vos armes, je serai digne de vous, croyez-le bien.

En causant ainsi, ils arrivèrent à la Tourelle; le comte fit signe au cocher de stationner sur la lisière du bois.

Après avoir examiné, sans affectation suspecte, les environs et l'intérieur du café de la Tourelle, le comte Gaëtan dit tout bas à San-Nereo :

— Ils ne sont pas encore arrivés... cela ne m'étonne point... Sept heures ne sont pas sonnées... et c'est pour sept heures... Promenons-nous dans la contre-allée de l'avenue, en les attendant.

La chaussée routière, aussi loin que l'œil pouvait la suivre, ne laissait voir aucune des voitures qui trahissent le secret d'un duel aux regards d'un observateur exercé. On distinguait seulement une longue file de maraîchers qui remontaient à Vincennes, quelques calèches découvertes où flottaient des ombrelles, deux omnibus de même couleur se croisant sur le même point, et les petites voitures publiques de Vincennes et de Saint-Maur. Par intervalles, des piétons aux visages calmes, des jardiniers licenciés, des rentiers économes, des saltimbanques en congé, des soldats indolents, des bohémiens déguisés; tout le personnel enfin des grandes routes, dans le voisinage de la capitale, par une belle soirée d'été.

Dans ces heures-là, les minutes ont une valeur singulière. Les montres sortaient et rentraient à chaque instant, et accusaient un retard qui commençait à devenir inquiétant pour le comte et pour San-Nereo. — Sept heures et dix, — sept heures et quart, — sept heures et vingt, avaient été prononcés par des lèvres haletantes et relancés sur la grande route de Paris. Les regards ne voyaient accourir aucune de ces voitures qui veulent rattraper, par le galop forcené, un temps perdu qui compromet l'honneur.

San-Nereo croisa les bras, et, regardant le comte, il lui dit d'une voix sourde :

— Et s'il ne venait pas?

— S'il ne venait pas ! répéta tristement le comte. Oh ! c'est impossible ! c'est impossible !... Un jeune homme du monde !... je l'ai insulté jusqu'au vif; je l'ai soufflé sur les deux joues... Oh ! j'ai pris toutes mes précautions pour rendre le duel inévitable... A son âge, on ne se laisse pas flétrir ainsi par un homme d'âge mûr... C'est impossible !... il viendra... On a souvent des embarras de voitures dans Paris... Il demeure à deux lieues de la Tourelle... deux lieues au moins... L'extrême distance est une bonne excuse dans le retard... on ne calcule pas toujours bien...

les montres ne marchent pas d'accord… Oh! j'en suis sûr, il viendra!

On cherche souvent à se donner de bonnes raisons qu'on croit mauvaises, car on a souvent besoin de se duper soi-même, pour se donner un répit nécessaire, quand on souffre trop.

VIII

Révélations.

L'attente fut longue.

Le soleil avait disparu; les ombres descendaient aux pieds des arbres, la forêt se faisait ténébreuse, mais le grand jour régnait encore sur la chaussée. Seulement, les maraîchers ne passaient plus, les piétons devenaient très-rares; aucune voiture de ville ne se montrait à l'horizon parisien.

— Il aura peut-être entendu huit heures, dit le comte en *à parte*.

— Il est plus de huit heures, remarqua impétueusement San-Nereo.

Et ils recommencèrent leur promenade de cinquante pas, du côté de la Tourelle et du côté de Paris, le va-et-vient de l'attente fiévreuse. Le crépuscule imposa bientôt silence aux excuses, et la nuit les supprima tout à fait.

Le comte Gaëtan s'arrêta, et baissant la tête et appuyant son menton sur sa main droite, il réfléchit quelques instants; puis frappant la terre du pied, il dit avec rage :

— Oh! je pouvais le tuer ce matin!… le tuer comme un bandit qu'il est!… Soyez homme de cœur et de loyauté avec des êtres pareils... voilà ce qui arrive !... Mais quel génie infernal donne toujours la réussite aux brigands !... On nous en montre quelques-uns punis, çà et là... Oui, fiez-vous à la statistique du greffe !... En voilà un qui échappe encore ! Il échappe au tribunal et au duel ! au jugement de l'homme et au jugement de Dieu !... Oh ! non ! non ! je le jure sur la tête de ma fille, j'aurai son sang et sa vie ; je le suivrai au bout du monde, s'il me fuit ! La terre n'est pas assez grande pour cacher un criminel quand des yeux acharnés le cherchent !... San-Nereo, mon fils, vous m'aiderez, n'est-ce pas ?... Nous serons bien forts quand nous serons deux... Ma pauvre fille !...

Le jeune homme serra énergiquement la main du père de Blanche. Cette étreinte muette voulait dire tout.

— Mais vous ne me comprenez pas, San-Nereo ?... Suis-je absurde !... me voilà délié complétement !... je puis tout dire... Oui, mon cher fils, vous allez tout savoir... modérez votre joie... préparez toutes les forces de votre âme... Quand vous recevrez ce coup de foudre, soyez impassible, vous aurez des témoins qui vous regarderont... Entrez à la Tourelle, ouvrez mon billet et lisez. Je vous attends. La nuit est noire sous ces arbres ; personne ne pourra voir ce qui va se passer à votre retour... quand vous aurez lu.

— Oui, j'ai raison d'être joyeux, dit San-Nereo en serrant de nouveau la main du comte. Que m'importe le coup de foudre, s'il m'éclaire ! Ce que je ne puis plus supporter, c'est la nuit !

Il fit un bond et entra dans la Tourelle, en brisant le sceau du billet.

L'âme a, comme le corps, des appétits violents qui ne souffrent pas les lenteurs lorsque les besoins sont impérieux. San-Nereo lut, ou, pour mieux dire, il dévora ce billet comme s'il n'avait eu qu'une ligne, et un instant après il tombait dans les bras du comte, en étouffant des sanglots.

— Oui, mon fils, dit Gaëtan, vous savez tout, et maintenant vous comprenez la conduite étrange que j'ai tenue à votre égard. Ce que vous révèle ce billet était suffisant pour vous forcer à punir le criminel, si mon courage eût échoué aujourd'hui dans cette entreprise ; mais je dois vous apprendre encore tout ce que j'ai fait pour arriver à la découverte de Saint-Servais. Appuyez-vous sur mon bras, soyez homme, et écoutez.

Alors le comte Gaëtan compléta la confidence et raconta en détail toutes les scènes qu'il avait imaginées, depuis la rencontre du boulevard, et le Ranelagh, jusqu'au souper de la Maison-d'Or, et la dernière scène à l'ermitage de Saint-Mandé.

Quand le colonel eut fini, un cri fauve sortit de la poitrine du jeune homme.

— Et ce matin, dit-il, vous avez eu ce bandit en votre pouvoir ! et vous ne l'avez pas tué comme un chien !... Oui, oui, suivez les lois de l'honneur et de la loyauté avec de pareils brigands !

— Mon fils, dit le comte, tout avait trop bien réussi jusqu'à ce matin ; je devais finir par une faute... Aussi, qui ne l'aurait pas commise, cette faute !... Un jeune homme de vingt-cinq ans, insulté, flétri, souffleté, qui...

— Bah ! interrompit San-Nereo, en arrachant l'écorce d'un arbre avec ses ongles, que leur importent les insultes et les flétrissures, à ces amas de chair sans âme ! Mais vous la connaissez pourtant, cette race d'Antinoüs-mandrilles, qui a besoin de boire des larmes sur deux lèvres pour éprouver une volupté ! Autant valait-il donner un rendez-vous d'honneur à une hyène, à un vampire, au bourreau !... Vraiment ceci est inconcevable ! Quoi ! vous épuisez le génie de l'invention pour découvrir l'infâme assassin de l'honneur de votre fille, et quand vous l'avez trouvé, vous vous contentez de le flétrir ! Ah ! le voilà bien malheureux !

Le comte de Sullauze baissait la tête et ne disait rien. San-Nereo continua :

— Il est flétri ! flétri dans un tête-à-tête mystérieux, sans témoins, sans retentissement ! il peut rentrer dans le monde, la tête haute, le front pur, et vivre avec l'estime des honnêtes gens, au milieu d'une société qui ne demande à la probité que les apparences ! Il est flétri par une voix isolée, par une main qui n'osera jamais enregistrer la flétrissure dans les archives publiques de l'honneur, et le brigand flétri raille déjà lui-même cette flétrissure à huis clos, et prépare de nouveaux piéges à la pudeur des femmes, de nouvelles insultes à la sainteté des familles ! et, qui sait ! un jour peut venir, et il viendra, où cet homme, flétri, lassé de mettre ses lectures en action, blasé sur le crime, saturé d'atrocités nocturnes, demandera la main d'une belle et riche héritière, pour exploiter aussi les voluptés légitimes, en jouant au jeu de la vertu ! Et le monde, toujours dupé par les masques, le monde entourera cet homme de sa vénération ; la loi lui prodiguera ses droits civiques ; la société lui confiera sa défense sur le siége des assises ! un jour, cet homme, investi d'un sacerdoce juridique, jugera un criminel maladroit, et le fera condamner au bagne pour attentat aux mœurs, et il rira sous son masque en donnant son verdict d'une voix grave, et la main droite ouverte sur son cœur ! Oh ! le voilà bien malheureux, il est flétri !

— San-Nereo, dit le comte d'une voix suppliante, la faute est commise... cherchons le moyen de la réparer.

— D'abord, reprit le jeune homme, il faut suivre les procédés usités en pareil cas ; je suis votre témoin ; en cette qualité, j'ai le droit d'aller chez lui à toute heure, et j'y cours...

Il avait déjà fait trois pas sur la chaussée de Paris, le comte Gaëtan l'arrêta.

— Mon fils, dit-il, point de précipitation, c'est mon principe immuable... Vous n'avez pas votre sang-froid ; vous vous exciterez bien plus encore à la vue de cet homme, et...

— Non, interrompit San-Nereo, je me garderai bien de lui faire beau jeu chez lui. Je serai calme ; je garderai ma dignité de témoin ; mais, au moins, par cette démarche, je connaîtrai ses intentions, et quand il vous sera bien démontré qu'il ne veut pas se battre, alors...

— Alors ?... demanda le comte Gaëtan.

San-Nereo chercha quelques minutes un expédient et ne trouva rien.

— Eh bien ! alors... reprit-il avec lenteur. Mais voyons d'abord ; s'il refuse nettement... Comte Gaëtan, je suis de race corse... Vous savez ce que cela veut dire !... Nous nous battons avec courage, en champ clos, devant tout le monde, à la face du soleil... Dieu m'en est témoin, j'accepte avec joie un duel à toute arme et à toute condition ; mais si le bandit s'acharne dans son refus...

— Eh bien? demanda le comte.

— Eh bien! reprit le jeune homme avec un cri strident, je fais graver le nom de Blanche sur la lame de ce poignard, et je le tue sans miséricorde! Vous verrez!

Le comte se voila les yeux avec ses mains, et recula en étouffant un cri; puis, saisissant la main du jeune exalté:

— Mon fils, dit-il, mon fils, calmez-vous; nous ne sommes pas dans les montagnes de la Corse, nous sommes à Paris...

— Je m'en aperçois bien! interrompit le jeune homme; nous sommes des barbares, nous; ici, nous sommes en pleine civilisation! Placez-vous sur la coupole du Panthéon à minuit; demandez à la magie de l'enfer ou au pouvoir du ciel le don de tout embrasser d'un regard, et de voir l'œuvre secrète de Paris à travers vingt mille toits diaphanes, et vous verrez un beau travail de civilisation!... Au reste, que Paris fasse ce qu'il voudra, cela m'est bien égal! Mon malheur me rend égoïste; il n'y a rien autour de moi, rien qu'une jeune fille, ma femme, et un bandit que je mets hors la loi. Je le tuerai, comme je déchire ce gant!

— San-Nereo, dit le comte effrayé par l'exaltation furieuse de son jeune ami, il est impossible de raisonner avec vous dans un pareil moment. Demain, vous serez plus calme...

— Demain, interrompit San-Nereo; je serai ce que je suis aujourd'hui! Je serai calme, quand je verrai ce bandit tomber sous votre épée de combat ou sous ce poignard!

— Mais, dit le comte avec solennité, vous me promettez de remplir ce soir, avec un calme digne, avec le sang-froid d'un gentilhomme, votre devoir sacré de témoin?

— Je tiendrai ce que j'ai promis.

— Eh bien ! partons, San-Nereo ; je vous accompagne jusqu'au rond-point des Champs-Élysées, et là je vous attendrai.

San-Nereo fit un signe de tête affirmatif.

Ils montèrent en voiture tous deux, et traversèrent Paris dans toute sa longueur sans échanger une parole. Par intervalles, le jeune homme s'agitait comme sous l'obsession d'un accès nerveux, ce qui annonçait une irritation permanente. Le comte conservait une immobilité de statue, ce qui annonçait un travail continuel de froide réflexion.

La voiture s'arrêta au rond-point ; ils descendirent, et le comte faisant avancer son jeune ami dans les allées latérales, lui désigna très-clairement la maison de Saint-Servais.

San-Nereo rajusta en un tour de main le désordre de sa toilette et de ses cheveux, et dit au comte, d'une voix artificiellement calme :

— Attendez-moi là.

Puis il s'éloigna à pas lents.

Les indications étaient si bien données que San-Nereo trouva la maison tout de suite. Il longea le mur de clôture du jardin, et, arrivé à la porte, il essaya sa voix pour prendre le ton naturel, et sonna.

Aucun bruit intérieur de voix ou de pas ne se fit entendre ; aucun cordon ne fut tiré. La porte resta immobile sur ses gonds.

Le jeune homme sonna une seconde et une troisième fois, en observant la loi du *crescendo*. Même silence.

Il laissa écouler un long intervalle, et hasarda un quatrième coup de sonnette à l'anglaise, c'est-à-dire violent et prolongé. Il n'aurait pas mieux réussi à la grille d'une tombe.

Le calme factice s'évapora, la fièvre rentra au cœur et agita les nerfs. San-Nereo fit le tour du jardin en l'explorant comme un ingénieur, et, apercevant un arbre dont la tige grêle s'appuyait sur le mur, il grimpa facilement jusqu'à la hauteur de la corniche, et s'assit pour continuer ses observations.

— Je fais comme lui, se dit-il à lui-même, j'escalade les murs des jardins... mais celui-ci est un jardin désert.

De la place qu'il occupait, San-Nereo voyait parfaitement la façade de la maison. Toutes les fenêtres étaient ouvertes pour donner de la fraîcheur aux appartements, mais pas une lumière ne brillait à l'intérieur. Il prêta une oreille attentive, et comprit qu'il n'y avait personne. Il y a un silence spécial pour les maisons désertes.

Dans l'état de surexcitation fébrile où se trouvait San-Nereo, la détermination qu'il prit paraîtra naturelle, et n'étonnera point : jeune, frêle et leste, il se fit un jeu de la descente, après l'escalade, et sans s'inquiéter du retour, il s'élança dans le jardin, en répétant :

— Je fais comme lui.

La maison n'était fermée que par une fausse porte à lames de persiennes. San-Nereo l'ouvrit et monta aux appartements. Puis, à l'aide de ces phosphores portatifs qui sont aujourd'hui dans toutes les mains, il reconnut la chambre de Saint-Servais au balcon dont lui avait parlé le comte dans son récit. Le chiffre des deux S accolées le frappa d'abord ; il semblait lui dire : C'est bien ici.

Tout à coup, il tressaillit comme de peur, en regardant la pendule ; ce n'était pas le modèle indiqué dans le récit ;

elle représentait, celle-ci : Léonidas aux Thermopyles, d'après le tableau de David. Pourtant, il n'y avait pas d'erreur de maison ; c'était bien celle de Saint-Servais. Sur le guéridon, quelques journaux avaient encore leurs bandes, et laissaient voir ce nom, avec adresse numérotée fort clairement ; il reconnut aussi la fameuse bibliothèque à sa place indiquée, et renouvela ses petites bougies pour jeter un coup d'œil sur les livres infâmes qui avaient fait la seule éducation de Saint-Servais.

Pour le coup sa stupéfaction fut encore plus grande qu'elle ne l'avait été devant la pendule de Léonidas. Il lut sur les rayons ces titres : *Cours de littérature*, de La Harpe, *Histoire naturelle*, de Buffon ; *Histoire de l'Église*, par Fleury ; *Traité des Hiéroglyphes*, de Warburton ; *Histoire des Pays-Bas*, par Metteren ; *Messéniennes*, de Casimir Delavigne ; *Voyage du jeune Anacharsis en Grèce*, par Barthélemy ; *Spectacle de la nature*, par Pluche ; *Histoire de France*, par Anquetil ; *Gaule poétique*, par Marchangy.

Pas le plus petit volume érotique ; une de ces bibliothèques sérieuses que les gens riches achètent lorsqu'ils se marient, et qu'ils n'ouvrent jamais. Avec ces bibliothèques, on devient conseiller municipal à cinquante ans ; les électeurs disent : C'est un homme sérieux ! En attendant, le candidat, quand, par hasard, c'est un homme d'esprit, s'abonne en cachette à un cabinet de lecture du voisinage, et lit clandestinement tout Alexandre Dumas.

San-Nerco reconnut vaguement, dans ces subites métamorphoses, quelque chose de sinistre ; toutefois, il s'applaudit de cette découverte et de son audace, et bornant là son expédition aventureuse, il descendit rapidement au jardin, le parcourut en tous sens, pour trouver une issue de sortie, et ne trouvant partout qu'un mur, poli comme un miroir, et très-élevé, il escalada les barreaux de la grille de fer, accrocha l'un des vases de géranium qui décoraient la corniche de la porte, et parvenu au sommet, il n'eut aucune peine à descendre : il se laissa tomber sur le velours des hauts gazons.

Le comte Gaëtan attendait avec anxiété le retour de San-Nereo et faisait les conjectures les plus étranges, justifiées par la longueur de la visite.

— Voici les fautes qui commencent! pensait-il; en voilà une encore, dont je m'accuse. Mon Dieu! mon Dieu! aurais-je dû jamais consentir à exposer ainsi ce jeune homme, seul, à dix heures du soir, dans un vrai coupe-gorge!...

Et pour réparer cette faute il allait en commettre une autre, et voler au secours de San-Nereo, en péril présumé, lorsque le jeune envoyé reparut. Les premières phrases qu'ils échangèrent auraient pu paraître comiques et provoquer l'hilarité des deux interlocuteurs dans une circonstance moins grave. Le bouillant jeune homme aborda ainsi le père de Blanche, sans aucun préambule :

— C'est maintenant un Léonidas qui est sur la cheminée! Comprenez-vous cela?

— Non, dit le comte stupéfait.

— Qu'avez-vous vu sur la cheminée, vous?... Une Psyché... une femme nue, enfin?...

— Oui, dit Gaëtan machinalement.

— Eh bien! comprenez-vous cela! Il y a une idée infernale là-dessous. Psyché a disparu! à sa place un Léonidas qui vous dit : *Passant, va dire à Sparte que nous sommes morts ici pour obéir à ses lois!*

— Mais enfin, que s'est-il passé? demanda le comte avec une vivacité qui perd patience.

— Rien... et vous ne trouveriez plus l'ombre d'un livre érotique... Avez-vous vu le *Cours de littérature*, de La Harpe?

— Il est fou! dit tout bas le comte en joignant les mains.

— Avez-vous vu le *Voyage d'Anacharsis*, de Barthélemy, poursuivit San-Nereo; l'*Histoire de France*, d'Anquetil? Eh bien! tout cela y est maintenant, avec Léonidas! Léonidas est bibliothécaire!

— Mais que vous a-t-il dit, lui? demanda le comte les mains jointes.

— Qui, lui?

— Saint-Servais?

— Est-ce que je l'ai vu?

— Vous ne l'avez pas vu!... Vous avez parlé à son domestique?

— Personne... maison déserte.

Le comte croisa les bras sur sa poitrine, et regardant San-Nereo :

— Vous êtes donc entré dans la maison? demanda-t-il avec effroi.

— Eh! il y a une heure que je vous le dis.

— Du tout... San-Nereo; vous m'avez parlé de Léonidas, de La Harpe, que sais-je, moi! mais vous n'avez donné aucun détail... Calmez-vous, mon fils ; vos mains me brûlent comme deux tisons... calmez-vous... racontez-moi tout, par ordre d'incidents... Je vous écoute.

La voix douce du père de Blanche produisit son effet. San-Nereo versa quelques-unes de ces larmes qui sont l'élixir de la douleur et qui soulagent; puis, la première émotion passée, il fit un récit méthodique de son expédition.

— Vous avez été plus qu'étourdi, vous avez été fou, lui dit le comte avec douceur, mais nous avons gagné quelque chose à cette visite domiciliaire si imprudente. Je suis maintenant fixé sur les intentions de ce misérable; il craint un procès criminel, il ne veut pas fuir, et il a pris toutes ses mesures de précaution.

— Et il ne se battra pas, vous croyez? demanda le jeune homme.

— Au contraire, je crois maintenant qu'il se battra : dans notre législation, un duel est toujours tourmenté par la justice; Saint-Servais est prévoyant; il a voulu moraliser sa chambre, et cette opération sanitaire lui a pris toute sa journée; c'est évident, il n'était pas en règle pour se battre ce soir.

— Alors, vous croyez qu'il se battra demain?

— Je le crois.

— Dieu le fasse! Ainsi donc, j'irai lui faire ma visite... Quand?

— Vous êtes autorisé à la lui faire un peu après le lever du soleil.

— Eh bien! j'attends le soleil ici.

— Non, mon fils; prenez un peu de repos; la journée de demain sera rude; on est plus fort quand on a dormi.

— Est-ce que nous dormons, nous, dans des moments pareils? Mon aïeul a passé deux mois dans les gorges de Monticeli pour attendre au passage le père de Santa-Lucia, qui avait insulté mon aïeul, et avait refusé satisfaction. Deux mois! il buvait de l'eau de source et mangeait des poires sauvages et des cormes jaunies au soleil. Il dormait, les yeux ouverts, debout, la carabine sur l'affût de sa main gauche. Voilà les hommes de mon sang, je n'ai pas dégénéré, croyez-le bien.

Comte Gaëtan, nous avons, nous, nos archives domestiques dans nos montagnes, et nous nous en entretenons aux veillées des nuits d'hiver. La civilisation a poli notre épiderme, mais nous gardons au fond du cœur les instincts reçus au berceau. Quand le pacte social nous défend une vengeance légitime, nous déchirons le pacte social. Si notre sœur, notre fille ou notre femme, tombe sous les mains violentes d'un assassin de l'honneur, nous le vouons aux dieux infernaux de nos montagnes, et nous le flétrissons avec la balle ou le poignard !

Le comte Gaëtan crut devoir dissimuler la douleur et l'effroi que lui donnaient ces sauvages paroles ; il lui serra la main et dit :

— Je vois que votre résolution est inébranlable, et je veux bien la respecter ; mais dans cette visite, ne sortez pas, je vous en conjure au nom de ma fille, ne sortez pas des convenances imposées par l'honneur à la mission des témoins.

— Comte Gaëtan, Blanche parle par votre bouche, dit le jeune homme en s'inclinant ; j'obéirai.

— A demain donc, cher fils ; je vous attendrai à huit heures sur le pont des Invalides.

— Cher comte, dit San-Nereo d'une voix étouffée par l'émotion, je vous le demande au nom de mon père, prononcez mon nom, rien que mon nom, devant votre fille.

— Votre père me parle ; j'obéirai, dit le comte en embrassant le jeune homme.

Après ces adieux, toute parole nouvelle était superflue. Le comte Gaëtan et San-Nereo se séparèrent donc sans rien ajouter : ils avaient, l'un et l'autre, à traverser une horrible nuit.

IX

La Visite du Témoin.

En persistant dans sa résolution, San-Nereo avait un autre projet dont il s'était bien gardé de faire part au comte Gaëtan ; il choisit une place favorable et ténébreuse, tout près de la grille de la maison de Saint-Servais, et il attendit.

Après minuit, un silence profond régna sur toute la ligne de Longchamps, et le moindre bruit de roues, dans les allées latérales, donnait une émotion à San-Nereo. Après beaucoup de déceptions, il vit enfin un tilbury sortir d'une avenue, doubler un angle de mur, et s'arrêter devant la grille : la clarté des deux lanternes permit de voir un jeune homme de haute taille qui descendit lentement, et un domestique qui ouvrit extérieurement la porte. San-Nereo caressa le pommeau de son poignard ; mais il se souvint de sa promesse et ne bougea point.

Quant tout fut rentré, hommes et tilbury, San-Nereo sortit de son embuscade, et commença, à travers les Champs-Élysées, une promenade qui ne devait finir qu'au lever du soleil. Heureusement, les nuits sont courtes au mois de juillet.

L'heure convenable étant arrivée, San-Nereo sonna,

mais sans espoir de réveiller, du premier coup, un domestique qui n'avait joui que de quatre heures de sommeil.

Après le sixième appel, plus vigoureusement accentué, un grognement sourd se fit entendre, escorté de quelques jurons anglais, la porte s'ouvrit; un *groom* à demi vêtu se montra et descendit en bâillant vers la grille. San-Nereo prit un ton imposant et résolu, et dit à travers les barreaux :

— Il s'agit, pour M. Saint-Servais, d'une affaire de la plus haute importance et qui ne souffre aucun retard; le comte San-Nereo demande à lui parler. Voici ma carte.

Le domestique murmura quelques paroles sourdes qui appartenaient encore à son sommeil interrompu, et, maîtrisé par le regard du jeune homme, il ouvrit, prit la carte, et s'arrêta comme pour réfléchir.

— Une affaire de la plus haute importance, répéta San-Nereo en appuyant sur les derniers mots.

Le domestique monta d'un pas irrésolu, et réfléchit encore quelques instants devant la porte de la chambre de son maître; enfin il ouvrit, et réveilla timidement Saint-Servais en disant :

— Pour une affaire de la plus haute importance.

Saint-Servais se réveilla de mauvaise humeur, comme tous les hommes de son espèce; il prit la carte et lut :

— San-Nereo, dit-il; je ne connais pas ce monsieur... est-il jeune ou vieux, ce comte?

— Il est jeune, répondit le groom; c'est un *gentleman;* mais il est laid, et pas grand du tout.

— Je comprends, se dit à lui-même Saint-Servais; je sais ce qui amène ce laid monsieur... Faites monter, dans cinq minutes.

Il se leva, et fit à la hâte une toilette de négligé qui lui conservait tous ses avantages physiques, d'après le certificat de son miroir.

San-Nereo, introduit par le domestique, salua Saint-Servais avec une politesse grave, et expliqua en peu de mots le sujet de sa visite.

Pendant qu'il parlait, Saint-Servais, qui, du premier coup d'œil, avait reconnu le jeune futur du boulevard Italien, prenait un cigare et allumait une bougie avec le plus grand sang-froid.

— Je vous attendais, vous, monsieur, ou un autre, dit nonchalamment Saint-Servais en se posant contre la cheminée, et ma réponse est toute prête. Je n'ai aucune satisfaction à donner à M. le comte de Sullauze... Pardon, monsieur, ne vous étonnez pas ainsi... S'il y a un offensé dans cette affaire, ce n'est pas M. le comte de Sullauze, c'est moi. On voit, monsieur, que vous ignorez tout. J'ai servi de jouet à M. le comte un peu trop longtemps. Hier encore, il m'a mis, avec préméditation, dans un état complet d'ivresse, tout en me racontant une histoire de baronne allemande, de narcotique, d'alchimistes, de maison de Souabe, de Conrad, que sais-je, moi ! le tout pour m'attirer dans le piége d'une confidence réciproque et m'endormir avec un mélange de vins capiteux. Je ne lui envoie aucune espèce de cartel pour cette longue et injurieuse mystification ; qu'il me laisse tranquille, et que tout soit fini là entre nous : il en est temps.

— Il me sera permis de parler à mon tour, maintenant, n'est-ce pas? dit San-Nereo en contenant une expression de colère.

Servais lança une bouffée de fumée au plafond, et fit le signe qui autorise à parler.

— Je n'ignore rien, monsieur, poursuivit San-Nereo ; rien, j'appuie sur ce mot.

— Appuyez, dit l'autre.

— Le comte Gaëtan, mon noble ami, était dans son droit ; il remplissait l'office d'un magistrat. Tout est permis à un père dans les circonstances cruelles où M. de Sullauze était placé. Je ne veux pas en dire plus ; cela suffit pour vous prouver que je sais tout.

— Monsieur, dit Saint-Servais, je ne reconnais à personne le droit de se nommer lui-même magistrat et ministère public. Si M. de Sullauze croit avoir des griefs contre moi, qu'il s'adresse aux tribunaux...

— Voilà précisément ce qu'il veut éviter, interrompit San-Nereo.

— Ah ! il veut éviter les tribunaux !

— Que trouvez-vous là d'étonnant, monsieur ?

— Moi ! je trouve que M. de Sullauze a parfaitement raison. Devant un tribunal, tout doit se dire, rien ne peut se cacher... Tenez, monsieur, brisons là, nous irions trop loin.

— Ainsi, monsieur Saint-Servais, vous refusez formellement toute satisfaction à mon noble ami ?

— Formellement, et je ne lui demande rien.

— Hier, pourtant, vous aviez accepté le rendez-vous de la Tourelle ?

— Tout ce que j'ai pu faire ou dire hier est frappé de nullité ; je n'avais pas ma raison ; on me l'avait arrachée du cerveau par fraude.

— Ainsi, vous placez M. le colonel de Sullauze dans une dure nécessité...

— Je vous comprends, interrompit Saint-Servais avec

vivacité. M. de Sullauze, après m'avoir mystifié en particulier, me fera un affront en public... Eh bien! j'ai, grâce à Dieu, tout ce qu'il faut pour payer comptant une insulte. Si votre ami m'insulte, je le brise sur ce genou, et je prends mes témoins. Vous serez invité au convoi funèbre le lendemain.

Après un moment de silence, San-Nereo, qui se contenait par un miracle permanent, lui dit :

— Enfin, puisqu'une satisfaction est due, il faudra recourir, à grand regret, aux tribunaux.

— Aux tribunaux? dit en riant Saint-Servais, mais vous n'avez donc pas compris mes réticences, tout à l'heure?

— Je n'ai pas remarqué ces réticences, monsieur.

— Devant les tribunaux, je dirai tout... Ah çà! monsieur le comte San-Nereo, à qui voudrait-on faire croire qu'on a criminellement abusé d'une jeune fille le premier soir de son arrivée à Paris ? Quels sont les niais qui croiront cette fable? Nos juges sont trop éclairés pour admettre une aussi stupide invraisemblance!...

— Pourtant, interrompit San-Nereo en frissonnant, le fait a beau paraître invraisemblable, vous l'avez rendu vrai.

Saint-Servais éclata de rire, et son interlocuteur le regarda d'un air stupéfait.

— Je ne croyais pas, dit-il, que l'acte de Saint-Mandé fût si plaisant.

— C'est la manière dont vous l'àvez arrangé, ce fait, qui est bouffonne... Je connaissais mademoiselle de Sullauze depuis six mois... Ah!... voilà le grand mot lâché! maintenant, vous savez tout.

A ce coup si imprévu, le visage de San-Nereo se décomposa ; le cri s'arrêta sur ses lèvres, et, ses pieds ne le soutenant plus, il tomba sur un fauteuil, comme s'il eût été foudroyé.

C'était maintenant le faux qui paraissait vraisemblable à l'imagination soupçonneuse de San-Nereo.

Saint-Servais continua, en se promenant avec une agitation feinte :

— Ils vous forcent à tout dire, les maladroits! On a un secret qui peut les anéantir, ils vous l'arrachent du fond de l'âme ! Eh bien ! on se le laisse arracher. Tant pis ! il faut en finir avec les obsessions acharnées ! On verra au tribunal un jeune homme, doué de quelques avantages physiques, et une jeune fille charmante ; ils se connaissaient tous deux en province... Je donnerai tous les détails... La jeune fille arrive à Paris... Le même soir, le rendez-vous est donné à haute voix sur le boulevard... J'ai des témoins... Le père surprend les deux amants, comme dans *la Juive;* la jeune fille s'évanouit, le beau jeune homme franchit le mur... Mais, mon Dieu ! c'est l'histoire universelle que je raconte là. Dans les douze premiers jurés venus, il y en a six au moins qui ont franchi un mur de jardin, ou passé par la porte, ce qui est la même chose, en droit criminel. Seulement, j'ai trouvé, moi, ce que n'ont pas trouvé les six jurés ; j'ai trouvé un père qui, sous prétexte qu'il est colonel, s'est acharné à ma poursuite, comme si je lui avais volé son portefeuille. Est-ce ma faute, à moi, si sa fille adore Paris, et si elle m'a choisi pour représenter cette capitale dans un rendez-vous de nuit d'été?

San-Nereo anéanti fit le signe qui demande grâce, et se levant avec effort :

— Assez, monsieur, assez, dit-il ; ma mission est remplie... Je n'ai qu'à me retirer...

Saint-Servais fit un geste calme, et prit une voix très naturelle pour retenir encore un instant ce jeune homme, dont la figure expressive annonçait tous les instincts de la jalousie crédule et du soupçon.

— Un moment, dit-il ; vous êtes étranger, monsieur le comte ?

— Oui... non, dit San-Nereo d'une voix sourde.

— Comment ! oui et non ! Je ne vous comprends pas...

— Je suis... Italien... à peu près... Au reste, qu'importe !

— Oui, cela est indifférent, monsieur le comte. Tous les hommes sont égaux devant l'amour... Permettez que je vous parle franchement et amicalement. Vous ne connaissez pas la légèreté de nos femmes... Notez bien que je ne les accuse pas... Dieu m'en garde !... Si elles commettent des fautes, les hommes seuls en sont responsables. Nous leur donnons une éducation qui les égare au lieu de les conduire...

— C'est possible, dit San-Nereo, d'un ton distrait, en regardant la porte.

— Quand les jeunes filles entrent dans le monde, poursuivit Saint-Servais d'un air doctoral, nous prenons à tâche de détruire, par une seconde éducation, la première qu'elles ont reçue au couvent.

— Monsieur, interrompit fébrilement San-Nereo, ces réflexions...

— Ces réflexions, interrompit à son tour Saint-Servais avec douceur, ces réflexions vous donneront la clef de bien des choses obscures. Ayez foi dans un homme d'expérience, qui vous parle en ami... Après la sortie du couvent, ou d'une institution de la rue de Clichy, nous conduisons nos jeunes filles au théâtre ; nous leur montrons des scènes de passion échevelée ; nous leur révélons des secrets d'intrigue dramatique ; nous remplissons leurs oreilles de déclamations amoureuses ; nous les initions dans la diplomatie des boudoirs ; et ces jeunes têtes s'exaltent en écoutant ces artistes qui, pour elles, sont de vrais amoureux ; en voyant ces coulisses de toile peinte, qui, pour elles, sont le monde réel. Est-ce vrai, cela ?

— Eh bien ! après ? dit San-Nereo suffoqué de douleur.

— Après, mon cher monsieur, après ! On devine aisément le reste... A Paris, surtout, cette seconde éducation des jeunes filles est plus dangereuse qu'ailleurs...

San-Nereo fit un mouvement brusque ; son interlocuteur trop intelligent venait de toucher la corde sensible. — A mon tour maintenant ! pensait Saint-Servais.

Et il poursuivit ainsi :

— A Paris, vous ne trouverez pas une jeune demoiselle qui ne sache par cœur, et qui ne chante ou fredonne au piano des romances amoureuses ou des cavatines ardentes d'opéras :

> Viens, ô ma bien-aimée,
> Le ciel est dans tes yeux.

Ou bien :

> O mon Fernand, tous les biens de la terre,
> Pour être à toi, mon cœur eût tout donné.

Ou encore :

> Ce qu'il me faut à moi,
> C'est toi !

Ou même :

> Vivons pour nous deux, car le monde
> Est un désert tout plein d'ennuis.

Je vous en citerais jusqu'à demain de ces maximes, cent fois plus dangereuses encore quand la musique les accompagne de ses charmes enivrants... Ensuite, ce qu'il y a de plaisant, c'est de voir un père qui, après avoir obligé sa fille à se mettre toutes ces passions notées dans le cerveau à dix francs le cachet ou la stalle, entre dans une colère atroce, quand la seconde éducation porte son fruit... Est-ce vrai cela, monsieur le comte?

San-Nereo répondit par un murmure sourd.

— Et nous, nous, jeunes hommes, reprit Saint-Servais en croisant les bras, que faisons-nous?... Nous faisons notre métier de jeunes gens, passez-moi cette locution triviale... Nous profitons des fautes des pères. Nous exploitons la romance et la cavatine au profit de nos loisirs... Voyons, soyez sincère, monsieur le comte; n'avez-vous jamais exploité un lendemain d'Opéra?

— Jamais! jamais! répondit San-Nereo, en fixant sur le parquet des regards sauvages.

— Eh bien! monsieur le comte, poursuivit Saint-Servais en riant, vous êtes un phénomène, une exception, un phénix qui ne renaîtra pas de ses cendres, croyez-le bien. Quant à moi, je suis franc; j'ai dans mon passé quelques peccadilles, et je ne jetterai jamais la première pierre sur qui que ce soit... Dans l'intérêt de ma justification, je ne parlerai que de mademoiselle de Sullauze...

San-Nereo bondit comme si une balle de plomb l'eût frappé au cœur.

Saint-Servais n'eut pas l'air de remarquer ce mouvement, et il poursuivit froidement :

— Vous connaissez le caractère de cette jeune fille; si vous ne le connaissez pas, je vais vous en donner une idée exacte. Je n'accuse pas, je ne médis pas, je me justifie... Un avocat a le droit de tout dire, dans l'intérêt de sa défense...

— Parlez, parlez, monsieur, interrompit San-Nereo, qui éprouvait le cruel besoin d'être torturé par de nouvelles confidences.

— Mademoiselle de Sullauze, dit Saint-Servais en choisissant un nouveau cigare dans une boîte avec beaucoup d'attention, mademoiselle de Sullauze, comme toutes les jeunes filles de province qui ont reçu une éducation brillante, et qui sont nées sous le rayon d'un chemin de fer voisin, a eu de bonne heure une passion dangereuse et nouvellement inventée, la passion de Paris; c'est le huitième péché mortel. Vous voyez que je connais mademoiselle de Sullauze...

San-Nereo secoua la tête avec mélancolie et frappa du pied le parquet.

— Paris, vu de loin, poursuivit Saint-Servais, est pour une jeune fille le synonyme de paradis. Paris, c'est le théâtre avec ses merveilles; c'est la musique avec ses extases, le monde avec ses séductions, la mode avec ses éblouissements, la foule avec sa vie joyeuse, le luxe avec son goût exquis, le salon avec ses artistes, l'univers avec ses illustrations. Le nom seul de Paris agite le sommeil d'une jeune fille, brûle ses nuits, trouble ses jours. Et maintenant prenez cette belle et naïve enfant, arrachez-la aux ennuis de sa province, faites-la descendre sur le pavé brûlant de son Paris un beau soir de juin, quand Paris est plus Paris que jamais, et sa raison ne la gouvernera plus; elle aura cette fièvre de folie qui monte au cerveau, donne le vertige et affaiblit les pieds... A qui la faute?... à _moi_, par hasard?

Ce raisonnement entrait trop bien dans toutes les idées de San-Nereo ; il n'y avait aucune objection à élever.

Saint-Servais éprouvait une joie infernale en torturant ainsi San-Nereo. Il croyait en même temps punir et se venger... Il poursuivit ainsi, en jouant l'émotion :

— Souvent je me suis dit ceci avec douleur : Que ferai-je, si l'imprudence d'un père me traîne devant un tribunal ?

San-Nereo étendit brusquement la main, comme pour repousser une pareille idée. Un éclair rapide de satisfaction brilla sur le visage de Saint-Servais ; il ajouta :

— Permettez, monsieur le comte ; c'est une simple supposition... Certes, si pareil malheur arrivait par la faute d'un père à mademoiselle de Sullauze, ma délicatesse ferait des efforts inouïs pour sauvegarder, autant que possible, la dignité d'une jeune fille qui m'a donné tant de preuves d'amour ; mais vous connaissez les hommes de justice, ils vous serrent de près, ils vous torturent de questions, ils vous tendent des piéges noirs, et vous obligent enfin à dire ce que vous voulez taire...

— Mais c'est impossible ! c'est impossible ! interrompit San-Nereo... Point d'éclat ! point de scandale ! point de bruit !

Et il ajouta comme en *à parte :*

— Oh ! mon Dieu ! mon Dieu ! soutenez-moi !

Saint-Servais, qui ne perdait rien de tous les mouvements de San-Nereo, fit tomber délicatement la cendre blanche de son cigare, et ajouta :

— Dans ce cas extrême, l'intérêt de ma légitime défense l'emportant sur toute autre considération, je me verrais contraint à faire, en plein tribunal, le portrait moral de mademoiselle de Sullauze... et vous savez toutes les inductions fâcheuses que la justice extrait de ces sortes de peintures biographiques...

— Oh! rien de tout cela... Non! non! interrompit San-Nereo.

Saint-Servais leva la tête, lança un tourbillon de fumée au plafond, et poursuivit :

— J'ai trois témoins sous la main, trois témoins honorables : l'un est référendaire à la cour des comptes, l'autre est membre du conseil général de Seine-et-Oise, le troisième est un artiste célèbre; trois amis... Je puis leur donner ce nom... Eh bien !... ils viendront tous les trois déposer des faits accablants, si je les cite comme témoins... et je les citerai, si mon honneur le demande.

— Mais je vous dis, monsieur, s'écria San-Nereo, que vous prévoyez l'impossible.

— Oh! reprit Saint-Servais avec un long balancement de tête, M. de Sullauze ne partage peut-être pas votre opinion... Je parle à M. de Sullauze absent, et je me sers de vos oreilles... M. de Sullauze est un homme très-cauteleux, très-rusé; je me suis formé à son école. Il sera content de son élève de la Maison-d'Or. Dites-lui cela de ma part... Donc, je dis à mon maître M. de Sullauze, et non pas à vous, que j'ai à ma disposition trois amis dévoués. Ils étaient assis à côté de moi, au boulevard, le jour de l'arrivée du père et de la fille. Ces trois témoins ont tout entendu. Ils ont vu l'enthousiasme ou, pour mieux dire, le délire fiévreux de mademoiselle de Sullauze; ils peuvent faire la peinture de cette exaltation provinciale, qui ne fait rien augurer de bon pour un avenir très-prochain. Ces témoins ont entendu de quelle façon adroite un rendez-vous m'a été donné, pour le soir même, à l'ermitage de Saint-Mandé.

— Au nom du ciel! s'écria San-Nereo, épargnez-moi le reste! Je ne veux plus rien savoir. Toutes vos paroles sont des coups de poignard...

Saint-Servais parut s'attendrir sur les angoisses de San-Nereo, et il secoua la tête de l'air d'un homme qui se fait violence pour ne pas dire tout.

— Monsieur le comte, ajouta-t-il sur un ton de conciliation, je suis vraiment désespéré de la tournure que notre entretien a prise. Il ne faut jamais pousser à bout celui qui a trop raison. Je me défends, voilà mon excuse. Au reste, la calomnie a beau s'acharner contre moi, je suis connu, ma vie est transparente ; je ne cache rien. On sait que j'ai des goûts simples, des mœurs bourgeoises. Quelques ennemis, et qui n'en a pas? m'ont calomnié souvent; ils ont prétendu que j'habitais une maison isolée pour y cacher le luxe d'un ameublement obscène et les traditions scéniques des héros de la dépravation. Vous le voyez, mon intérieur, vous le voyez, mon ameublement... Un lit de garçon, des fauteuils vulgaires, pas un tableau, pas une gravure équivoque ; une pendule austère, une bibliothèque, jetez un coup d'œil, s'il vous plaît, une bibliothèque sérieuse, que j'appelle ma maîtresse, et qui chaque jour me donne cinq heures de consolation. Me voilà peint en quelques mots. Maintenant, je ne veux pas me donner comme un anachorète, tant s'en faut! je suis jeune, j'ai les passions de mon âge. Tant pis pour ceux qui ne les ont pas. Si je me trouve sur le chemin d'une femme qui me distingue, le diable est plus fort que mon ange gardien, je puis commettre une faute; je ne m'en défends pas;

mais je puis la réparer aussi ; oui, monsieur, la réparer...
Ne témoignez aucun étonnement... mais il ne faut pas
avoir recours à la menace, aux cartels, aux scènes violentes, pour me décider à rentrer à droit chemin. Que
toutes ces obsessions finissent, et je suis prêt à épouser
mademoiselle de Sullauze ; tout sera réparé.

Les oreilles de San-Nereo tintèrent comme deux cloches
de bronze frappées par le fer, la respiration s'arrêta sur
ses lèvres ; la nuit de la mort voila ses yeux, il allait s'éva-
nouir comme une femme ; heureusement, sa généreuse
nature se révolta contre cette faiblesse indigne au dernier
moment décisif : une étincelle ralluma la flamme de la
vie ; il se roidit sur ses pieds, reprit une contenance virile,
et dit d'une voix ferme :

— Je n'ai aucune objection à vous faire. Tout ce que
vous me révélez me prend au dépourvu. Je n'ose rien
croire, je n'ose rien nier. Toutes les preuves dont j'ai besoin me manquent. Je n'ai rien apporté ici pour combattre
l'inconnu. Toutes les apparences sont en votre faveur, je
suis forcé de l'avouer dans ma loyauté. Adieu, monsieur,
je sors sans pouvoir me dire votre ami ou votre ennemi.

Il salua Saint-Servais et sortit ; Saint-Servais l'accompagna jusqu'à la grille, et quand il le vit à une certaine
distance, il le menaça du doigt, et dit : — J'espère que tu
es content de ta visite, mon petit Brésilien... Ah ! vieux
colonel de Sullauze, tu as voulu jouer au plus fin, eh bien !
tu as fait mon éducation à ton insu. Ton élève n'a pas mal
joué son jeu. Débrouillez-vous de là tous deux, si vous
pouvez.

San-Nereo prit d'abord le chemin du pont des Invalides,
mais en s'approchant du quai, il s'arrêta pour réfléchir.

Son imagination ombrageuse accusait déjà le comte de Sullauze, et dans cette disposition d'esprit, il était capable de l'insulter en l'abordant. D'ailleurs, la fièvre de sa tête excluait encore la réflexion, et il éprouvait le besoin de se remettre de tant de secousses violentes avant de commencer une autre scène qui promettait encore d'intolérables émotions. D'ailleurs, l'heure du rendez-vous du pont n'était pas sonnée. On pouvait réfléchir, se préparer.

Le jeune homme longeait la rivière, dont les eaux vertes roulaient, par intervalles, comme des éclairs flottants, les doux rayons du matin. L'horizon était charmant à voir dans toutes ses perspectives ; les arches des ponts s'arrondissaient gracieusement sur le fleuve, le dôme des Invalides montrait le ciel et faisait songer à Dieu. Meudon, avec ses beaux arbres, montrait la terre et faisait songer à l'amour. L'image de Blanche flottait partout, aux yeux de San-Nereo, et se mêlait à tous ces enchantements de la terre et du ciel.

Les souffrances du cœur sont plus tolérables en été qu'en hiver : les sourires de la nature calment et consolent. Il semble que le malheur ne peut pas exister, quand la terre vous apparaît si heureuse, dans les grâces de sa verdure, l'éclat de son ciel, la fraîcheur de ses eaux, le parfum de ses fleurs. Il semble aussi que toute cette joie extérieure n'est pas un mensonge et une ironie, puisqu'elle descend du ciel, et qu'elle vous reproche une tristesse injurieuse et sacrilége, qui nuit à l'harmonie générale du tableau.

San-Nereo portait avec lui toutes les douleurs dont l'enfer seul a le secret ; un souvenir surtout était fixé dans son cerveau comme un tison ardent, et celui-là rien ne pouvait l'adoucir. Victime d'un crime ou d'une séduction,

Blanche n'était plus la vierge rêvée, la fleur idéale, le lis de beauté par excellence, et pourtant l'amour survivait, et trouvait même une âpre surexcitation dans ce sentiment de jalousie rétrospective qui aurait dû l'étouffer. Le jeune homme profita donc d'un moment de sérénité, que le calme de la nature donnait à son esprit, pour aborder le comte de Sullauze avec des dispositions bien différentes, comme un homme qui cherche une excuse, un mensonge, une illusion, un rameau sauveur qui retient le désespoir sur le bord d'un abîme.

— Eh bien?

Interrogation à chaque instant répétée, dans ces courses, ces allées, ces venues, ces rendez-vous qui accompagnent la marche préliminaire des duels.

A cet *eh bien?* prononcé par le comte de Sullauze, San-Nereo demeura interdit, et chercha le mot du moment; il ne trouva rien.

Le comte Gaëtan prit vivement les mains du jeune homme, et s'effraya d'un silence étrange, qu'aucun témoin n'a jamais gardé au retour d'une mission.

Vaincu par les supplications ardentes du comte de Sullauze, San-Nereo dit :

— Vous voulez que je parle?... je parlerai... mais ce lieu n'est pas bon... trop de regards passent devant nous, et cette rivière qui coule sous mes pieds me donne le vertige... Allons plus loin.

Le comte Gaëtan était confondu de surprise, et il suivait San-Nereo, en s'efforçant de deviner le secret qu'il allait entendre. On traversa l'esplanade des Invalides, et on s'arrêta devant un talus désert du Champ de Mars.

X

Une Consultation d'Avocat.

Comme nous savons ce qui va être dit, rentrons un moment dans la veille de ce jour, pour savoir comment Saint-Servais a employé les heures qu'il devait donner aux préparatifs de son duel, accepté à l'ermitage de Saint-Mandé.

En rentrant à Paris, après avoir reçu la provocation du comte de Sullauze, Saint-Servais se rendit rue du Harlay, chez un avocat en renom, pour lui demander un conseil.

Le salon d'attente du jurisconsulte était peuplé de consultants des deux sexes. Un profond silence régnait dans cette réunion, où chacun était absorbé par un grave souci de procédure. Les hommes conservaient encore sur leurs visages la teinte écarlate d'une colère récente; les femmes étaient toutes voilées de vert pour dissimuler l'âge où leur sexe intente des procès criminels. Par intervalles, la porte du cabinet de consultation s'ouvrait, et une manière d'huissier, en habit noir blanchissant, introduisait selon le numéro d'ordre. Ceux qui sortaient agitaient leurs lèvres et gesticulaient à leur insu, comme s'ils eussent déjà préparé leur improvisation de réponse au président du tribunal.

Lorsque Saint-Servais entra dans le salon d'attente, l'huissier parut si enchanté de recevoir un client si distingué, qu'il lui accorda un tour de faveur. Ce privilége arbitraire excita un sourd murmure dans le salon.

Introduit par l'huissier, Saint-Servais se trouva bientôt face à face avec le jurisconsulte célèbre. C'était un homme de soixante ans, tout vêtu de noir, moins la cravate ; il se leva un moment, salua Saint-Servais avec une politesse froide, et lui fit signe de s'asseoir à l'angle d'un bureau chargé de paperasses timbrées, et surmonté des bustes de Démosthènes et de Cicéron.

Les honoraires ayant été largement payés d'avance, Saint-Servais s'expliqua ainsi :

— J'ai connu, en province, mademoiselle de Sullauze, une très-jeune personne fort belle, soit dit sans me flatter. Elle est arrivée à Paris, avec son père, dans les premiers jours de juin. Nous devions nous rencontrer sur le boulevard Italien le même jour. Mademoiselle de Sullauze (vous connaissez les femmes, monsieur l'avocat) mit une adresse infinie à m'indiquer, pour le soir même, un rendez-vous dans un jardin de Saint-Mandé... Ici, permettez-moi de laisser une lacune... Le père, un vieux grognard, nous a surpris. Je me suis évadé lestement, sans laisser de vestige après moi. Qu'a fait ce père? Il m'a dressé piége sur piége ; enfin, j'ai mis le pied dans un traquenard. Il m'a invité à souper ; il m'a grisé à mort, et il a surpris mon secret dans une confidence d'ivresse. Là-dessus, insulte, provocation, menaces, cartel, tout ce que font les pères colonels en pareil cas. Moi, je n'ai nullement envie de me battre, et je viens vous consulter pour savoir si je cours quelques risques, en cas de poursuite, puisque je refuse le duel.

En général, les demandeurs de consultations exposent le fait suivant le même procédé : ils laissent dans l'ombre ce qui est contre eux, et ils exhibent au soleil ce qui est en leur faveur.

Le jurisconsulte ouvrit sa tabatière, cueillit solennellement une prise avec deux doigts disposés en bec, la secoua quelque temps, l'aspira en inclinant sa tête sur le côté droit, et dit :

— Connaissez-vous les dispositions de l'article 355 du Code pénal ?

— Non, monsieur, dit Saint-Servais.

— La demoiselle de... est-elle âgée de plus de seize ans?

— Oh! certainement, monsieur; elle a dix-huit ans, au moins.

— Alors nous rentrons dans la spécialité de l'article 334 ; la jeune personne a moins de vingt et un ans.

— Elle en paraît vingt-quatre, monsieur; je ne puis pas mieux la comparer qu'à la Vénus de Milo.

— Je ne la connais pas... Croyez-vous que l'article 333 puisse être invoqué contre vous?

— Ah! voilà ce que j'ignore, monsieur l'avocat.

— Et pourquoi ignorez-vous cela? pourquoi, avant la perpétration d'une chose coupable, ne consultez-vous pas la loi pour savoir au juste ce que vous avez à craindre comme répression? Voyez-vous jamais un avocat sur les bancs des assises? jamais! c'est que nous connaissons la loi, nous, et que nous disons : Peste! ne jouons pas avec les femmes! la chose ne mérite pas qu'on risque les travaux forcés à temps.

— Enfin, monsieur, dit Saint-Servais, le mal est fait. Je n'ai pas consulté la loi. Je serai mieux avisé dans une autre occasion.

— L'article 333 devrait être écrit, en lettres de bronze, sur tous les établissements publics, dit l'avocat avec solennité, sur toutes les maisons d'éducation, sur tous les théâtres, à la porte des artistes, sur toutes les manufactures, sur toutes les écoles de danse, chez tous les professeurs de

piano, chez les maîtres de chant, et dans tous les ateliers...
Voyons, répondez-moi avec franchise, si vous voulez que
je vous éclaire ; êtes-vous dans la catégorie des criminels
prévus par l'article 333 ?

— Je ne crois pas.

— Êtes-vous un *ascendant* de la jeune personne ? reprit
l'avocat ; avez-vous *autorité* sur elle ? Êtes-vous son professeur, son chef, son tuteur, son conseiller, son influence,
son appui ?

— Non, monsieur l'avocat !

— Alors, reste le fait...

— Oui, le fait reste, interrompit Saint-Servais.

— Veuillez bien ne pas m'interrompre... Alors, reste le
fait ; le fait pur, dégagé de toute circonstance aggravante...
il se résume ainsi : Vous avez aimé en province une jeune
personne...

— Fort belle ! interrompit Saint-Servais.

— Belle ou non, reprit l'avocat, le législateur ne se
préoccupe nullement de ces détails.

— Pourtant, remarqua Saint-Servais, la grande beauté
peut servir d'excuse ; c'est une provocation.

— La loi ne peut admettre cela. Vous avez aimé une
femme en province ; elle est arrivée à Paris, et vous a
donné un rendez-vous nocturne. La morale vous disait de
vous abstenir ; vous avez écouté la passion. Tel est le fait
brutal... Maintenant, monsieur, vous vous trouvez placé
en face de deux éventualités... Le père de la jeune personne vous provoque en duel. Le duel est réprouvé par la
loi. La législation est aujourd'hui fixée sur ce point par de
nombreux arrêts de la cour de cassation. Tous les actes qui
se rattachent au duel sont prévus par les articles 295, 296,

299, 301, 304, 321, 324, du Code pénal. Vous devez donc refuser le duel nettement, fermement, carrément.

— Je le refuserai, dit Saint-Servais ; cela m'arrange de refuser.

— Le duel, reprit l'avocat de l'air d'un savant qui ne veut pas perdre une rare occasion de produire de l'effet sur un client d'élite, le duel est un legs de la barbarie. Vous devez avoir lu la lettre de Jean-Jacques contre le duel ?

— Oui, monsieur ; une lettre superbe !

— L'illustre écrivain de Genève, ajouta le jurisconsulte, s'écrie avec indignation : *Que veux-tu faire de ce sang ? le boire ?* Les philosophes ont mis en action passive leurs théories sur le duel. Rousseau et Voltaire se sont fort injuriés ; ils ne se sont jamais battus en duel.

— C'est vrai, remarqua Saint-Servais.

— Le duel, continua le jurisconsulte, est aujourd'hui à peu près extirpé de nos mœurs ; c'est un progrès véritable dont les sages s'applaudissent. La civilisation sera redevable de ce bienfait à M. Dupin. Dans les âges anciens le duel était inconnu. Thémistocle, le grand Thémistocle, ne s'est pas battu avec l'insolent Grec qui l'avait menacé du bâton. Craint-on de s'égarer sur les traces de Thémistocle ?

— Très-bien ! dit Saint-Servais.

— Marcus Tullius Cicéron, reprit le jurisconsulte en montrant le buste de l'orateur romain, fut insulté par un certain Rufus, en plein tribunal : « Mon ami, lui dit-il, *tu t'insultes en m'insultant.* » Il n'y eut pas de duel. Les anciens ne connaissaient que les combats singuliers, et en temps de guerre, d'ennemi à ennemi : *bello flagrante, acie ordinata.* La Bible nous transmet le duel de David et de Goliath. L'histoire romaine nous cite le duel de Corvinus et du Gaulois, et le combat singulier des Horaces, immortalisé par le mâle et vigoureux génie du grand Corneille. Nous avons, en France, dans les chroniques qui se sont appliquées à nous transmettre les faits d'armes nationaux, *celebrare domestica facta*, nous avons le duel des trente Bretons, dans lequel Beaumanoir but son sang pour se désaltérer. Tout cela est grand, tout cela est héroïque, mais le duel entre citoyens est une guerre civile en raccourci, et partant une chose criminelle. Le législateur a donc le droit de crier aux duellistes : *Quo ruitis, cives ?* Les armes doivent obéir à la toge, *cedant arma togæ*, et M. Dupin peut s'appliquer le vers du grand poëte anglais Owen : *Il a enfermé les guerres civiles sous une serrure éternelle.*

Claudit et æterna civica bella sera.

— Comme tout cela est profond ! dit Saint-Servais.

Le jurisconsulte s'inclina légèrement, et, raffermissant ses lunettes d'or, il ajouta :

— Maintenant, raisonnons dans l'espèce. Après le côté légal, examinons le côté moral.

Saint-Servais se rapprocha pour mieux écouter.

— Un père vous propose de se battre en duel... Quel est ce père ?... Un homme digne de votre respect à tous égards... Vous aimez sa fille, vous vous êtes introduit clandestinement dans sa maison, vous avez dérobé son bien, et vous oseriez porter sur lui des mains violentes ?... Non, non !... Ce serait là une espèce de parricide. Vous ne le commettrez pas !

— Oh ! c'est bien résolu, dit Saint-Servais, surtout après tant de bonnes raisons. Point de duel.

— Première éventualité, reprit l'avocat. Examinons la seconde, maintenant. Le père de la demoiselle peut vous actionner en justice, un père a toujours ce droit contre un suborneur de sa fille...

— Mais je ne suis pas un suborneur, interrompit le jeune homme.

— Vous l'êtes au point de vue de la loi. *Nunquam puella præsumitur aggrediens in causa venerea*. C'est clair.

— Très-clair! dit Saint-Servais comme un auditeur qui ne comprend pas.

— Ici, reprit l'avocat; ici, la défense peut se placer sur un terrain favorable, puisqu'il n'y a qu'un seul témoin, un témoin intéressé. *Testis unus, testis nullus*. La défense peut tout nier formellement. *Negatio sœpe causidica invicta*, selon la belle expression de Filangieri. *La négation est souvent un avocat invincible*. Cet axiome est applicable à l'espèce. Vous niez. C'est à vous de prouver, *scelus demonstrandum*. Le crime, comme la fraude, ne se présume pas, *fraus non præsumitur*. Prouvez! prouvez! prouvez!

— C'est évident! dit Saint-Servais.

— Au reste, continua le jurisconsulte, la poursuite n'est nullement à redouter; elle restera toujours à l'état de menace. Le père de la jeune personne est fort riche, n'est-ce pas?

— Oui, monsieur, il possède une grande fortune.

— Bien! il n'est donc pas intéressé à poursuivre par l'appât des dommages et intérêts; il ne poursuivra pas. Le scandale! Personne, comme dit Grotius, ne fait tomber le scandale sur sa maison pour passer le temps: *nemo torquet scandalum domi jocose*. Le siècle est si dépravé, que l'ébruitement de ces causes n'excite que des indignations feintes ou des railleries impitoyables. Ce doit être une leçon pour les femmes au-dessus de seize ans ; qu'elles soient les gardiennes sévères de leur honneur, et tout ira bien. Tous les procès que feront les pères ne rendront jamais à leurs filles ce qu'elles ont perdu.

— Voilà qui est bien pensé, remarqua le jeune consultant.

— Maintenant, reprit le jurisconsulte, vous ne m'avez rien caché ?

— Rien.

— Vous m'avez parlé comme à un confesseur ?

— Oui, monsieur, dit effrontément Saint-Servais ravi.

— Eh bien ! tout est dit, jeune homme ; il ne me reste plus qu'à vous donner un dernier conseil, celui que vous ne m'avez pas demandé.

— J'écoute, dit Saint-Servais.

— Vous avez séduit une jeune fille, c'est une faute ; on ne répare cette faute ni par un duel ni par un procès : l'honneur véritable a d'autres exigences. Épousez cette jeune fille...

— L'épouser ! interrompit Saint-Servais ; elle va se marier.

— Avec vous ?

— Avec un autre.

— Diable ! quelle étrange fille !

— Un mari très-laid, très-petit, et Brésilien.

— Ah ! c'est différent. Circonstance atténuante... Mais puisque vous êtes sûr de ne pas l'épouser, demandez-la en mariage ; vous ferez toujours preuve de bonne volonté, sans risque aucun.

— Oui, le conseil est sage. Eh bien ! si l'occasion se présente, je le suivrai.

Le jurisconsulte se leva, et, prenant un ton grave, il dit :

— Il ne me reste plus qu'un dernier devoir à remplir ; écoutez-moi, jeune homme, que ceci vous serve de leçon. Le bonheur est dans la vie régulière, croyez-moi ; le vent des passions, dit un ancien, brise l'homme sur des écueils. *Procella libidinosa illidit vadis.* Faites-vous un foyer domestique serein ; fuyez les chants des sirènes, ces femmes redoutables, dont la voix harmonieuse cause tant de malheur : *quæ voce canora incautos mulcent.* Unissez-vous à une épouse fidèle, *connubio stabili,* et préparez votre jeunesse à donner de l'honneur à vos cheveux blancs.

Saint-Servais salua profondément le jurisconsulte, et descendit son escalier en répétant ces mots :

— C'est égal ! il m'en a donné pour mon argent.

Rentré chez lui, Saint-Servais trouva Pascal Grevin, son ami, son complice, son confident, jeune homme appartenant à la nature morte, espèce de végétal ambulant !

Pascal se souvenait de la promesse faite, sur le boulevard, avant le départ pour Saint-Mandé.

— Je suis arrivé à l'extrême échéance, dit Pascal à Saint-Servais ; on m'a protesté, assigné, jugé, condamné par défaut. Il faut payer ou aller à Clichy.

— Eh bien ! dit Saint-Servais en s'occupant d'autre chose, il faut payer. Clichy est malsain pour un jeune homme qui se porte bien.

— Il faut payer, il faut payer, reprit Pascal d'une voix qui se faisait menaçante, et avec quel argent dois-je payer ?

— Mais avec des pièces de cent sols, ou avec de l'or, ou avec des billets de banque... Veux-tu fumer un cigare ?...

— Merci...

— Te manque-t-il beaucoup pour faire tes fonds ?

— Il me manque la première pièce de cent sous, et je compte sur toi.

— Ah! tu comptes sur moi; eh bien! mon ami, tu ne pouvais arriver plus mal à propos. Je suis à sec.

— Emprunte.

— Emprunter! y songes-tu? Il n'y a plus d'usuriers; les jeunes gens de famille les ont ruinés.

— Ah! tu me refuses? dit Pascal d'une voix aigre, eh bien! adieu...

— Où vas-tu, Pascal?

— Je vais te dénoncer au procureur du roi...

— Allons donc! dit Saint-Servais en riant faux, ta menace est prévue, je l'attendais. Je te dirai ce que disait Cicéron à Rufus en plein tribunal : *Tu te perds en me perdant.* Nous étions deux à Saint-Mandé, toi et moi.

— Ta menace est prévue, je l'attendais, répliqua Pascal : demain, on me traîne à Clichy; j'ai cinq ans de fèves à manger dans cet établissement, eh bien! fèves pour fèves, j'aime mieux celles de Toulon; il y fait chaud, et on se promène en mer tout le jour. Et puis, je mets la chose au pire. Il y a des circonstances atténuantes pour moi. C'est moi qui me dénonce à la justice, c'est toi qui as commis le crime; la justice aura pitié d'un pauvre diable comme moi. Je m'en tire avec deux ans au plus. C'est trois ans de gagné sur Clichy. Je suis un imbécile, tu me l'as dit souvent, Saint-Servais; avoue que cet imbécile ne raisonne pas mal en ce moment.

Saint-Servais donna un coup de sa large main sur l'épaule de Pascal, et lui dit :

— Voyons, voyons, petit dénonciateur, quelle somme te faut-il?

— Huit cent soixante-quatre francs trente-sept centimes.

— Comment, tu fais des lettres de change de cette valeur-là?

— Le capital est de trois cents francs; tout ce qui est au-dessus est en frais... Tu n'as donc jamais payé de frais, toi?

— Jamais. C'est énorme!

— Oui, dit Pascal, énorme... On vous dit : Ah! vous ne pouvez pas payer trois cents francs, eh bien! vous en payerez huit cent soixante-quatre avec des centimes!

— Oh! dit Saint-Servais, s'il n'y avait que les centimes!... Pascal, je réfléchirai.

— Adieu, Saint-Servais, je vais au palais de Justice.

— Attends donc, attends, Pascal! Ce diable d'homme se fait tyran!... Voyons, causons un peu : que feras-tu quand tu auras payé cette créance?

— Je n'en sais rien; je vis au jour le jour. On ne paye une dette que pour en faire une autre. Il faut bien vivre.

— Et toutes les fois que tu te trouveras à la porte de Clichy, tu viendras me menacer de ta dénonciation?

Pascal ne répondit pas. Saint-Servais se promenait, tête basse, en roulant des yeux fauves comme s'il eût médité quelque chose d'affreux pour se délivrer d'un homme qui devait être à jamais le tourment de sa vie. *L'abîme appelle l'abîme,* dit le livre saint, le seul livre qui ait toujours raison.

Il se secoua vivement, comme pour arracher de sa tête une pensée horrible, et sa figure prit une expression de douceur singulière qui étonna son ami.

— Écoute, Pascal, lui dit-il avec bonté, la vie que tu

mènes est impossible à Paris ; tu ne feras jamais que des sottises. Tu pourrais vivre en honnête homme ailleurs, et te marier... Non, écoute, je parle sérieusement. Tu es jeune, tu as du physique... tu n'es pas un méchant garçon, lorsqu'un huissier n'est pas à tes trousses ; eh bien ! tu peux trouver, en pays étranger, une héritière et vivre heureux.

— Oui, dit Pascal, je ne demande pas mieux que d'épouser une riche héritière ; mais il faut de l'argent pour voyager.

— Ne t'inquiète de rien. Si je te vois bien disposé à suivre mes avis, je ferai les premiers fonds de ton établissement... D'abord, je payerai ta créance... donne-moi l'adresse de ton huissier.

— Voilà sa carte... rue des Bourdonnais...

— Bien ! j'enverrai mon domestique ce soir... Ensuite, je t'engage à ne pas perdre un instant ; tu prendras ton passe-port demain...

— Pour quel pays ?

— Qu'importe le pays ! La Belgique, la Hollande, l'Allemagne ! Tous les pays se ressemblent quand ils sont étrangers. Il y a des héritières partout, et le Français est très-couru, à cause de nos vaudevilles. Moi, si je n'étais pas retenu ici par une femme qui m'aime et ne fait pas mon bonheur, je partirais avec toi. Un jour, si je parviens à briser cette passion, ou cette habitude, je ne fais qu'un bond de la rue de Provence au chemin de fer du Nord. Et adieu Paris !

— Mais cela me va, Saint-Servais, dit Pascal joyeusement ; je prendrai mon passe-port. J'adore les voyages, et je suis casanier depuis le berceau...

— Tu seras content de moi, Pascal, interrompit Saint-Servais; d'abord, quand je te verrai installé dans le wagon, à la gare, je te remettrai une somme ronde, et tu recevras tous les mois un mandat par la poste... un mandat de deux cent cinquante francs... Je me saigne aux deux bras pour assurer ton bonheur. Épouse vite, pour ménager mes mandats.

Pascal, au comble de la joie, se confondit en excuses et en actions de grâces, toutes choses que Saint-Servais reçut avec une froideur mal dissimulée, car il en connaissait trop la valeur; mais comme il était intéressé à tenir toutes ses promesses, il n'en oublia aucune. Les deux faux amis se séparèrent, après cet entretien, comme se quittent deux ennemis fardés.

Saint-Servais, resté seul, se rencontra, pour la première fois, en présence de ses remords; cet homme l'avait épouvanté comme un juge; ce complice ressemblait à un vengeur. En ce moment, il entrevit dans un lointain vaporeux, comme le gaze d'un rêve, tous les apprêts formidables d'un tribunal; il entendit prononcer son nom dans une enceinte sonore, et une voix grave qui rendait une sentence et vengeait la société. Le jeune homme laissa tomber sa tête sur ses mains, et se voila les yeux pour ne pas voir l'éclat du jour qui semblait l'accuser aussi, en trahissant des remords ou des terreurs sur un visage dévasté.

Ce moment ne fut pas long; Saint-Servais se reprocha bientôt d'avoir payé sa dette au remords; il redressa fièrement son torse et aborda un autre sillon de pensées. L'avenir se montra riant. Pascal préparait son départ, Damoclès ne voyait plus d'épée. Un duel avec de Sullauze était impossible. La justice des hommes ne saurait jamais rien. La justice de Dieu était un préjugé vulgaire. Plus de crainte d'aucun côté.

Une seule prévision restait inquiétante. Par quelque nuit sombre, il pouvait être attaqué à l'improviste par ses deux ennemis dans un endroit désert.

— Mais, dit-il en désignant une paire de pistolets de poche, voilà deux amis qui ne me quitteront jamais.

XI

La Jalousie du Passé.

Dans l'endroit le plus désert du Champ de Mars, le comte Gaëtan et San-Nereo se trouvaient face à face, et la figure du premier exprimait à la fois un étonnement et une colère au-dessus de la puissance reproductrice de la plume et du pinceau.

— Quoi! s'écria-t-il, ce misérable a osé dire une pareille infamie! et vous, vous! vous ne lui avez pas craché le démenti au front?

San-Nereo gardait un silence stupide.

— Vous avez donc ajouté foi à ces calomnies horribles? poursuivit le comte Gaëtan; vous avez donc cru ce qu'il disait? Il l'a cru!...

Un éclat de rire strident accompagna ces derniers mots. San-Nereo se taisait toujours.

— Il a cru que ma fille est la complice de cet homme! ajouta le père. Oh! cela n'est pas possible! San-Nereo, vous ne vous êtes pas vous-même insulté à ce point?

— Mon Dieu, que voulez-vous? dit le jeune homme au

comble de l'embarras ; quand on vous a dit ces choses-là en face, avec le ton de l'assurance et de la vérité, que peut-on répondre ?

— Oh ! il y tient ! interrompit le comte Gaëtan ; c'est sa nature ! Eh bien ! San-Nereo, je vous pardonne ce soupçon affreux, qui est le vice de votre organisation, et non de votre cœur. Venez avec moi. Je vais faire ce qu'un père n'a jamais fait. Il y a un cri de femme que votre oreille ne connaît pas ; vous allez le connaître, c'est le cri de l'innocence ; aucune bouche avilie ne peut imiter ce cri ; il éclate comme un écho du ciel, et celui qui l'entend pour la première fois tombe à genoux et crie pardon !... Venez.

Le comte de Sullauze entraîna San-Nereo ; ils montèrent en voiture et franchirent en peu de temps l'espace immense qui sépare l'esplanade des Invalides du jardin du Luxembourg. Aucune parole ne fut prononcée pendant le trajet.

On arriva devant la petite maison du quartier Vaugirard ; le comte entra le premier, en disant à San-Nereo :

— Ne me quittez pas, c'est essentiel ; vous verrez que je ne prépare rien.

Sous différents prétextes, le comte Gaëtan congédia ses deux domestiques, et il appela sa fille Blanche, qui descendit au salon quelques minutes après.

La jeune fille croyait son père seul ; en apercevant San-Nereo, elle s'arrêta, et elle allait s'enfuir dans le jardin, lorsqu'un ordre plein d'autorité la retint.

— Blanche, dit le père, ta présence est nécessaire ici. Nous ne sommes plus dans ces heureux moments de calme où on accomplit les petits devoirs de la société selon leur étiquette rigoureuse. Il ne s'agit plus de préparation de toilette pour recevoir un étranger; quand une existence domestique est bouleversée comme la nôtre, il n'y a plus de contrariétés, plus de soucis, plus de chagrins; il y a le malheur, tout le reste disparaît. Aussi, je n'hésite point à mettre de côté tous les ménagements ordinaires pour éprouver ta force et ton courage dans ce moment cruel.

M. de Sullauze avait prononcé ces paroles d'une voix émue et grave en même temps.

Blanche s'assit et soutint sa tête avec ses mains; elle comprenait que son père avait à lui faire quelque révélation. San-Nereo, appuyé contre la cheminée, tenait ses regards fixés sur le parquet, et attendait, dans un désordre d'esprit inexprimable, ce qui allait se passer.

— Ma fille, reprit le père, nous ne devons plus rien te cacher. Tu as subi, avec une résignation héroïque, le silence dont je t'ai entourée jusqu'à ce jour. Aujourd'hui, un coin de ce voile ténébreux va se lever. Cet homme sans nom, cet homme du crime, nous le connaissons, il est trouvé...

Blanche fit un mouvement nerveux, mais elle garda sa pose d'accablement.

— Ce matin, le comte San-Nereo a eu une entrevue avec cet homme...

— Un duel! interrompit Blanche avec effroi et en regardant San-Nereo.

Le jeune homme fit un signe négatif.

— Non, ma fille, reprit le père, rassure-toi... Nous ne ferons pas à cet homme l'honneur de mesurer nos épées avec la sienne; nous l'obligerons à s'expatrier, en le menaçant d'une procédure criminelle.

Un éclair de satisfaction traversa le visage pâle de la jeune fille.

— Maintenant, écoute, ma fille... et ceci va te prouver que je ne veux rien te cacher... Écoute ce qu'a dit cet homme à San-Nereo. Il a affirmé que tu lui avais, toi-même, donné un rendez-vous sur le boulevard, qu'il te connaissait en province, et que tu l'attendais dans le jardin de Saint-Mandé...

L'inimitable cri de l'innocence éclata, comme le plaidoyer de Dieu. La jeune fille se leva brusquement, la poitrine haletante, l'œil en feu, les mains crispées dans sa chevelure, et, se précipitant sur San-Nereo, elle s'écria d'une voix inouïe :

— Et vous avez cru !

— Non ! répondit le jeune homme en tombant aux pieds de Blanche.

— Très-bien ! dit le père en pleurant.

— Je l'aurais poignardé sur place, le ciel m'en est témoin, dit le jeune homme en se relevant ; mais j'avais fait serment à votre père d'être calme devant cet homme.

— C'est vrai ! dit le comte Gaëtan ; et il m'a tenu parole.

— Vous me permettrez maintenant de me retirer, dit San-Nereo ; le but de notre visite est rempli.

Blanche regarda le jeune homme d'un air étonné ; une larme même brilla dans ses yeux.

— Comment ! dit le comte Gaëtan, vous nous quittez ainsi ?

— Mademoiselle Blanche a besoin de repos, après une émotion aussi forte ; mais j'espère que nous nous reverrons bientôt, puisque cette maison m'est rouverte.

— Elle ne vous a jamais été fermée, dit le comte ; et j'ai

lieu de croire maintenant que nous revenons à nos engagements anciens.

San-Nereo balbutia quelque temps avant de trouver le mot de sa réponse :

— Mon cher Gaëtan, dit-il enfin, vous connaissez le plus ardent de mes vœux ; rien n'a pu me changer. Je suis ce que j'étais le mois dernier.

— Je le sais, mon fils, reprit le comte en serrant la main du jeune homme ; nous sommes aussi, nous, ce que nous étions.

Blanche regardait fixement San-Nereo, et, dans son instinct de femme, elle comprenait qu'il gardait encore quelque secret au fond de son cœur. Le comte avait cru que la sortie précipitée du jeune homme était toute naturelle ; il se trouvait d'ailleurs si heureux, après tant de cruelles angoisses, qu'il ne voulait pas se servir de sa perspicacité pour chercher ce qu'il y avait d'équivoque dans ce brusque départ, non motivé par un prétexte ou par une bonne raison. Mais rien ne trompe l'œil d'une femme et d'une amante.

San-Nereo s'inclina devant Blanche pour prendre congé. Le père prit un de ses sourires des beaux jours, et lui donnant une légère impulsion d'épaules :

— Eh bien ! cher fiancé, vous n'embrassez pas ?

San-Nereo prit l'attitude décontenancée de l'écolier timide, qui refuse ce qu'il croit n'avoir pas mérité. Il répondit par un sourire enfantin très-bien réussi, comme mensonge de physionomie, et se dirigea vers le corridor d'un pas résolu.

Blanche inquiète se pencha sur l'oreille de son père, et lui dit :

— Il nous cache quelque chose, c'est sûr! Suivez-le, et tâchez de savoir.

Le comte Gaëtan eut l'air d'obéir par complaisance, et d'une voix forte il dit :

— San-Nereo, un instant, je sors avec vous.

Le jeune homme parut contrarié de ce rappel; cependant il accepta gracieusement le bras que lui offrit le comte, à l'entrée d'une des grilles du jardin du Luxembourg, et tout en marchant ils gardèrent tous deux un silence assez long, en cherchant une banalité pour le rompre. Deux embarras créent le silence toujours. Cependant le comte Gaëtan hasarda cette plaisanterie en riant :

— San-Nereo, vous n'avez pas été galant, tout à l'heure chez moi.

San-Nereo feignit de ne pas comprendre.

— Vraiment, cher monsieur de Sullauze, dit-il, j'ai un rendez-vous d'affaires... d'affaires d'intérêt... dans le voisinage de la Bourse... j'ai un règlement à faire, chez mon agent de change, pour du trois pour cent qu'il m'a vendu... j'avais acheté au comptant, à soixante-huit, il y a six mois, et nous sommes à soixante-dix-sept. J'ai réalisé un bénéfice de six mille francs; mon achat de rentes était assez considérable, comme vous voyez. Au reste, moi je ne spécule qu'au comptant. Je sais attendre une forte baisse, et j'attends trois, quatre, cinq et six mois, une reprise pour vendre. C'est un jeu sûr. Quand la rente est à soixante-huit, on ne risque absolument rien d'acheter au comptant, c'est un cours anormal.

Le comte Gaëtan examina son jeune compagnon avec cette inquiétude de regard qu'on donne à un homme de bon sens, soupçonné de folie subite.

— Quelle diable de langue parlez-vous à un vieux soldat? dit-il en riant.

— La langue universelle, repartit San-Nereo ; est-ce que vous ne m'avez pas compris ?

— Non, mon fils.

— Voulez-vous que je le répète ?

— Je le comprendrais moins à la seconde fois. Tenons-nous-en là.

— Mais, cher monsieur de Sullauze, vous avez compris du moins que j'avais une grave affaire d'intérêt à régler d'urgence ?

— Oui, une affaire d'argent.

— Bien! cela suffit! voilà qui explique la brièveté de ma visite, et me justifie à vos yeux.

Vous comprenez bien que je ne pouvais parler trois pour cent devant mademoiselle Blanche.

Le comte Gaëtan secoua tristement la tête devant cette obstination, et dit :

— Mon cher enfant, vous manquez de sincérité : ce n'est pas bien, vis-à-vis d'un ami, d'un père ; dans tout ce que vous faites et dites depuis ce matin, rien ne ressemble à vous-même ; vous contrariez évidemment votre naturel. Cela m'étonne d'autant plus, que j'avais droit de m'attendre à tout le contraire. Une vie nouvelle devait commencer ce matin pour nous trois. Nous méritons bien un peu de bonheur, après tant de souffrances aiguës ; ma fille mérite bien aussi de reprendre sa place parmi les vivants, et de sortir d'une prison où elle expie le crime d'un autre. Vous seul, San-Nereo, vous paraissez faire obstacle à cette joie ; vous qui avez donné tant de preuves d'amour à ma fille ! Après ce qui vient de se passer dans ma maison, seriez-vous revenu à vos doutes injurieux ? Seriez-vous encore du parti de la calomnie, et...

— Oh! monsieur de Sullauze, interrompit le jeune homme avec chaleur, soyez plus juste dans votre pensée ; que Dieu me pardonne d'avoir soupçonné un seul instant l'innocence de votre fille !

— Alors, reprit le père, je ne vous comprends plus. Nous devions être à la veille d'un mariage, et je vois que nous en sommes bien loin.

Les obsessions acharnées finissent toujours par triompher des natures nerveuses ; San-Nereo poussa un soupir de détresse, et dit :

— Mais vous n'entrez donc pas au fond de ma pensée ? Quoi ! vous êtes homme et vous ne comprenez pas ma position ? Est-ce que le travail sourd des passions n'est pas le même dans toutes les nobles âmes ? Est-ce que j'ai besoin de vous dire qu'il fait jour en plein soleil ?

— J'avoue humblement ma stupidité, dit le comte Gaëtan ; je trouve qu'il fait nuit en plein midi.

— Eh bien ! reprit San-Nereo d'un ton résolu, je vais de ce pas terminer cette maudite affaire d'argent dont je vous ai parlé ; il faut songer aux siens ; tout le monde n'est pas riche dans la même famille. Je ne veux pas enrichir mon millionnaire agent de change au détriment d'un parent pauvre. Toutes mes dispositions faites, et toutes les éventualités, même celle de la mort, étant prévues... je me mets sur les traces de ce bandit, qui prétend briser un agresseur sur son genou ; je lui fais un affront sanglant, et si je ne suis tué du coup, je le tue comme nous savons tuer dans nos montagnes, et jamais poignard n'aura été mieux conduit.

— Comment! dit le comte Gaëtan d'un air consterné, comment, mon fils, vous retombez encore dans cette résolution?

— Elle ne m'a jamais quitté.

— N'avons-nous pas, reprit le comte, épuisé toutes les exigences du devoir?

— Non.

— Réfléchissez, mon fils...

— Oh! tout est réfléchi, monsieur de Sullauze.

— Ce que les hommes d'honneur doivent faire, nous l'avons fait, le procès criminel excepté...

— Oh! ne parlons pas de procès public, interrompit San-Nereo.

— Excepté l'assassinat, reprit le comte.

— Et lui! s'écria San-Nereo, n'a-t-il pas assassiné votre fille? Et parce que son âme est lâche, parce que sa main, si forte quand elle est nue, est faible quand elle tient une épée, il se reposerait sur les lauriers de son crime! il s'endormirait toute sa vie, avec le souvenir de la nuit de Saint-Mandé, pour s'en faire le rêve heureux de chaque nuit! Oh! cette pensée me brûle le sang, ajouta le jeune homme avec une accentuation stridente, cela ne peut pas être, cela ne sera pas, tant qu'il y aura un poignard dans la main d'un San-Nereo!

— Mon fils! mon fils! dit le comte Gaëtan abattu, prenez pitié de ma fille; après tant de jours de désespoir, elle a vu luire un rayon ce matin. Je ne vous parle pas de moi; j'ai la force de souffrir... Écoutez, mon fils, et regardez bien cet avenir qui commence demain. Nous partons tous les trois; nous quittons Paris; nous cherchons sur la carte du monde les plus beaux pays pour les traverser ou les ha-

biter. Ne soyons pas ingrats envers Dieu, qui nous a donné
la richesse. Les pauvres ne peuvent pas changer d'air; ils
vivent et meurent sous le toit qui les voit souffrir et leur
rend le souvenir de leurs douleurs à chaque instant du
jour. Allons renaître ailleurs, nous; moi avec ma fille,
vous avec votre femme; nous pouvons échanger entre nous
trois tous les noms que la tendresse a inventés pour faire
la joie continuelle de l'âme; pourquoi refuseriez-vous à
ma fille et à moi leur bonheur, que vous tenez dans vos
mains?

— Il ne me comprend pas! il ne me comprend pas! dit
San-Nereo, comme en *à parte*. Tant que cet homme vivra,
je ne demande rien, ni à Dieu, ni à vous, ni à votre fille;
je ne demanderai que sa mort. Cet homme est là, toujours
là, nuit et jour devant mes yeux! chez vous, dans votre
salon, ce matin, vous nous avez comptés, nous étions
trois; mensonge! nous étions quatre : il y était, lui! il y
était! il y était! Oh! la jalousie du passé, vous ne l'avez
jamais comprise! c'est la flamme qui suit le damné de
l'enfer, et ne s'éteint pas! La jalousie du passé, voyez-
vous, c'est une lave qui bouillonne dans la tête, un cercle
de fer qui étreint le cou, une âpre sueur qui brûle la langue, un délire qui anéantit la raison, un ouragan qui mu-
git dans nos oreilles et les racines de nos cheveux! Voyager! partir! courir le monde! dites-vous? Oh! vous n'avez
jamais aimé! vous n'avez jamais été jaloux! Non, nous ne
serons pas trois; nous serons toujours quatre; ce bandit
du jardin, ce fantôme de luxure me suivra partout; je
trouverai sans cesse sous mes lèvres la trace des siennes,
et cette trace infâme, sa mort seule peut l'effacer! Pour
tout dire enfin, et s'il m'est permis de me servir d'une

comparaison qui n'est pas tout à fait juste en cette circonstance, mais qui complète ma pensée, je puis aimer une femme veuve, mais jamais une femme adultère... Maintenant me comprenez-vous?

Pendant qu'il parlait ainsi, le jeune Corse s'était transfiguré et n'avait rien conservé du dandy élégant que nous connaissons.

San-Nereo ne ressemblait pas, en ce moment, à ces hommes qui s'abusent eux-mêmes en affichant des passions qu'ils croient avoir, et en promettant des vengeances qui ne s'exécuteront jamais. Une effrayante conviction éclatait dans l'organe et la physionomie du jeune homme. D'ailleurs, le comte Gaëtan connaissait les San-Nereo de longue date, et il savait que, chez eux, la parole était toujours la fidèle alliée de l'exécution.

— Dans tout ce que vous venez d'exprimer, dit-il, je vois toujours avec tristesse percer le même injurieux soupçon, et...

— Encore une fois, monsieur de Sullauze, vous vous trompez, je le jure devant Dieu ; je ne doute pas de l'innocence de votre fille; je crois à la virginité de son cœur comme je crois à l'honnêteté de ma mère ; vous me connaissez depuis mon berceau, et vous devez savoir si je puis dissimuler mes sentiments ; mais la jalousie est l'antipode de la raison ; je ne suis pas juste, je le sens ; je ne présente point ma pensée sous un jour raisonnable, j'en conviens ; je me sers peut-être d'expressions qui ne sont point classées dans les langues humaines, je vous l'accorde; mais ce que j'éprouve personne ne peut me démontrer que je ne l'éprouve pas. Le mécanisme de nos sentiments est invisible pour les autres, mais celui qui le sent fonctionner en lui doit l'admettre, et il lui obéit. La seule idée d'avoir ma femme à côté de moi, en public, au théâtre, à la promenade, et de penser que, dans la foule, un homme peut se trouver qui dise, avec des railleries, en la désignant... Oh! voyez! le sang m'étouffe! Votre pensée achèvera...

— C'est que, dit le comte, il y a aussi beaucoup d'amour-propre dans l'amour.

— Eh! mon Dieu! reprit San-Nereo, il y a dans l'amour tout ce qui doit s'y trouver! Que m'apprendra l'analyse qui me décomposera les éléments de cette passion? Quand j'ai la fièvre, il m'importe peu de savoir les raisons organiques qui agitent l'artère de mon bras. Je songe à me guérir, voilà tout. J'ai la pire des fièvres, comte de Sullauze, la jalousie du passé, et je me guérirai.

San-Nereo quitta le bras du comte à l'entrée de la rue de Tournon, en tournant ses regards vers le Paris lointain, comme pour faire arriver ses pensées avant ses pas.

— Et maintenant, dit le comte, où allez-vous ainsi?

— *Al mio destino*, comme dit Arsace, répondit San-Nereo avec un sourire funèbre.

— Écoutez-moi, mon fils, reprit le comte Gaëtan, qui venait de réfléchir, vous allez faire une chose horrible, et moi, qui vous tiens lieu de père, je vous maudis si vous l'accomplissez. Cependant, j'avoue qu'il y a au fond de cette vengeance que je blâme un côté légitime; il faut donc trouver un expédient pour la justifier...

— Et quel expédient? interrompit San-Nereo.

— Ah! reprit le comte en regardant le ciel, la bonne inspiration viendra d'en haut! Toute découverte exige une recherche. Ce qui n'existe pas aujourd'hui existe demain. Ce que j'appelle aujourd'hui un assassinat, je l'appelle plus tard une punition. Que sais-je ! vous venez de m'épouvanter et de me prendre à l'improviste ; mais, après avoir réfléchi, je puis me rallier à vos opinions. Accordez-moi quinze jours, et donnez-moi votre poignard ; si, ce terme expiré, je n'ai pas trouvé un expédient honorable, approuvé par vous, je vous rends votre poignard, et je vous répète alors les paroles que vous venez de prononcer, je vous dis : *Allez à votre destin.*

Il y eut un long intervalle de silence, que San-Nereo interrompit le premier, en murmurant avec tristesse ces mots :

— Quinze jours ! quinze jours !... L'éternité !

— L'éternité, reprit le comte, l'éternité la voici : c'est la prison après l'assassinat. La loi, quand elle juge, n'admet pas, comme circonstance atténuante, la jalousie du passé.

— Quand on a tué, on se tue, dit le jeune homme d'une voix sombre.

— On se tue, enfant... et on tue du même coup une pauvre fille et son père, ajouta le comte Gaëtan, ému aux larmes.

— Eh bien ! reprit San-Nereo avec un effort suprême, je veux vous obéir une seconde fois ; j'attendrai quinze jours, mais je quitterai Paris.

— Oui, mon fils, votre idée est bonne, et je l'approuve. Quittez Paris, allez à Rouen. C'est une ville auguste qui distrait et console avec les merveilles de sa piété religieuse...

— Et le quinzième jour ! interrompit San-Nereo.

— C'est convenu, ajouta le comte, le quinzième jour je vais vous rendre un expédient et votre poignard.

San-Nereo regarda autour de lui ; la rue était déserte ; il prit son arme héréditaire, et la donnant au comte, il lui dit :

— Le voici. Je pars.

Après l'énergique serrement de main des adieux, on se sépara. Le comte Gaëtan reprit le chemin de sa maison, avec cette lenteur qui annonce le travail fiévreux de la réflexion.

Arrivé devant sa porte, il se composa un visage calme, et entra le mensonge écrit sur le front.

XII

Une Promenade à Longchamps.

Blanche vint recevoir au vestibule le comte de Sullauze, et son silence réclamait éloquemment une réponse qui n'avait pas eu de demande. Le père conduisit sa fille dans le jardin et lui dit :

— Je quitte San-Nereo ; nous avons fait une assez longue promenade au Luxembourg, en causant de choses et d'autres... Tu ne te trompais pas, ma chère enfant, il avait au fond du cœur un projet dont il n'osait nous faire part.

— Ah ! vous voyez, interrompit Blanche, je le savais bien, moi ! San-Nereo ne peut rien me cacher, rien ! Lorsque j'entends tomber de ses lèvres une note qui n'est pas d'accord avec les paroles, je dis, il y a une arrière-pensée là-dessous, et je ne me trompe pas, je ne saurais me tromper.

— Très-bien ! ma fille ! dit le père avec attendrissement. Je vois avec bonheur que tu rentres dans la vie, que tu parles à ton père, que tu prends intérêt à quelque chose enfin... Chère Blanche, embrasse-moi ; il me semble que j'assiste enfin à ta résurrection.

— Oui, mon père, la visite de ce matin m'a fait du bien, je ne le cache pas. Certainement, elle ne m'a pas rendu ma vive gaieté d'autrefois, mais quand je vous ai vu, vous aussi, mon père, si joyeux de cette visite de San-Nereo, j'ai conçu bon espoir. Ce que je redoutais, le voici, et je n'avais pas tout à fait tort, comme vous l'avez vu : je redoutais que le crime d'un autre ne me fût pas pardonné. Notre entrevue de ce matin a eu son moment cruel, mais il a été court et décisif pour nous trois. Ce *non* que le comte San-Nereo a prononcé à mes genoux, ce *non* rapide partait du cœur. Oh! j'ai bien reconnu son origine. Trois lettres parties du cœur, je les aime mieux qu'un long discours parti des lèvres : le cœur ne ment pas... Et voilà, cher père, ce qui m'a fait tant de bien ce matin... Maintenant, je suis avide d'apprendre ce qui s'est passé entre vous deux.

Un noble et vieux soldat, qui se voit réduit à la dure nécessité de mentir, n'est pas à son aise, surtout devant une jeune fille dont l'oreille délicate sait découvrir une fausseté dans le désaccord de la parole et de la note. Le comte Gaëtan aurait voulu que sa fille parlât toujours, pour se dédommager d'un trop long silence, mais elle venait de poser une question directe; il fallait répondre, et sans embarras trop évident.

— Eh bien ! dit-il en souriant, San-Nereo, pressé par mes questions, m'a tout avoué... Il a fait une équipée de jeune homme... Oh! ne t'alarme point... le pauvre garçon avait besoin de distractions.. Voilà son excuse... il a voulu se distraire... un remède comme un autre... Il a spéculé à la Bourse sur les fonds publics... et les actions industrielles... à la Bourse... Je veux t'y conduire un jour... On fait un fracas d'enfer... on crie comme trente mille hommes... C'est excellent lorsqu'on a besoin de s'étourdir... Tu ris ? Oh ! qu'il me tardait de voir ton visage s'épanouir ainsi devant moi !

— Mais voyons, voyons le reste, interrompit Blanche, en donnant un léger coup du bout de ses doigts sur le bras de son père.

— Voici le reste... San-Nereo n'a pas eu de bonheur, c'est ce qui pouvait lui arriver de plus heureux. Le gain laisse un joueur ennuyé, la perte l'irrite et l'amuse... Il avait un associé... monsieur... le nom m'échappe... N'importe !... c'est un industriel de Rouen... Quand il a fallu liquider... comprends-tu ce mot ?... Non... Quand il a fallu payer, l'associé a disparu... les associés disparaissent toujours, tu sauras... San-Nereo, ton cher futur, s'est donc trouvé dans l'obligation de payer pour deux. Surcroît de distractions !... Toutefois, il a trouvé que cela devenait trop amusant... Tu sais ce que tu as dit un jour de *Guillaume Tell* à ton piano ?

— Oui, c'est trop beau. On y regrette quelquefois l'absence d'un air qui nous ennuie un peu... Mais, continuez, père.

— On ne perd pas cent mille francs volontiers, surtout lorsqu'on est très-riche. San-Nereo avait payé cette somme pour l'autre... Tu sauras encore qu'il y a des gens à Paris qui s'associent pour le gain, mais pas pour la perte... Alors, ton cher futur est parti pour Rouen pour exercer son recours contre l'associé. Réussira-t-il ? ne réussira-t-il pas ?

c'est ce qui doit se décider en moins de quinze jours. Il est convenu que je lui écrirai, poste restante à Rouen, pour lui donner de nos nouvelles... Voilà le secret qui le rendait si honteux ce matin ; il comptait nous écrire tout cela de Rouen, n'ayant pas le courage de nous le rappeler de vive voix.

Il y avait bien eu, çà et là, quelques fausses notes dans cette explication, mais elles se perdirent dans l'effet de l'ensemble, qui fut naturel et satisfaisant. La jeune fille n'éleva aucun doute ; elle embrassa son père, et le remercia d'avoir provoqué cette explication de San-Nereo.

On s'entretint ensuite d'une foule de projets qui se teignaient en rose dans l'azur de l'avenir.

Le comte, en quittant sa fille, réunit toutes ses pensées sur un plan nouveau, qu'il s'agissait d'improviser à l'instant. Il fallait, à tout prix, sauver San-Nereo et sa fille, et faire même plus. Le vieux soldat, malgré de trompeuses apparences, n'avait rien pardonné, n'avait rien oublié. Le fantôme qui suivait San-Nereo le suivait aussi partout.

La position se résumait ainsi dans sa désolante et inexorable vérité.

Saint-Servais refusait au comte Gaëtan une réparation par les armes. Le comte Gaëtan se refusait à lui-même une réparation par les tribunaux.

Il fallait détourner San-Nereo d'une troisième réparation, la plus impossible, la plus affreuse de toutes les vengeances, celle d'un assassinat expié par un suicide.

Le comte Gaëtan savait que San-Nereo serait implacable dans sa vengeance et immuable dans sa résolution. Avec un autre jeune homme, on aurait pu compter sur la fanfaronnade d'une menace non suivie d'exécution ; avec San-

Nereo, cet espoir consolant était perdu. Les quinze jours expirés, la *vendetta* tenait ce qu'elle avait promis ; un crime atroce punissait Saint-Servais, tuait du même coup son assassin, et déshonorait sa mémoire dans un pays de civilisation où les mœurs des montagnes insulaires sont en légitime horreur.

Arriver à l'expiration des quinze jours, demander un nouveau sursis à San-Nereo, et attendre du temps écoulé l'adoucissement de la haine et l'oubli de la vengeance, c'était encore se fier à l'absurde et à l'impossible. San-Nereo, bien connu du comte Gaëtan, avait une de ces organisations qui n'oublient rien, et qui retrouvent le lendemain, à leur réveil, toutes les pensées irritantes de la veille, avec un surcroît de haine, sorte d'intérêt moral amassé, jour par jour, dans le trésor des vengeances, au fond du cœur.

Le comte Gaëtan, dont l'imagination trouvait des expédients pour les réussites vulgaires, s'étonnait de ne rien trouver pour arrêter la main de San-Nereo, et il versait déjà des larmes sur une catastrophe devenue inévitable, et il pensait à sa pauvre fille Blanche, elle aussi, frappée du même coup qui tuerait Saint-Servais et San-Nereo. Le malheureux père joignit ses mains énergiquement, et regarda le ciel comme pour lui demander une inspiration, car la terre lui refusait tout.

Une idée subite, inattendue, la seule idée secourable, tomba dans l'esprit du comte Gaëtan.

Il s'enferma dans sa chambre, et écrivit ce billet :

« Belle Isaure,

» Venez essayer un coupé neuf et un cheval de trait, qui

vous attendront ce soir, à cinq heures, au coin de la rue Saint-Georges et de la rue de Provence. La portière s'ouvrira devant vous.

» Si, lorsque vous recevrez ce billet, il y a du monde chez vous, ne laissez rien lire sur votre figure ; ne parlez pas : vous savez combien j'adore les femmes discrètes.

» De Verrières. »

Ce billet écrit et fermé, le comte Gaëtan descendit, embrassa Blanche, lui donna un prétexte de sortie et de dîner en ville, et se rendit chez un carrossier voisin pour faire emplette du cheval et du coupé. Un commissionnaire, bien muni d'instructions de prudence, porta le billet rue de Provence, 67.

Dans cette promenade, en apparence toute remplie d'incidents frivoles, allait se décider l'avenir du comte Gaëtan et de San-Nereo.

Un peu avant cinq heures, le comte Gaëtan était dans le plus élégant des coupés, au coin de la rue Saint-Georges; et, l'œil fixé à la vitre, il attendait Isaure. Elle fut exacte ; la portière s'ouvrit comme d'elle-même, une main l'introduisit, une voix dit au cocher : Allez !

— Ah ! vous me faites de ces surprises, monsieur de Verrières ! dit la jeune femme en rajustant à la fois son chapeau, sa robe, sa mantille, ses anglaises, sa collerette, mais je ne veux pas encore vous remercier... Voyons, monsieur, rendez-moi compte de votre conduite : qu'êtes-vous devenu, dans ces derniers temps? Peut-on se conduire ainsi? on ne vous a plus vu. Mes petites soirées de thé ont fait relâche. Je vous ai cherché au Ranelagh. Tenez, voilà votre bague, je ne la mets pas tous les jours.

J'ai failli la laisser en gage chez mon propriétaire, au terme de juillet. Il attendra le terme d'octobre, j'en devrai deux. Et, dites-moi, ai-je mal lu? Vous me donnez ce coupé?... Oui... oh! si les brides de mon chapeau ne me gênaient pas, je vous embrasserais! Mais il est superbe, ce coupé! de la soie partout, de la ouate partout! on est assis sur le duvet, on coudoie l'édredon! Mais pourquoi ne répondez-vous pas, quand on vous interroge, monsieur?

— Si vous parlez toujours, dit le comte en riant, je ne puis pas répondre...

— Voyons, je ne parle plus.

— J'étais en voyage; je faisais une visite à mes propriétés en Angleterre.

— Tiens! vous avez des propriétés dans ce pays! J'aime les Anglais; ils sont bons enfants et généreux comme des lords. Je n'ai pas vu le cheval; de quelle couleur est-il?

— Alezan.

— Ah! vous avez deviné mon goût! Quel homme charmant!... Oh! il faut que je fasse changer ces brides!... Voyez, elles avancent trop sur le menton... Et le cocher, il m'appartient aussi?

— Certainement; mais il faudra le payer toutes les semaines.

— C'est trop tôt; le samedi, je n'ai jamais le sou.

— Vous en recevrez le vendredi soir pour le lendemain.

— Oh! quel amour d'homme! Il a tout prévu!... Ces maudites brides!... Tiens! puisque nous voilà dans la rue de la Paix, faisons arrêter ma voiture devant ma faiseuse, elle m'arrangera les brides en un clin d'œil.

— Y pensez-vous, Isaure? Est-ce ainsi que vous oubliez?...

— Ah! interrompit la jeune femme, j'oubliais que vous êtes toujours incognito avec moi!... Monsieur de Verrières, je vous soupçonne d'être la victime d'un grand malheur... Je parie que vous êtes marié?

— Vous perdriez, Isaure; ne pariez pas.

— Vous êtes tout à fait garçon?

— Jusqu'à présent, oui.

— Eh bien! vous avez toujours peur comme les gens mariés.

— Je veux que personne ne sache ce que je fais.

— Vous avez bien raison, monsieur de Verrières; comme c'est bête de vivre entouré d'espions. A Paris, on habite la rue. Nous sommes toujours logés entre l'œil d'un portier et la langue d'une fruitière. Ils savent beaucoup mieux ce que nous faisons que nous-mêmes. Moi, j'oublie quelquefois le lendemain ce que j'ai fait la veille; je le demande à mon portier, et il me le dit sans se tromper.

— Croyez-vous, Isaure, que vous habiteriez avec plaisir une autre ville? Londres, par exemple?

— Londres! mais c'est mon rêve, Londres! une ville remplie d'Anglais, et de vrais Anglais, car les trois quarts des Anglais de la rue de Rivoli sont faux comme des billets de banque de cinq livres sterling. J'adore Londres; j'y ai passé une saison comme coryphée; je logeais dans *Fleet-street*, un peu loin de Drury-Lane; mais, en été, à Londres, je ne crains pas de marcher la nuit. Oh! Londres! avez-vous vu la loutre qui mange de petits poissons à *Zoological-Garden?*

— Non.

— Allez voir cela quand vous irez à Londres; c'est amusant comme un tour d'Auriol. J'avais encore une raison pour loger dans *Fleet-street;* j'étais dans le voisinage de l'église catholique de la cité. Il faut toujours, tant bien que mal, suivre sa religion, quand on en a une ; on ne sait pas ce qui peut arriver.

— C'est mal exprimé, dit le comte, mais c'est bien pensé.

— Ah ! je m'exprime comme je puis ! ne faites pas attention. Au commencement de notre connaissance, j'étais timide devant vous ; je n'osais parler, je cherchais les mots comme des perles au fond d'un sac. Aujourd'hui, je me laisse dire tout ce que je veux. Tant pis !

— Isaure, vous êtes une bonne fille, dit le comte avec une voix pleine de douceur.

— Oui, monsieur de Verrières, je suis une bonne fille, répondit Isaure sur un ton modulé par un attendrissement subit. On m'a très-mal lancée dans le monde, et cela me perdra un jour. Les hommes nous accusent ! Cela me fait rire avec des larmes de sang aux yeux ! Connaissez-vous les hommes, monsieur de Verrières ?

A cette brusque demande, le comte Gaëtan répondit d'abord par un sourire charmant ; mais, sur l'insistance d'Isaure, il ajouta ces deux mots :

— Pas trop.

— Il n'y a que les femmes qui les connaissent. Si toutes les femmes qui savent tenir la plume écrivaient franchement leurs mémoires, tous vos maîtres de comédie prendraient des grades d'écoliers. A seize ans, j'avais un professeur de musique, qui me promettait monts et merveilles ; il voulait faire de moi une grande artiste, et me faire voyager aux États-Unis sous une pluie de dollars. Quand on est si jeune, on croit tout. Je crus à mon génie, et aux averses de dollars ; le professeur m'imposa une condition... Au bout de trois mois, je me réveillai un jour sans génie, sans professeur et sans dollars... Il fallait vivre; je vécus. Mon professeur publia un livre sérieux où il flétrit les femmes pécheresses, et gagna le prix de vertu... Mais ne parlons plus de cela; c'est trop triste : les larmes gâtent la figure, et j'ai besoin de la fraîcheur de mon teint.

— Oui, vous avez raison, Isaure, parlons de choses plus riantes; voyons, comment passez-vous vos soirées, lorsqu'on ne danse pas au Ranelagh?

— Oh! je vous en veux, monsieur de Verrières, de m'avoir abandonnée ainsi! j'aime les soirées où chaque fauteuil est peuplé. Le tête-à-tête m'endort. Tous les soirs, à neuf heures, je vois entrer... vous savez bien... ce jeune homme de haute futaie, qui vous a gagné quarante louis sur parole...

— Oui, oui, dit le comte en ayant l'air de se souvenir et de chercher un nom : Monsieur... monsieur...

— Saint-Servais, reprit Isaure... Eh bien! M. Saint-Servais fait des économies de théâtre chez moi. Sa stalle ne lui coûte rien ; il m'ennuie, sous prétexte qu'il m'adore. C'est un de ces hommes qui confondent l'habitude avec l'amour. Il est avare comme un vieillard millionnaire. Si nous jouons, il triche. A l'*écarté*, ses rois ne sont pas toujours légitimes. Si nous ne jouons pas, il me parle sans cesse de lui; il me détaille sa beauté; il prétend qu'il a posé pour l'Apollon du Belvédère; il me raconte ses bonnes fortunes chez les duchesses ; une princesse russe l'a enlevé un soir, après l'Opéra; madame la comtesse ***, madame la baronne ***, madame la marquise ***, et toutes les étoiles du ciel sont mortes d'amour pour lui... Tenez, je ne suis qu'une pauvre femme, eh bien! quand cet homme me réjouit de son absence, je sens que j'aimerais d'amour le premier poitrinaire venu qui me parlerait d'un nœud de rubans ajouté à ma robe de la veille. C'est bien peu de chose cela ; c'est tout ! c'est l'affection ; c'est la pensée de la femme ; c'est l'oubli de soi.

— Il y a du vrai dans ce que vous dites, remarqua le comte Gaëtan, qui prenait à cette femme un intérêt jusqu'à ce moment inconnu. Ainsi donc, M. Saint... Saint-Servais vous prend toutes vos soirées ?

— Toutes, monsieur, jusqu'à minuit... Mais voici le plus curieux : il croit me faire une joie extrême, avec ses visites ; il croit que je l'adore. Si je lui disais en face : « Je vous déteste, » il ne me croirait pas ; si je le chassais un soir, il me reviendrait le lendemain pour m'accorder son pardon. Cette espèce d'homme n'est pas connue ; les naturalistes y perdraient leur latin, s'ils le savaient. Oh ! je vous prie de croire que je me donne un bal à moi seule, le jour où cet homme ira se faire adorer ailleurs. Je danse toute la nuit.

— Isaure, dit le comte d'un ton grave, écoutez ma vieille expérience ; ne brusquez pas violemment une rupture avec M. Saint-Servais. D'après le portrait que vous me faites de ce jeune homme, je crois qu'il faut user de certains ménagements envers lui. Un adorateur de profession, qui se croit adoré, renonce difficilement à son illusion, et lorsqu'il acquiert la certitude contraire, une si furieuse explosion d'amour-propre éclate dans sa tête, qu'il invente mille moyens de se venger d'une femme. Pour congédier un homme sans courir la chance de s'en faire un ennemi, il faut chaque jour, insensiblement, lui faire perdre un pouce de terrain, le conduire ainsi jusqu'à la porte, et lui dire un dernier adieu en pleurant.

— Merci de votre conseil, monsieur de Verrières, j'en ferai mon profit.

— Au reste, je ne sais à quel titre il est chez vous ce jeune homme, et...

— A quel titre? interrompit Isaure; mais il n'a pas de titre. C'est un simple habitué de mon salon. Il ne connaît pas d'autre pièce. Voyez le tort qu'un pareil homme fait à une femme! Il me compromet, sans profit ni pour lui ni pour moi. Il éloigne mes amis et ceux qui voudraient l'être. Il m'empêche de m'établir. Le voilà tous les soirs, posé devant moi comme une cible d'admiration. Il attend que j'attaque sa vertu. En voilà une de tactique! C'est la faute de la tragédie hystérique de *Phèdre;* tous ceux qui se croient taillés en Hippolytes attendent une déclaration d'amour, pour accorder leurs faveurs aux femmes. *Phèdre* nous a fait beaucoup de mal. Il faut voir, au théâtre, comme les hommes sont fiers et bien gantés, lorsqu'on joue cette tragédie! Ils s'imaginent que nous avons des accès de frénésie amoureuse quand nous voyons un paletot! Les imbéciles! Moi, par exemple, ce que je demande à un homme, c'est un peu d'amitié pour moi, et beaucoup d'argent pour nous deux. Les hommes nous accusent d'aimer l'argent; ils le détestent, eux! Ils ont fait de ce maudit argent une nécessité de toutes les minutes, et ils jettent les hauts cris quand une pauvre femme, qui n'a qu'une beauté de quelques jours, prend de bonne heure ses précautions pour ne pas mourir de froid et de faim à l'hôpital!

— Calmez-vous, calmez-vous, belle Isaure, dit le comte en souriant, il y a encore beaucoup de vrai dans tout cela.

— Comment! tout est vrai. Ce qui fait le malheur des femmes, c'est que les hommes nous accusent toujours, et que nous ne nous défendons jamais. En voilà un, ce M. Saint-Servais, qui fredonne un air de vaudeville ou ternit avec son souffle la glace de tous mes miroirs, lorsque je dis tout haut que l'argent me manque pour payer mon terme. J'encadrerai le premier écu de cinq francs qui lui tombera de la main, et je l'enverrai au musée des phénomènes. L'autre jour, il est arrivé avec un commissionnaire chargé d'un ballot. Le cœur m'a battu; je croyais qu'il m'apportait un fonds de magasin, vendu aux enchères après faillite, et je formais déjà le projet d'ouvrir une boutique de nouveautés sur le boulevard, c'est mon rêve. — Cachez-moi bien ceci dans quelque coin, me dit-il d'un air mystérieux. — Et quel nom a *ceci?* lui demandai-je. — Oh! me dit-il, vous allez le voir. N'en prenez qu'un après l'autre, et vous vous amuserez comme une reine. J'ouvris le ballot : c'était un amas de livres. Mais quels livres! des horreurs!

— De vieux livres? demanda le comte finement.

— Tous trop neufs! monsieur; reliés comme des missels, parfumés au patchouli, dorés sur tranche. J'en ouvris deux ou trois, et je les fermai de dégoût. — Comment! lui dis-je, il y a des hommes qui ont passé leur vie à écrire ces abominations et à graver ces images! et vous osez encore accuser les femmes! Est-ce qu'une femme a jamais songé à composer de pareilles infamies! Les hommes les ont mises en circulation pour nous corrompre, nous perdre, nous avilir! Quel horrible métier que celui de ces écrivains et de ces graveurs! Trouvez un pareil métier dans toutes les prostitutions! Et ces auteurs ont eu pour complices tous leurs lecteurs, c'est-à-dire presque tous les hommes! Accusez les femmes, après cela!

— Et que dit Saint-Servais? demanda nonchalamment le comte.

— Il riait de ce rire rouge que vous ne lui connaissez pas, mais il était fort embarrassé de son ballot. Il me dit ensuite qu'une marquise de la rue des Saint-Pères avait fait des bassesses pour avoir cette bibliothèque. Je lui niai effrontément cette marquise, et je fis descendre à la cave tous ces crimes reliés; ils empoisonneront les souris.

— Très-bien, Isaure, dit Gaëtan avec gravité. Je vous ai laissée parler dans toute la liberté de votre pensée, pour bien vous connaître à fond; on voit que vous ne fardez rien, que vous ne dissimulez rien, et que vous méritez une vie plus heureuse.

Isaure passa de la gaieté folle à l'attendrissement, et elle essuya furtivement quelques larmes.

— Je ne veux pas qu'on me voie pleurer à Longchamps, dit-elle avec un sourire humide.

— Les promeneurs des Champs-Élysées peuvent-ils nous apercevoir, croyez-vous?

— Il a toujours peur d'être vu! reprit Isaure en riant aux éclats. Je vous soupçonne de cacher votre vrai nom; vous êtes un ministre déguisé en homme; avouez!

— Vous n'avez peut-être pas tout à fait tort, dit le comte d'un air sérieux.

Isaure fit un mouvement convulsif, et regarda d'un œil fixe son compagnon de promenade.

— Voyons, reprit le comte, rentrez en vous-même, Isaure; examinez-vous bien, et dites-moi si une vie telle que je vais vous la dépeindre serait de votre goût.

— J'écoute cette vie.

XIII

La Proposition inattendue.

Quoique le comte Gaëtan se fût préparé depuis la veille à cette scène, il sentit sa parole trembler au moment décisif. Effrayé d'une détermination qu'il avait embrassée avec ardeur, il se disposait à donner à l'entretien une tournure tout à fait opposée à son but, lorsque sa pensée, soudainement ramenée sur sa fille, sur San-Nereo, et une catastrophe inévitable, le replaça sur le chemin du dévouement.

Il prononça mentalement ces trois syllabes qui déterminent l'homme énergique, et ferment ses yeux sur le bord d'un précipice :

— *Il le faut !*

Quand il eut rendu à sa voix son assurance accoutumée, il renoua ainsi l'entretien :

— Je puis vous donner un mari très-riche, mais vieux ; un mari qui cherche une compagne et non une maîtresse ; ce mari, presque sexagénaire, vous conduirait à Londres ; vous vous installeriez tous deux dans une de ces maisons à deux étages, comme on en trouve partout dans cette ville. Vous habiteriez le premier, et votre mari le second. Rien ne vous serait refusé pour votre toilette, vos fantaisies, vos distractions. On vous reconnaîtrait deux cent mille francs sur le contrat de mariage. En échange, on ne vous demanderait qu'une conduite sage, une vie régulière ; peu de chose, comme vous voyez. Isaure, que pensez-vous de cette proposition ?

Isaure ouvrit ses grands yeux d'azur velouté, balbutia quelques mots, et, pour la première fois, sa langue déliée chercha une phrase, et ne la trouva pas.

Le comte Gaëtan insista pour provoquer une réponse, et, cette fois, la phrase attendue se déroula péniblement sur les lèvres de la belle blonde.

— Si une pareille proposition, dit-elle, était sérieuse, je l'accepterais tout de suite; en doutez-vous?

— Elle est très-sérieuse, reprit le comte; quand je vous ai promis quelque chose, m'avez-vous jamais trouvé en défaut?

— Jamais, monsieur.

— Eh bien! votre caractère me plaît, Isaure; votre charmant babil m'amuse; je veux vous établir.

— Mais, monsieur de Verrières, sans mon professeur de musique, je serais aujourd'hui une bonne mère de famille, établie depuis dix ans dans un ménage honnête. Une première faute qui ne vient pas de moi m'a flétrie aux yeux du monde; mais mon professeur, lui, est honoré, vénéré, décoré; on lui a donné un prix de vertu pour son livre moral; on l'a couronné rosier. Qu'on me fournisse les moyens de vivre honnêtement, et on verra qu'il est très-facile d'être vertueuse quand on est riche.

— Isaure, vous avez dit, en d'autres termes, ce vers si vrai:

<blockquote>Aux cœurs heureux les vertus sont faciles.</blockquote>

— Je ne connaissais pas ce vers...

— C'est une pensée qui peut tomber dans la tête de tous les malheureux, reprit le comte Gaëtan. Isaure, vous n'osez me demander quel est le mari que je vous propose;

vous l'avez un peu deviné peut-être; vous allez le connaître tout à fait... C'est moi.

— Vous! s'écria Isaure; oh! s'il y avait de la place ici, je tomberais à vos pieds!... Vous!... on fait donc des rêves quand on ne dort pas!... Mon Dieu! j'ai peur de devenir folle! le bonheur me monte au cerveau!...

— Calmez-vous, Isaure, interrompit le comte; sachez donc être heureuse avec tranquillité. Voulez-vous me plaire? Eh bien! acceptez le bonheur comme une chose indifférente.

— C'est difficile, dit Isaure; mais enfin, puisque vous l'exigez...

— Maintenant, reprit le comte, vous connaissez mon caractère; depuis longtemps je vous recommande le secret le plus absolu, entendez-vous?

— Comme pour le coupé, comme pour la bague, interrompit Isaure; c'est convenu.

— Nous nous marierons sans éclat.

— Incognito, dit la jeune femme; je connais vos goûts.

— Avez-vous encore vos parents?

— J'ai ma mère, voilà tout, rue des Francs-Bourgeois.

— Nous nous marierons dans son arrondissement; mais vous ne quitterez pas tout de suite votre appartement de la rue de Provence. Vous attendrez mes avis.

— Je ferai tout ce que vous voudrez, monsieur de Verrières.

— Ce nom n'est pas le mien; je me nomme de Sullauze...

— J'aime mieux, interrompit Isaure, madame de Sullauze; c'est plus comme il faut... Ce soir, par exemple, je donne congé à M. Saint-Servais.

— Gardez-vous-en bien, Isaure!... Ne faites rien sans me consulter auparavant... Recevez M. Saint-Servais comme d'habitude. Ne changez rien dans votre manière de vivre. Demain, j'irai à la mairie, et j'abrégerai toutes les longueurs. J'écrirai à Londres, à un ami qui nous préparera une maison confortable où nous irons nous installer dans deux semaines. Il faut que tout marche avec rapidité. L'argent supprime toutes les lenteurs.

— Et que ferai-je des livres de M. Saint-Servais?

— Ils auront leur emploi, Isaure; ne vous inquiétez de rien. Je songe à tout, moi.

— Vous n'êtes pas un homme, dit Isaure; vous êtes une fée. On ne voit ces choses qu'à l'Opéra, dans les ballets. Mon Dieu! est-ce possible? Je n'en reviens pas! Si c'était un rêve, je me serais déjà réveillée. Oh! j'existe! je vois! j'entends!... Voilà bien les Champs-Élysées... l'Arc de Triomphe... les marchands de chevaux... Je ne dors pas.

— Isaure, je vous en conjure, point d'exaltation! La figure en conserve des traces et apprend toujours quelque chose aux curieux.

— Mais je ne vois point de curieux. Soyez tranquille, monsieur de Sullauze, du dehors on ne peut rien distinguer à travers les glaces du coupé...

— Isaure, interrompit le comte, je prends mes précautions pour ce soir... je ne veux pas que M. Saint-Servais remarque des traces d'agitation sur votre visage... A propos, vous écrit-il quelquefois, ce jeune homme?

— Tous les jours il m'écrit! C'est encore une manie de ces hommes; ils vous accablent de lettres sur papier rose, avec des Cupidons, des flèches, des cœurs enflammés et des phrases prises un peu partout... Tenez, justement, aujourd'hui, en descendant, mon portier m'a remis une lettre de Saint-Servais ! La voici ; je ne l'ai pas encore ouverte.

— Alors, il ne viendra pas ce soir, puisqu'il vous a écrit le matin ?

— Lui ! ah ! vous le connaissez ! il m'écrit tous les matins, et il vient tous les soirs... Voulez-vous connaître son style ?

— Oh ! je n'y tiens pas du tout, dit le comte avec insouciance.

— Je vais vous la lire...

— Voyons, lisez, si cela vous amuse.

— Il a une écriture microscopique, un grand diable comme lui !... Voici le style : « Chère Isaure... » — Vous voyez qu'il est familier. — « Chère Isaure, je vous ai quittée à minuit pour vous écrire. Il m'a été impossible de me livrer aux douceurs de Morphée. » — Il en est encore à Morphée ! — « Le dieu du sommeil a fui ma paupière, et je me suis écrié, comme Saint-Preux : *Quel bonheur ! j'ai trouvé de l'encre et du papier !* » — Vraiment, monsieur de Sullauze, il a dit cela, Saint-Freux ?

— Oui, Isaure, en propres termes.

— Eh bien ! cela ne fait pas honneur à Jean-Jacques Rousseau ! reprit Isaure ; je dis à chaque instant des choses de cette force, et on ne me les imprime pas !

— Mais continuez donc la lecture, dit le comte.

— Oui... « Qu'il est heureux de pouvoir communiquer ses pensées à une si grande distance ! Béni soit l'inventeur des plumes ! comme dit madame de Sévigné... » Elle a dit cela, cette dame ?

— Oui, Isaure.

— Ce n'est pas fameux encore; l'inventeur des plumes est une oie...

— Mais continuez donc, Isaure.

— Je suis folle, excusez-moi... Je continue : « Oui, je suis heureux de penser qu'à votre réveil vous lirez ces lignes, et que vous me donnerez votre premier souvenir ! »

— Grand fat! j'ai pensé à mon terme de juillet, à mon réveil. — « J'ai pris une détermination concernant ma bibliothèque érotique. Vous recevrez ma lettre à neuf heures du matin. » — Bien calculé! je l'ai reçue à cinq heures du soir. — « Envoyez un commissionnaire chez Flatters, son adresse est sur cette carte; il achète les livres amoureux. » — Il appelle ça des livres amoureux! Il est joli, ton amour!

— Mais lisez donc, dit le comte en riant.

— Oui... « C'est sa spécialité. » — Elle est fraîche, sa spécialité! — « Vous demanderez du tout quatre mille francs. » — Je n'en donnerais pas quatre deniers, moi. — « Il vous en offrira deux mille. Vous marchanderez un peu, et vous accepterez. Je ne vous cache pas que j'ai besoin d'argent, mais nous mettrons de côté quelques louis pour un bon dîner à Saint-Germain ou à Versailles. » — Merci. — « Ayez bien soin, avant l'arrivée de Flatters, d'effacer ou de gratter mon chiffre ou mon nom sur les couvertures des éditions de ce ballot. » — Oh! il m'ennuie! Voyez donc la commission qu'il me donne, ce blaireau.

— Vraiment! dit le comte en prenant la lettre, voilà un autographe à conserver comme un monument de bêtise humaine!... Et que comptez-vous lui dire ce soir, quand il vous demandera des nouvelles de Flatters?

— Je lui jouerai une polka au piano.

— Écoutez, Isaure, il ne faut pas que ces livres soient vendus ; mais, si vous ne les vendez pas, il les vendra, lui ; il faut donc leur barrer la circulation... Vous lui direz que vous les avez vendus... Et voilà deux billets de mille que vous lui remettrez.

— C'est vraiment dommage, monsieur de Sullauze, de payer si cher ces atrocités ! Les belles boucles d'oreilles qu'on peut avoir avec ces deux morceaux de papier !

— Vous aurez les boucles, et vous garderez les livres jusqu'à nouvel ordre. Faites ce que je vous dis, mademoiselle.

— Aveuglément, monsieur de Sullauze.

— Isaure, la voiture va me conduire au faubourg Saint-Germain ; nous traversons la place de la Concorde, nous allons passer le pont : ainsi, nous n'avons plus que peu de minutes à causer ensemble. Nous allons nous séparer. Quand vous serez seule, recueillez-vous et pensez bien à suivre exactement tous les conseils que je vous ai donnés. Une indiscrétion, une faute, un oubli peut détruire votre avenir de fortune. Dans les jours qui vont suivre, laissez-vous guider par moi. Vous recevrez deux lettres par jour, et vous agirez toujours aveuglément d'après mes recommandations écrites. Adieu, Isaure, adieu... Le cocher est à vos ordres ; il vous donnera l'adresse de sa remise. Une dernière fois, je vous recommande d'être très-polie avec Saint-Servais ; je tiens à cela, comme vous savez. Ne nous brouillons avec personne avant notre mariage. On pourrait le briser... Oui, madame, il y a des ennemis plus dangereux encore que des amis. Ce soir, vous me rendrez compte, avec quelques détails, de la visite de Saint-Servais ; j'irai chercher votre lettre, à la poste restante, demain.

Isaure écouta ces paroles avec une attention religieuse, et prenant respectueusement une main du comte, elle la baisa.

Le comte descendit au coin de la rue de Bourgogne, et s'achemina lentement à pied vers l'autre extrémité du faubourg Saint-Germain.

— Il m'a dit : « Recueillez-vous et réfléchissez, » se dit à elle-même Isaure, lorsqu'elle fut seule dans la voiture. Voilà deux mots que je ne connaissais que de réputation ; ils sont bons à mettre à profit. Oui, l'étourderie fait commettre bien des fautes : toutes les miennes viennent de l'irréflexion.

Et, obéissant au précepte du comte Gaëtan, elle voulut se préparer par le recueillement à la visite du soir ; elle médita sur la conduite qu'elle devait tenir, pour se conformer aux intentions de son bienfaiteur, et tout son rôle était arrangé parfaitement en prévision de la visite de Saint-Servais.

Par un de ces hasards singuliers, assez communs dans cette immense capitale, le tilbury de Saint-Servais se croisa, sur la place de la Concorde, avec le coupé d'Isaure. La jeune femme se renversa brusquement dans le fond pour ne pas être reconnue, et une curiosité fort naturelle lui conseilla de suivre Saint-Servais.

Le jeune homme n'était pas seul en tilbury ; un gros jeune homme, en costume de voyage, l'accompagnait.

Isaure eut une pensée qui la fit frémir et justifia sa curiosité. Elle donna soudainement à sa voix si douce un ton criard et dit à son cocher de suivre au galop le tilbury que le doigt désigna.

Le tilbury gagna le boulevard, le suivit jusqu'à la rue

Hauteville, et, arrivé sur la place Saint-Vincent-de-Paul, il prit à droite et se dirigea vers la gare du chemin de fer du Nord.

Une sueur froide glaça le front d'Isaure; elle joignit convulsivement les mains et dit :

— Mon Dieu ! mon Dieu ! je suis perdue !... Il part ! il part ! et M. de Sullauze m'accusera de désobéissance ! il croira que je l'ai chassé !—Tout mon bel avenir est perdu !

Elle se donna un moment de calme factice, pour dire au cocher de s'arrêter à l'angle de la rue, et lancer un dernier coup d'œil sur le tilbury. Le doute n'était plus permis. Saint-Servais partait pour la Belgique. Isaure crut inutile d'en voir davantage, elle fit rentrer son coupé dans le faubourg, et, dans son désespoir, elle s'entretenait avec elle-même dans un monologue fiévreux :

— Oui, disait-elle, il y a dans tout ceci un mystère qui n'a pas besoin de s'éclaircir pour m'effrayer... Saint-Servais et de Sullauze sont deux ennemis... deux rivaux... Oh ! non... non... il ne s'agit pas de moi... Peut-être suis-je ?... Quelle idée absurde !... Oui... maintenant je me rappelle bien des choses qui m'ont paru indifférentes... Saint-Servais... dernièrement encore... oui, Saint-Servais semblait se méfier de M. Sullauze... il semblait craindre de le rencontrer chez moi... Il affecte toujours d'oublier le nom de Verrières... cela n'est pas naturel... Je crois même avoir remarqué ceci... je m'abuse peut-être... Si ce fat de Saint-Servais ne croyait pas fermement que je l'adore, il aurait interrompu ses visites à cause de M. de Sullauze... Ce qui semble le rassurer, c'est mon amour... est-il stupide !... Mais qu'y a-t-il de vrai au fond de tout cela ?... Je m'égare peut-être sur toutes les conjectures... Ah ! ce qu'il y a de vrai, c'est le départ ou la fuite de Saint-Servais... Et que dirai-je?... et que puis-je écrire dans cette lettre demandée, attendue, et dans laquelle je ne puis pas même annoncer le départ de Saint-Servais... car on ne croit jamais au hasard des rencontres fortuites... Il me faudra mentir... mentir à mon bienfaiteur!... Mon Dieu! mon Dieu! qu'elle est horrible ma position!... J'étais si heureuse!... Il y a un mauvais génie qui me poursuit... C'est trop évident!

Ainsi absorbée par ses réflexions désolantes, Isaure regagnait sa maison de la rue de Provence, où elle ne croyait plus recevoir la visite odieuse, mais nécessaire, de Saint-Servais.

Or, voici ce qui se passait, au même instant, à la gare du chemin de fer du Nord.

Saint-Servais accompagnait son ami, ou pour mieux dire son ennemi Pascal Grevin, jusqu'aux limites du monde parisien. Cette attention prenait sa source dans un sentiment qui n'avait rien de commun avec l'amitié. Saint-Servais voulait s'assurer par ses propres yeux du départ d'un homme qui inquiétait sa vie, comme un remords vivant, ou un dénonciateur muet, tout prêt à ouvrir la bouche à la première occasion.

Saint-Servais, qui avait emprunté les finesses de la petite diplomatie aux nécessités de sa position, paraissait fort désolé du départ de Pascal, et lui donnait des conseils paternels pour éclairer son inexpérience en pays étranger. Pascal écoutait avec la distraction d'un voyageur qui n'a pas reçu toute sa provision d'argent de son caissier naturel, et qui cherche un prétexte dans la conversation, pour réclamer le contingent promis.

En attendant l'heure dans la grande salle d'attente, les deux jeunes gens se promenaient au milieu de la foule des voyageurs, et leurs paroles se perdaient dans ce tumulte qui accompagne les mille adieux d'un départ de chemin de fer, dans ces voûtes immenses, pleines d'échos industriels.

— Oui, disait Saint-Servais aux derniers instants, oui, mon cher Pascal, je voudrais bien être à ta place, et mettre le bout de ma botte sur le marchepied d'un wagon ; mais je t'ai déjà donné le motif qui me retient à Paris...

— Ah ! tu me l'as dit ! interrompit Pascal, toujours distrait ; il me semble que je l'ai oublié.

— Cette femme ! cette femme !

— J'ai oublié la femme aussi...

— La femme de la rue de Provence... Isaure.

— Comment ! dit Pascal, tu en es encore là ! Je croyais que tu avais mis cette Isaure à la retraite depuis trois semaines au moins. Tu t'avises d'être constant avec une femme d'occasion ?

— Eh ! que veux-tu, Pascal, je suis ainsi fait, moi ! Les soirées sont pénibles à traverser de neuf heures à minuit. Les théâtres coûtent cher à Paris. Chez Isaure, je ne paye pas ma stalle ; elle me reçoit comme un abonné gratuit. Tous les soirs, je joue avec elle une comédie amusante. Sa conversation me plaît ; c'est une femme qui a failli être artiste. Ensuite, que te dirai-je ? Isaure me rend un vrai service, un service de tous les jours ; elle me distrait de mes idées... Tu les connais mes idées, toi ?

— Pas trop, dit Pascal.

— Eh bien ! te rappelles-tu le soir du boulevard, le soir de Saint-Mandé ?

— Ah! oui, un fameux soir.

— Te rappelles-tu tout ce que tu as fait et tout ce que tu m'as dit pour me détourner de mon expédition de Saint-Mandé?

— Je me le rappelle si bien, dit Pascal, que si je n'avais pas eu une grosse dette à payer, je te laissais accomplir ton dessein tout seul.

— Eh bien! Pascal, dit Saint-Servais d'un ton honnête, ce que tu n'as pu faire, toi, par tes conseils, Isaure le fait par son amour et son charme; elle me détourne d'une autre expédition...

— Comment, interrompit Pascal, la première ne t'a pas corrigé?

— Est-ce qu'on se corrige! reprit Saint-Servais. Nous naissons avec nos penchants, et chaque matin nous nous levons sur le bord d'un précipice, avec un vertige au front. Si une voix aimée ne nous fait pas tourner le regard en arrière, nous tombons le lendemain comme la veille; le vertige est plus fort que la raison. J'ai trouvé dans Isaure la voix qui domine le vertige, et m'éloigne de l'abîme au fond duquel il y a un procureur du roi. Tu vois que je prends soin de ma personne, en attendant un âge mûr. Les passions changent tous les sept ans.

— J'ai toujours la même, moi, dit Pascal.

— Laquelle? Je ne t'ai jamais connu aucune passion.

— Parbleu! si tu es sourd et aveugle lorsqu'il s'agit d'argent à donner, dit brusquement Pascal. J'ai la passion de l'argent, et je ne suis pas le seul. Avec celle-là on attend les autres.

— Tu peux faire fortune en pays étranger, dit Saint-Servais.

— Oui, mais il me manque le premier sou, que tu me promets toujours...

— Sois tranquille, Pascal. Je ne t'oublierai pas.

— J'ai tout juste ce qu'il me faut pour mon voyage, et, arrivé à Bruxelles, je me mettrai en gage dans un hôtel.

— Attends, attends, dit Saint-Servais, en regardant l'heure au cadran de la gare.

Puis il tira son portefeuille, et le feuilleta minutieusement, d'un doigt délicat, comme s'il eût craint de blesser les billets de banque qu'il contenait.

Pascal fit un signe d'impatience, et frappa du pied le parquet. Au même instant, un grand tumute éclata dans la gare ; les portes s'ouvrirent avec fracas ; on s'embrassa sur toute la ligne; les plaintes stridentes de la locomotive résonnèrent comme les hennissements d'un cheval de fer, Saint-Servais remit avec précipitation son portefeuille dans sa poche, et, tendant la main à Pascal, il lui dit :

— Je t'enverrai cette misère à Bruxelles, poste restante.

Pascal regarda fixement son intime ennemi et croisa les bras.

— Les voyageurs ! les voyageurs ! cria une voix de stentor employé.

— Eh bien ! dit Pascal, tu ne me comprends pas?

— Tu vas manquer le convoi, dit Saint-Servais en poussant Pascal vers les wagons.

— Je me moque bien de manquer le convoi, cria Pascal.

Un employé vert toucha le coude de Pascal, et lui dit :

— Monsieur, on part.

— On part, mon ami, répéta Pascal; eh bien ! je reste, moi.

— Je te jure sur l'honneur, dit Saint-Servais, que...

— Ton portefeuille ! dit Pascal, ou je te dénonce ici devant tout ce peuple.

— Il m'arrête en plein midi sur le grand chemin ! dit Saint-Servais pâle comme un cadavre.

— Messieurs ! cria Pascal, voilà un jeune homme...

Saint-Servais mit une main sur la bouche de Pascal, et de l'autre, il lui donna son portefeuille.

— Enfoncé le finaud ! dit Pascal.

Et saisissant le portefeuille, il courut au wagon, en laissant une énigme à deviner au public.

Saint-Servais, honteux comme un coupable dénoncé en pleine rue, baissa la tête, et oubliant son tilbury stationné devant le péristyle de la gare, il marcha d'un pas précipité vers le boulevard extérieur, et, à chaque instant, il croyait entendre des voix qui lui criaient, en l'achevant, la phrase délatrice commencée par le traître Pascal. Il voyait des accusateurs partout; il lisait sur les visages des passants des expressions d'horreur et d'indignation; il lisait son acte accusateur sur toutes les affiches; il lisait sur toutes les portes le mot *prison*. Suffoqué, hors d'haleine, brûlant de fièvre, il se trouva dans un lieu désert et désolé, où rien n'annonçait le voisinage de Paris. C'était la Thébaïde des carrières de Montmartre, lieu de refuge pour les criminels. Là, il s'arrêta et respira. Cette solitude remit un peu de calme dans l'esprit du coupable, mais il entendait toujours, dans cette région du silence, le tonnerre lointain qui monte éternellement des nuages terrestres de Paris, et ce fracas ressemblait encore à un immense cri d'accusation.

Saint-Servais attendit la nuit, cette sombre protectrice

des criminels, et quand il crut pouvoir dérober aux passants son agitation, il rentra en ville, et une habitude dominante le poussa malgré lui vers la zone parisienne où demeurait Isaure. Sa résolution était d'ailleurs bien arrêtée. Il voulait s'expatrier le lendemain. Tout dépendait de cette visite du soir, et de l'accueil qu'il recevrait à la maison de la rue de Provence. Si la belle Isaure lui rendait un peu de cette sérénité d'esprit qu'il semblait avoir à jamais perdue à la gare du chemin de fer, il se déterminait à conserver ses chères habitudes de sybarite adoré ; au contraire, si l'écho de la voix de Pascal paraissait avoir retenti dans le salon d'Isaure, une chaise de poste devait arracher le coupable à la ville de son crime, et lui montrer un horizon inconnu, aux premières heures du lendemain.

XIV

Chatte et Souris.

Rentrée dans sa maison, Isaure ne pouvait prendre conseil que d'elle-même pour se diriger dans la position embarrassante que venait de lui créer le départ présumé de Saint-Servais.

Cependant, à force de réfléchir sur ce départ qui ruinait toutes ses belles espérances, Isaure frappa son front et se dit à elle-même :

— Et s'il n'était pas parti !... s'il accompagnait l'autre, celui qui avait un costume de voyageur !... Est-il raisonnable de supposer que Saint-Servais, qui tient en avare à sa bibliothèque, à la vente de ses mauvais livres et à son argent, soit parti sans me faire une dernière visite d'intérêt? Oui, il y a quelque espoir. Attendons.

Et, en attendant, elle se préparait à recevoir Saint-Servais, selon les instructions du comte de Sullauze. Mais, à mesure que le jour touchait à sa fin, l'espoir s'évanouissait.

A neuf heures du soir, Isaure était donc plongée dans les plus vives angoisses, lorsque le timbre de sa pendule se maria avec un coup de sonnette timide qui trahissait la main émue d'un visiteur.

Saint-Servais entra.

Elle le reçut, selon l'habitude, sans empressement et sans froideur, il n'y eut rien de changé au début. Saint-Servais se renversa sur un divan, comme un familier affranchi des convenances, et dit :

— Belle Isaure, vous avez reçu ma lettre ?

— A l'heure dite.

— Comment l'avez-vous trouvée ?

— Le commencement m'a bien amusée, mais la fin m'a mise dans un cruel embarras. Vous m'avez donné du travail pour deux heures. Voyez mes mains, j'ai usé mes ongles sur les couvertures.

— M. Flatters est donc venu ?

— Pas lui, son premier commis.

— Eh bien ! annoncez-moi vite la chose : avez-vous vendu ?

— Monsieur Saint-Servais, ne me donnez plus de pareilles commissions. D'abord, je ne sais pas marchander. Tenez, voilà un bonnet bien simple ; je pouvais l'avoir pour cinquante francs, demandez à la première femme qui s'y connaît ; eh bien ! on me l'a fait soixante...

— Vous l'avez payé soixante francs ?

— Non, je n'avais pas la somme sur moi ; je ne l'ai pas

payé du tout, et si les fonds n'arrivent pas, j'espère bien
ne jamais le payer. Au reste, ce bonnet en a fait vendre
cinquante. C'est une réclame. La modiste me doit au moins
soixante francs pour mes frais d'exhibition.

— Mais revenons à mes livres, belle Isaure ; sont-ils
vendus ?

— Oui, homme heureux, ils sont vendus, j'ai trouvé un
imbécile qui m'en a donné deux mille francs; je l'ai volé
comme dans un bois. Étiez-vous effronté de demander
quatre mille francs de ces abominations-là !

— Ils me coûtent six mille, parole d'honneur ! Et que
vous a dit le commis de Flatters?

— Il a regardé tous vos livres, les uns après les autres,
sans rire et sans parler, comme un homme habitué à ces
épiceries de boudoir ; après quoi il m'a demandé mon prix.
J'ai dit quatre mille francs ; alors il a ri comme une colonne torse. Je n'ai jamais vu rire comme cela qu'une seule
fois, en 1843, le 14 juillet, anniversaire de la prise de la
Bastille et de la prise des termes de juillet ; mon terme
était de deux cents francs, il me manquait dix louis pour
le payer. Je ramassai tout ce que je possédais en robes
disgraciées, et j'appelai un marchand d'habits.

— Que demandez-vous de cela? me dit cet industriel
ambulant.

— Dix louis, répondis-je.

— Alors commença ce fameux premier éclat de rire
dont je viens de vous parler. Le second date d'aujourd'hui ;
il appartient au commis de M. Flatters. Jugez de ma joie,
lorsque j'ai pu terminer votre affaire par moitié, selon vos
intentions. Le marchand d'habits ne m'a donné que dix
francs sur les dix louis demandés.

— Merci, belle Isaure, et mille pardons pour tant de peines... Voyons, choisissez votre jour et votre heure pour notre dîner de Saint-Germain.

— Oh ! laissons passer ces grandes chaleurs de l'été ! Je ne dîne qu'avec des glaces à la vanille au mois de juillet.

— Alors, belle Isaure, renvoyons cette partie de plaisir à la fête des Loges, en septembre.

— Oui, en septembre ; c'est convenu.

— Touchez là, belle dame.

— Voilà mes deux mains.

— Et en septembre, belle Isaure, vous m'aimerez toujours ?

— Comme aujourd'hui, monsieur. Ah ! êtes-vous content ?

— Mais... à propos, ma belle enfant... je crois que vous avez oublié de me donner les deux mille francs du commis de Flatters ?

— Je ne vous les ai pas donnés ! tiens ! c'est drôle ! alors, je dois les avoir. Ces deux billets ne se sont pas mêlés avec les miens, je vous en réponds... Ils reposent là... dans mon armoire à glace... Croiriez-vous que je n'avais jamais touché un billet de banque ? Quand je sors à pied, j'en cherche toujours dans la rue ; on en perd tant, disent les affiches du coin... L'autre jour, on en avait affiché six perdus, avec deux cents francs de récompense. Je ne comprends pas bien cela, expliquez-le-moi.

— C'est bien simple, Isaure ; quand on a perdu six mille francs, on donne deux cents francs à celui qui trouve les billets et les rapporte.

— Tiens ! quelle bêtise j'allais faire, moi, si je les eusse trouvés !... Au fait, non, ce n'est pas une bêtise, au contraire !... Si je trouvais les six billets de banque, j'enverais au perdant deux cents francs pour le récompenser de la bonne action qu'il a faite en égarant six mille francs dans la bourse d'une pauvre femme qui n'avait rien. Il faut être très-riche pour perdre six mille francs. Ne les perd pas qui veut ! Je voudrais bien les perdre, moi. Il n'en resterait bien autant à la maison. Et je n'ai pas ceux qui me resteraient.

— Le commis de Flatters vous a donc payé en deux billets de banque ?

— Je vous l'ai dit.

— Ah ! belle Isaure ! je ne l'ai pas entendu. Il aurait pu vous donner quatre billets de cinq cents.

— Savez-vous, monsieur, que ce commis de Flatters fait là un métier abominable ?

— En payant en billets de banque ? dit Saint-Servais, acharné à la poursuite de ses fonds.

— Allons donc! comprenez-moi mieux!... en vendant tous ces bouquins de sardanapale aux jeunes gens qui sortent des colléges avec des couronnes de laurier sur le front.

— Cette maison, dit Saint-Servais, a gagné trois millions, au moins. Oh! à Paris les spécialités réussissent toujours...

— J'aime mieux la spécialité de la galette du Gymnase, interrompit vivement Isaure ; enfin, qu'il ne soit plus question de cela... les hommes ne rougissent de rien lorsqu'il y a de l'argent au bout d'une spécialité quelconque ! Voyons, monsieur Saint-Servais, je lis votre pensée dans vos yeux... vous voulez faire la petite partie... Allons ! j'accepte... les cartes sont prêtes, comme vous voyez... A--on des complaisances pour cet Arthur !... il me fera aimer le jeu !... Asseyez-vous là, vis-à-vis... est-il beau, dans cette pose!... voyons! j'intéresse énormément la partie, ce soir...

— Pourvu que nous ne jouions pas mes deux mille francs, belle dame.

— Moins que cela; nous jouons notre portrait au daguerréotype... je veux avoir votre portrait... J'ai déjà la place... Vous devez vous être daguerréotypé vingt fois, au moins?

— Que dites-vous? plus de cent!... On m'en demande de tous côtés.

— Je crois bien!... les femmes s'arrachent le portrait de ce monstre!... j'aurai le cent unième, moi! c'est égal!...

— Isaure! Isaure! ne soyez pas jalouse! vous savez que je déteste ce défaut!

— Vous l'adorez, hypocrite!... Allons! quel jeu jouons-nous : l'*impériale*, l'*écarté*, le *bézigue* ?...

— Si nous faisions un cent de piquet, pour varier?

— Va pour le cent de piquet, j'aime tous les jeux, moi... C'est à moi la main... Avez-vous vu la comète?

— Pas encore... Elle se couche avant minuit.

— Tiens! les comètes se couchent... Je crains un soixante au premier coup. Avez-vous gardé les trèfles?

— Ils sont à l'écart... et mon quatorze aussi.

— Ah! bon!... vous ne comptez rien.

— Jeu sur table... dix-sept. *Cartes égales.*

— Et moi, quinze... Croyez-vous que les comètes portent malheur, vous?

— Allons donc! c'est un préjugé populaire...

— Prenez-vous du thé, ce soir?

— Oui, une tasse volontiers, avec du lait... A propos, qu'est devenu ce M. de Ferrières... de Plombières... de...

— De Verrières, voulez-vous dire... Je n'ai pas un *as*, et je crains toute une couleur... Oh! voyez ce que je prends à l'écart! cinq sept!...

— Vous êtes quatre-vingt-dix sur table, ma belle dame!... Mon point est bon... Seize et six vingt-deux, quatorze, quatre-vingt-seize...

— A-t-il de la chance, ce beau monsieur!

— Vous ne l'avez plus revu, Isaure?

— Qui?

— Ce M. de Verrières.

— Si j'avais gardé mes *piques*, mon point était bon. J'esquivais le *repic!*... Allons, vous avez la première manche.

— Elle est joueuse comme une carte, cette Isaure!... Mais n'entendez-vous pas ce que je vous dis?

— Parfaitement, monsieur ; vous avez une seizième, le point et quatre as; j'ai trop entendu.

— Je vous demande des nouvelles de M. de Verrières.

— Eh bien! il s'est éclipsé, avec une perte de cent louis.

— Que pensez-vous de cet homme?

— Vraiment! on ne joue pas de malheur comme ça ! Je crains deux quatorze.

— Je les ai tous deux. Si mon point est bon, vous êtes encore *repic*... J'ai six cartes.

— Qui valent?...

— Cinquante-neuf, belle dame.

Les miennes ne valent que cinquante-huit. J'ai perdu.

— Vingt-huit et six quatre-vingt-quatorze... J'ai les deux manches...

— Et mon portrait... le voulez-vous en médaillon coiffé avec mes anglaises, robe montante, avec ma broche des deux pigeons qui s'aiment d'amour tendre, en mosaïque, ou mon corsage à gilet blanc boutonné avec des dollars?

— Comme vous voudrez, chère Isaure ; votre choix sera le mien... En attendant, voilà deux questions que vous me laissez sans réponse...

— Laissez-moi faire une *réussite*, et puis nous causerons... Ah! il me faut un jeu de cinquante-deux cartes pour ma réussite...

— Justement, dit Saint-Servais, vous avez là sous la main les débris de notre lansquenet... Je n'ai jamais pu donner sa revanche à M. de Ferrières... Barrières... Comment l'appelez-vous?

— Silence, maintenant! Si vous causez, je confonds les dix avec les neuf, les rois avec les valets... Ne me donnez pas de distractions... Je fais la réussite de Marie-Antoinette, c'est la plus belle... La connaissez-vous?

— Parfaitement. Avez-vous attaché une idée à votre réussite?

— Comme il dit cela d'un air malin!... Vous êtes un scélérat charmant!... Oui, monsieur, j'ai une idée.

— Voulez-vous savoir à quel âge se marieront les demoiselles dans votre famille?

— Ah! monsieur Saint-Servais, ne prononcez pas devant moi ce mot *mariage;* ce mot me crispe les nerfs comme le vent du sud ; quand on le prononce, il me semble qu'on me lime du verre sur les dents... Oui, méchant, j'attache une idée à ma *réussite,* et vous la connaissez bien... Ce maudit roi de carreau, est-il pressé de sortir!... toujours le premier!... Bon! voilà encore le roi de trèfle!

— Hélas! belle Isaure, la réussite est manquée!

— Attendez donc! vous m'avez fait mettre un *huit* à la

case du *neuf*... Ah! c'est trop fort! Voilà le roi de cœur!
On dirait que ces trois rois se sont donné le mot pour sortir, comme à l'Épiphanie! Voyons, il reste encore un peu
d'espoir... C'est drôle, j'ai de l'émotion... je suis dans
tous mes états!... Flambé! Voilà le quatrième roi! Les *as*,
les *deux*, les *trois*, les *quatre* sont au complet dans leur
case; tout le reste ne vaut rien; il y a dans chaque case,
des moines de tous les couvents. Réussite manquée!
Tiens, j'ai gagné la migraine à ce jeu! prenons du thé.

— En attendant, ma belle Isaure, je n'ai pas pu savoir
l'idée de la réussite.

— Effronté menteur, voulez-vous bien vous taire! Oh!
quelle migraine!... C'est cet imbécile de roi de *cœur* qui
me l'a donnée!... je tenais à ma *réussite !* Que nous sommes folles, les femmes! nous nous faisons des soucis de
tout, et les hommes ne nous savent gré de rien! les femmes ne sont jamais ingrates. La preuve, c'est qu'on ne
parle jamais que des ingrats; c'est un vice masculin...
Voyons, monsieur Saint-Servais, vous me laissez parler
toute seule, comme si j'avais raison; contrariez-moi donc
un peu.

— Isaure, j'étais distrait en ce moment, je pensais à
autre chose.

— A autre chose!... le monstre!... cela veut dire à une
autre femme. Nous sommes des choses pour ces beaux
messieurs!

— Non, Isaure, ceci est sérieux; j'ai un projet en tête,
et je tremble à l'idée de vous en faire part.

Isaure se leva vivement, et vint s'asseoir sur un canapé,
à côté de Saint-Servais, avec une inquiétude réelle, mais
dont le jeune homme ne pouvait soupçonner le vrai motif.

— Ah! dit-elle d'une voix émue, vous n'osez me faire part de votre projet?

— Oui, belle Isaure, je vais vous faire de la peine; et pourtant...

— Oh! ne me laissez pas ainsi sur les épines! parlez!...

— Je vais voyager.

— Ah! quelle idée bête! Voyager! on est si laid quand on se réveille le matin dans une diligence! Comment, un joli garçon comme vous peut se décider à une pareille folie! Vous ne vous êtes jamais vu dans un miroir de poche, à cinq heures du matin, quand le conducteur vous fait descendre pour prendre un bouillon à quelque auberge du Grand-Cerf! Allons! vous ne voyagerez pas!

— Isaure, il le faut.

— Et pourquoi le faut-il? Quelle raison avez-vous de quitter Paris, pour voir des provinciales et des femmes qui portent mal des chapeaux du passage du Saumon?

— Je savais bien que j'allais vous briser le cœur, dit Saint-Servais en prenant la main d'Isaure.

— Mais je ne me laisse pas briser le cœur comme cela, moi! on n'a qu'un cœur. Je ne veux pas que le premier venu en ramasse les morceaux dans une gare de chemin de fer... Voyons, réfléchissez bien; que feriez-vous le soir?

— Oh! j'y ai déjà songé!

— Vous iriez dans quelque café de Mars ou des Amis, éclairé à l'huile, avec une femme peinte à la betterave, au comptoir, et un garde champêtre destitué, qui joue au domino avec un garde national, et attaque le gouvernement quand il ne passe pas le *double-six!* Voilà les soirées qui vous menacent; la province n'est pas un pays. Si tous les provinciaux pouvaient se faire Parisiens, Paris serait grand comme la France. Songez que vous allez tout perdre dans un voyage; vous perdrez votre élégance, votre distinction, votre accent, votre esprit, et même votre figure. A force de regarder les provinciaux, on finit par les imiter. Vous ressemblerez à un clocher de village quand vous reviendrez, ou au secrétaire d'un sous-préfet. Ah! vous serez beau!

— Isaure, je n'ose vous interrompre, parce que j'éprouve un charme infini à vous entendre; mais cette longue satire de la province était inutile; je vais en pays étranger...

— Oh! c'est bien pis! interrompit Isaure; l'étranger, c'est la province de la province. J'aime mieux les carrières de Montmartre que l'étranger... Et quel étranger choisissez-vous?

— Je compte aller à Londres...

— Bon! bien choisi! Saint-Servais! Vous avez la main heureuse aux cartes! A Londres? y pensez-vous? une ville farcie d'Anglais qui parlent avec les dents! une ville qui a inventé la pluie du charbon; qui allume le gaz à midi pour économiser le soleil; qui fait des potages avec d'horribles tortues; qui met ses cuisines dans les caves; qui a des maisons noires comme les filles des péchés mortels; qui a des jardins publics plantés de rhumatismes; qui a des statues avec des perruques de bronze; qui a des processions de bâillements sur tous ses trottoirs! Vous n'irez pas à Londres, je vous le défends. Je n'enverrai pas même mon portrait à Londres; j'aurais peur qu'il ne m'enrhumât par contumace. Londres! oh! l'horreur!... il n'y a que des Anglais qui pouvaient la bâtir. J'abhorre les Anglais!... *Guerre aux tyrans!* Je regrette de n'être pas Jeanne d'Arc. Oh! je le regrette bien! J'ai même deux raisons pour cela.

— Vous êtes charmante, Isaure, et je comprends, et je devine tout ce que vous ne dites pas. On reconnaît votre âme à la chaleur de votre parole... Rassurez-vous... Je resterai.

— Ah! vous m'avez fait une belle peur, cher monsieur!... et j'ai failli croire aux rêves... moi qui ai toujours regardé les rêves comme des songes... Oui, la nuit dernière... Oh! je frissonne en vous contant cela...

— Continuez, Isaure, dit le jeune homme presque ému.

— La nuit dernière... j'ai rêvé que vous partiez pour... un pays inconnu... Vous savez comme les rêves sont bêtes... J'étais buraliste à la gare du chemin de fer du Nord... je donnais les billets de départ, et je les timbrais... Vous vous êtes présenté au bureau... Vous n'étiez pas seul... vous étiez avec... une femme coiffée d'une casquette de loutre... une femme blonde, comme moi... qui avait une voix de contralto... Vous m'avez demandé deux billets... je vous ai refusé net... Cinq heures ont sonné... Vous vous êtes perdu dans la foule, avec votre contralto blond, et je me suis réveillée en sursaut, en disant : Il est parti !

— Ce rêve est vraiment étrange ! dit Saint-Servais en souriant au sérieux. Oui... il y a quelque chose de vrai au fond d'un mensonge... J'ai eu cette idée... j'ai vu même de près le chemin de fer... mais je me suis arrêté... Vous êtes une femme dangereuse, belle Isaure... Il faut vous ménager... vous voyez clair dans vos rêves... Eh bien ! soyez rassurée : je reste auprès de vous.

— Très-bien, monsieur Saint-Servais ! vous voilà redevenu raisonnable... Tiens! ma migraine a disparu. Quelle chance! Où diable aviez-vous pris cette idée d'aller à Londres?

— N'en parlons plus, Isaure... Vous savez... il y a des moments...

— Des moments d'ennui, interrompit Isaure; mais tout le monde en a, et personne ne va à Londres, cependant. Si toutes les fois que je m'ennuie j'allais à Londres, vous ne me verriez plus à Paris; je serais toujours sur la route de Calais.

— Vous exceptez nos soirées dans ces moments d'ennui, n'est-ce pas?

— Il devine tout! dit Isaure; il est fin comme une femme! Oui, monsieur, on fait une exception en votre faveur; le soir, on ne part pas pour Londres. Là, êtes-vous content?

— Vous êtes adorable, Isaure.

Isaure se mit au piano et chanta l'air anglophobe de Germain Delavigne :

> Jamais l'Anglais ne régnera !

A cette époque, on ne chantait que cela partout pour vexer M. Guizot et Louis-Philippe. Germain Delavigne et Halévy, les plus pacifiques des hommes, avaient déclaré la guerre aux Anglais dans un opéra. On brisait beaucoup de pianos pour épouvanter lord Palmerston. A la chambre des Communes, on accusait les ministres anglais de livrer l'Angleterre à M. Guizot, et le peuple, dans les *meetings*, chantait sur le même air d'Halévy :

> Non, non, jamais en Angleterre,
> Jamais le Français ne régnera !

Rien n'est bouffon comme les préjugés politiques, lorsqu'en tournant la tête, on les regarde dans un passé de dix ans.

Saint-Servais se leva aux dernières mesures, prit le cigare du départ en regardant la pendule, et chercha sa canne et son chapeau.

— Comment? vous partez déjà! dit Isaure, quelle heure est-il donc?

— Hélas! répondit Saint-Servais, il est près de minuit.

— Déjà! dit Isaure, en croisant les mains.

— Isaure, voilà un *déjà* que je payerais bien cher si j'étais riche... A propos, j'oubliais... Vous avez toujours mes deux billets de mille?

— Ils ne se sont pas envolés, je pense... vous allez les voir... mais les voir seulement... Les voilà... un et deux... Voyons, monsieur, que voulez-vous faire de ces deux amours de billets?

— Il faut que je paye... Mes fournisseurs viennent aujourd'hui.

— Saint-Servais, vous n'êtes pas sincère avec moi.... prenez garde... Je vous soupçonne de vouloir faire un mauvais emploi de cet argent... Vous avez une comtesse clandestine qui aime les pierreries...

— Oh! quelle idée! interrompit le jeune homme en riant.

— Ou bien vous destiniez ces billets à ce voyage de Londres...

— Il est convenu entre nous que je ne pars pas, belle jalouse!

— C'est égal! je serai plus tranquille en gardant les billets... Tout bien réfléchi, je les garde... c'est un dépôt sacré... Voilà une bague qui répond des billets ; elle vaut six mille francs ; estimation de ma tante... je garde la bague aussi... Voyez comme elle fait bien à mon doigt ! Je vous jure de me servir de la bague avant de changer les billets, et je vous montrerai ma bague tous les soirs. Envoyez-moi vos fournisseurs, je leur montrerai les billets ; cela leur donnera de la patience. Un créancier est un ennemi qu'il faut payer à petit feu, afin de le dégoûter de son métier infâme. Il y aurait trop de créanciers si on les contentait trop vite, et alors que deviendraient les débiteurs !

— Allons ! dit Saint-Servais, je vois qu'il faut que je me résigne. Dieu me garde de vous arracher mes billets de vive force.

— Oh ! je ne crains pas la force d'un homme quand je connais sa délicatesse... Tenez, en voici la preuve... je dépose les deux billets sur cette table, devant vous... eh bien ! vous ne les prendrez pas, j'en suis sûre... Vous savez que ces billets sont ma garantie contre le départ dont vous m'avez menacée. Tant qu'ils seront là, dans cette armoire, il me semble que vous ne quitterez pas la France. Si c'est une illusion, laissez-la-moi.

— Sans doute, belle Isaure, c'est une illusion ; car si je voulais partir, ces billets ne me retiendraient pas ; mais ma parole vaut mieux que cette garantie : je reste. Vous avez raison, je ne trouverais nulle part ce que je perdrais... Et pourtant, croyez-le bien... dans l'intérêt de ma tranquillité, j'aurais dû m'éloigner quelque temps de Paris.

— Y aurait-il du danger pour vous ? demanda Isaure avec une émotion naturelle.

— Du danger... pas précisément... mais comme je suis un vrai sybarite, je crains plus les tracasseries que les dangers. Ainsi, par exemple, je ne redoute pas un duel pour le duel; je suis passé maître en fait d'armes; mais je crains le scandale, les procès, les journaux et tout l'esclandre qui suit un duel. Mon principe est de reculer devant tout ce qui trouble ma quiétude, ma sérénité, mon sommeil. Tout ceci doit être maintenant enseveli entre nous deux. Je n'ose pas cacher longtemps un secret à une femme qui m'aime... plus tard, je vous conterai cela dans tous ses détails... C'est une vieille histoire... Il y a une jeune fille qui m'a attiré dans un piége pour se faire épouser... un vieux grognard de père, un rival américain, très-laid, qui ne mérite pas d'être regardé en face... bref, cette affaire m'a ennuyé. Je n'aime pas les jeunes filles qui réclament le mariage; je n'aime pas les rivaux qui veulent se faire tuer pour m'empêcher de vivre tranquillement. Si tous ces gens-là, qui, notez bien ceci, ont plus d'intérêt que moi à étouffer l'affaire, se réveillent et me tracassent, je suis maintenant assuré de trouver ici, auprès de vous, un asile contre ces ennuis.

Isaure, fort embarrassée de cette demi-confidence et surtout de la conclusion, et ne pouvant faire une réponse satisfaisante, balbutia quelques mots inintelligibles que l'amour-propre de Saint-Servais expliqua en sa faveur. Le coup de minuit vint à propos, comme un tiers officieux, au secours de l'embarras d'Isaure; elle tressaillit et s'écria, d'un ton moitié comique, moitié sérieux :

— Mon Dieu! que va dire mon portier?

Saint-Servais répondit par un *à demain!* et sortit avec cette précipitation qu'inspirent dans toutes les maisons le coup de minuit et la crainte du portier, cet éternel tyran de Paris.

Seule dans son salon, Isaure croisa les mains sur sa tête, puis les bras sur son sein, marcha vivement, s'arrêta, s'assit, se leva, et quoique le monologue ne soit pas, dit-on, dans la nature, elle fit celui-ci :

— Il voulait partir !... Qu'aurait pensé M. de Sullauze ? Il m'aurait accusée de l'avoir chassé de chez moi... c'est sûr... Il a donc bien fallu le retenir. Que de ruses, que de mensonges il m'a fallu employer pour obéir aux intentions de mon bienfaiteur ! Enfin, il ne part pas ! je l'ai enchaîné ; nous ne nous ferons pas un ennemi de cet homme.

Après une pause, elle ajouta :

— M. de Sullauze craint un peu trop les ennemis, il me semble... Heureusement, tout va finir... Tiens ! comme je suis déjà habituée à l'idée de mon mariage ! On voit bien que les femmes naissent pour se marier, comme les hommes pour rester garçons... Je me marie ! Oh ! je voudrais vivre à Paris pour éclabousser tous les jours, avec les quatre roues de mon équipage, mon professeur de musique et M. Saint-Servais.

Elle s'assit et versa quelques larmes.

— Que je serais heureuse, dit-elle, si j'étais digne d'un mariage si beau !... Enfin, M. de Sullauze n'est pas un enfant ; il sait ce qu'il fait... Il m'a prise au Ranelagh. Le mariage est le second baptême des femmes.

Puis elle se frappa le front, et dit en se levant :

— Et la lettre ! ah ! j'oubliais la lettre !... Voilà un travail ! écrire à M. de Sullauze ! un homme qui parle comme un auteur ! Et encore, si je pouvais écrire la vérité, la vérité pure !... Mais non, il faut encore mentir... mentir à celui-ci ! mentir à celui-là ! moi qui adore la vérité ! C'est une femme qui a inventé le mensonge, et c'est un homme qui l'a condamnée à cette invention. Nous ne pouvons jamais avoir tort, nous! voilà notre seul tort.

Elle prit des feuilles de papier et un faisceau de plumes, et médita longtemps avant le premier mot écrit. L'aube d'été blanchissait déjà les vitres du salon, lorsque cette lettre, quatre fois transcrite avec un soin méticuleux, se déroula, sans ratures, sur quatre feuilles de vélin satiné.

« Minuit.

» J'espère que mon honoré bienfaiteur voudra bien excuser mes fautes d'orthographe; je n'ai pas eu de professeur de bonne écriture; j'en avais assez déjà d'un professeur de musique, comme vous savez. Vous m'avez ordonné de vous écrire, je dois obéir les yeux fermés; regardez avec les mêmes yeux, et excusez toutes mes fautes.

» Je viens de passer, avec un plaisir infini, une soirée très-ennuyeuse; j'éprouvais une grande joie secrète à suivre vos recommandations, mon devoir étant de paraître naturellement aimable devant un homme que je hais. Mon jeu ressemblait à celui d'une comédienne, et je riais de tout mon sérieux en me regardant jouer. Il est fâcheux que ces petites scènes n'aient pas de témoins. Si j'avais pu vous placer dans les coulisses, mon bonheur eût été complet.

» Cet homme est une énigme pour moi. Un jour, il m'a dit ceci : *En amour, je n'aime que les conquêtes impossibles.* Il paraît qu'il m'a fait l'honneur de me classer dans ce genre de conquêtes. Voici sa tactique avec moi : il me subjugue, il me fascine avec ses regards humides, ses poses plastiques et sa beauté; il dédaigne l'attaque comme chose froide et trop sûre d'un triomphe à la minute ; il veut, à force de séduction, me pousser dans mes derniers retranchements et m'obliger à tomber à ses pieds comme une bacchante à jeun. Allez, je vous le dis encore, il a beau être ennuyeux, cet homme est bien amusant !

» Ce soir, il a été heureux au-dessus de toute expression ; cependant, je n'ai fait aucune dépense extraordinaire d'amabilité, pour obéir à vos ordres ; mais que voulez-vous ? malgré moi, j'avais une humeur plus agréable, en songeant à l'avenir que vous me faites ; malgré moi, cela perçait sur mon visage ; et lui qui, d'ordinaire, me voit étouffer un bâillement de onze heures, derrière un éventail ou un mouchoir, était plus radieux que jamais, ce soir, en ne remarquant chez moi aucun signe de lassitude ou d'impatience aux approches de minuit. Vous me reprocherez peut-être cette faute, mais je vous promets de ne pas la commettre demain.

» J'attends vos lettres et vos nouveaux ordres ; commandez.

» Votre humble servante,

» Isaure. »

Après avoir recommandé à sa femme de chambre de porter cette lettre à la rue Jean-Jacques-Rousseau avant le lever du soleil, Isaure, accablée d'émotions et de fatigue, inclina involontairement sa tête sur le dossier velouté de son fauteuil, et s'endormit.

XV

Après la quinzaine.

A cette phase de notre histoire, nous supprimerons les détails méticuleux qui sont indispensables dans le début, pour animer les personnages et donner une idée complète de leur caractère, en les faisant agir et parler dans de larges proportions. Lorsqu'on touche aux péripéties suprêmes du dénoûment, et que le sol brûle, les pieds ne s'arrêtent plus : il faut courir. *Proximus ardet.*

On peut donc, sans nouveau commentaire préalable, se fier à l'intelligence et aux calculs minutieux du comte Gaëtan, et on ne sera pas étonné d'apprendre, sans oiseux détails, que son mariage avec Isaure a été, non pas célébré, mais enseveli à la mairie du dixième arrondissement. Le soir de son mariage, madame la comtesse de Sullauze est rentrée dans son appartement de la rue de Provence, pour y reprendre ses anciennes habitudes, en attendant le voyage d'Angleterre que son mari lui promet. Tout ce qui lui est arrivé dans ce jour de mariage lui a paru étrange, bizarre, mystérieux ; elle a souvent même pensé que le grave magistrat de la mairie, debout devant le tapis vert de la salle des hymens, était un acteur de l'Odéon déguisé en maire, et lisant, avec le sérieux d'un comédien, les articles 212, 213, 214 du Code civil ; mais dans l'atmosphère brumeuse de ce jour, elle avait distingué clairement et touché du bout du doigt beaucoup de choses positives et matérielles : une splendide corbeille de noces, un écrin de pierreries de la plus grande valeur, deux châles de l'indien le plus avéré ; elle avait emporté ces trophées réels d'une rencontre fantastique dans sa maison rue de Provence, et si le songe matrimonial s'évanouissait, il y avait de quoi se consoler largement par la compensation de ces réalités palpables.

Trois jours avant l'expiration de la quinzaine décisive, Blanche, accompagnée de sa gouvernante et d'un domestique, vieux soldat éprouvé dans deux services, était partie pour Calais où elle devait attendre son père, à l'hôtel Quillac. Le comte avait fait entrevoir à sa fille que leur bonheur de tous dépendait d'un voyage en Angleterre; et Blanche, toujours aveuglément soumise, regardait déjà comme un principe de bonheur un changement d'air et d'horizon.

Blanche partie, et la petite maison du Luxembourg se trouvant déserte, le comte Gaëtan y conduisit Isaure et lui fit faire un simulacre d'installation. Cependant, la nouvelle mariée allait encore passer toutes ses nuits rue de Provence.

— Il le fallait ainsi, disait le comte, répondant à des objections timides pour n'éveiller aucun soupçon, ne donner prétexte à aucun scandale, jusqu'au moment du départ pour Londres.

Isaure se promenait, en maîtresse de maison, dans le jardin tout parfumé de fleurs, se montrait tête nue et en négligé sur sa porte, comme on fait dans les villes de province, tous les soirs de la belle saison, et les voisins, très-curieux dans ce quartier villageois, regardaient la jeune Parisienne avec une admiration mêlée d'étonnement. La nuit venue, la comtesse de Sullauze redevenait Isaure ; elle reprenait la petite mantille, confectionnée dans les bazars économiques, et, à l'ombre d'un fiacre, elle gagnait la rive droite, pour se conformer aux intentions mystérieuses mais sacrées de son noble mari.

Dans la matinée du quinzième jour, San-Nereo arriva de Rouen, à l'heure convenue par correspondance. Une heure après, le comte Gaëtan lui serrait la main en disant : *Ecco il dì !* Voici le jour ! ce qui répondait à son : *Al mio destino*. Les deux citations italiennes étaient prises à la même source, empruntées au même auteur.

— Maintenant, dit San-Nereo, j'espère que vous allez tout m'expliquer.

— Tout s'expliquera de soi-même, mon cher fils ; les événements parleront, je ne dois pas parler avant eux. Laissez-vous guider aveuglément sur cette route, où mes yeux se sont à peine fermés quelques heures, depuis quinze jours.

— Oui, cher comte Gaëtan, dit le jeune homme, toute ma confiance vous est acquise ; continuez votre œuvre. Il est impossible que le fruit de votre méditation soit perdu. Mon père me disait quelquefois, dans les derniers jours de sa vie : Mon ami Gaëtan est un de ces hommes qui trouvent des secrets qui n'existent pas, quand ils en ont besoin.

— Enfin, reprit le comte, je fais de mon mieux pour réussir, quand le bonheur des autres est au bout de mes recherches... San-Nereo, nous touchons à une heure solennelle ; appelons à notre aide toutes nos facultés de cœur et d'esprit. Ces quinze jours d'exil et de réflexion isolée n'ont produit aucun changement dans vos résolutions, n'est-ce pas ?

— Aucun, dit San-Nereo avec fermeté.

— J'ai lu cela sur votre figure, San-Nereo. Ainsi, demain, mon fils, demain, si je vous rends à votre liberté, vous....

— Je vais droit à Saint-Servais, interrompit vivement le jeune homme, et ce que j'ai dit sera fait. Quinze jours ou quinze ans s'écouleront, et je resterai le même. Ce qui est juste à mes yeux aujourd'hui, le sera toujours.

J'ai passé deux semaines dans la solitude et la réflexion ; je n'ai parlé à personne ; je n'ai écouté d'autre voix que celle de la foule d'une ville, une voix qui ne dit rien. Rien n'a donc pu me distraire, ma pensée immuable était toujours là dans mon front ; j'ai voulu la juger chaque jour avec une sévérité impartiale, bien décidé, malgré les traditions de mon pays, à laisser vivre cet homme si un seul instant de doute s'élevait dans l'examen.

Les quinze jours expirés, je me suis trouvé le même. Cet homme exécrable est un condamné qui m'appartient. Sa vie est à moi. De tous les criminels de nos montagnes, il n'en est pas un qui ait mieux mérité cette justice, qu'on appelle vengeance chez vous... Et maintenant, comte Gaëtan, vous allez me rendre mon poignard, n'est-ce pas ?

— Non.

San-Nereo recula devant ce *non* inattendu.

— Vous avez donc oublié nos conditions ? dit-il d'un ton respectueusement ferme.

— Je n'ai rien oublié, mon fils, reprit le comte Gaëtan avec lenteur ; mais votre poignard est une arme inutile aujourd'hui. Si je vous le rendais, vous auriez le droit de me quitter sur-le-champ et d'aller exercer votre justice... Vous voyez que je me rappelle nos conditions... Ainsi, je garde votre arme. Vous la trouverez chez moi ce soir.

— Comte Gaëtan, une dernière fois, je vous dirai que ma résolution est inébranlable.

— Bien ! San-Nereo ; je suis fixé sur ce point. Nous n'y

reviendrons plus, et je comptais tellement sur la fermeté inébranlable de votre résolution, que j'ai pris toutes mes mesures en conséquence... Ce soir, à dix heures, vous vous rendrez à pied, rue....., près le jardin du Luxembourg; vous serez armé... simple mesure de précaution... vous verrez sous le numéro vingt-deux une petite maison, dominée par des arbres. Voici la clef qui vous en ouvrira la porte. Entrez, et visitez l'appartement du rez-de-chaussée, sans faire de bruit; marchez aux lumières sur la pointe des pieds; tâchez de voir avant d'être vu, et, vos doigts aux détentes de vos armes, toujours prêt à faire feu, si vous êtes menacé.

— Tout sera fait ainsi, dit San-Nereo d'un ton de résolution calme.

— San-Nereo, si vous ne m'aviez pas donné, en ces derniers temps, la preuve d'une grande fermeté, je n'aurais pas compté sur vous comme sur un auxiliaire, dans un de ces moments où le plus brave cœur peut fléchir.

— Comptez sur moi, reprit San-Nereo; je ne veux rien savoir; je ne veux pas vous interroger; ce mystère étrange, ce péril inconnu me plaisent. Vous me donnez enfin ma part d'action dans une affaire ténébreuse ; merci, mon cher comte, quand l'heure sonnera, je serai prêt.

— Vous voyez, mon cher fils, ajouta le comte Gaëtan, que je vous traite en homme qui connaît votre courage et votre sang-froid, deux qualités qui ne s'accordent pas toujours. Je ne vous ai pas ménagé la phrase, à mon début, et votre figure est demeurée impassible, comme si je vous eusse proposé une promenade ou une partie de plaisir. San-Nereo, je suis content de vous.

— Mais, dit le jeune homme en serrant les mains du

mte Gaëtan, quand on est prêt à tout, selon la devise
s San-Nereo, *ad omnia paratus*, on écoute tout de sang-
oid.

— Mon ami, reprit Gaëtan, les nobles devises héraldi-
ues s'altèrent en vieillissant ; la vôtre est encore pure
mme la médaille qu'on vient de frapper. Maintenant, je
uis entrer, avec vous, dans quelques détails, et perfec-
onner mon plan que je vous ai livré tout brut, du pre-
ier coup.

Le comte Gaëtan s'arrêta un instant comme pour réflé-
ir.

— Parlez, dit San-Nereo avec calme.

— A dix pas de la maison, vous trouverez une petite
e obscure, dont un angle est obstrué par des matériaux
 construction. Vous choisirez là votre poste, et vous ob-
rverez. Il faut même arriver avant dix heures.

— Je vais m'y installer, à présent, interrompit le jeune
omme.

— San-Nereo, reprit le comte avec douceur, faites ce
ue je vous dis ; le moins ou le plus seraient deux impru-
ences égales. Les meilleurs plans échouent au moment
u succès, lorsqu'on néglige l'atome oublié sur le chemin...

— C'est vrai, remarqua San-Nereo.

— Seulement, reprit le comte, vous pouvez faire une
connaissance en plein jour de ce côté pour examiner
tre poste de nuit. Ayez soin de passer, dans ce quartier,
vec un air d'insouciance très-naturel, comme si vous
lliez à la barrière Montparnasse. Vous ne regarderez rien
xement, et vous regarderez tout.

— Soyez tranquille, dit le jeune homme ; fiez-vous à
on instinct de montagnard.

— A dix heures, vous verrez une ombre se glisser dans les ténèbres jusqu'à la porte du numéro vingt-deux. Vous ne reconnaîtrez pas cette ombre. Vous resterez immobile. La porte s'ouvrira et se fermera au même instant. Alors vous sortirez de votre embuscade, mais d'un pas naturel, sans affectation ; car, dans les quartiers les plus déserts, un passant peut se rencontrer par fatalité de hasard, et soupçonner une idée, dans un homme isolé qui marche avec une précaution suspecte.

— Vous prévoyez tout, dit San-Nereo en souriant.

— Il le faut bien, reprit le comte ; ayez donc l'œil sur ce passant prévu. Allez à la porte et promenez-vous en suivant toute la longueur du rez-de-chaussée jusqu'au mur du jardin. Marchez de telle sorte, que si le passant survenait alors, il croirait que vous commencez votre promenade, et vous la continueriez jusque bien au delà du mur de clôture, pour attendre d'être seul encore dans le quartier.

— Je vous comprends, dit San-Nereo.

— Votre croisière, poursuivit le comte, ne doit pas durer plus de dix minutes. Ce temps écoulé, vous ouvrirez la porte, sans faire le moindre bruit. J'ai prévu les mauvais tours que jouent les serrures, dans ces occasions. La clef fonctionnera comme dans un rayon de cire, et la porte roulera sur des gonds de velours. Quel que soit le genre de bruit que vous entendiez dans le corridor, ne bougez pas, n'avancez pas, attendez le silence, et alors, comme je vous l'ai déjà dit, marchez aux lumières, et suivez l'inspiration du moment. Il est bon de répéter au moins deux fois les choses essentielles, même à vous.

— Tout est compris, tout est retenu, tout sera fait, dit San-Nereo avec une résolution froide en apparence.

— Encore un mot, reprit le comte Gaëtan : mon plan, tel qu'il est conçu, est conforme aux sentiments de justice et de loyauté qui composent mon caractère. J'aime ma fille, ma chère Blanche ; je vous aime, vous, San-Nereo, comme mon fils ; eh bien ! croyez-moi, je sacrifierais de grand cœur ma fille et vous, s'il fallait acheter le bonheur de vous deux par un acte déloyal, commis même contre Saint-Servais. Ce que j'ai voulu concilier, c'est mon honneur et ma vengeance. Vous verrez plus tard si j'ai réussi.

— J'affirme déjà que vous avez réussi, dit San-Nereo, et je n'attends pas ce soir.

— Mon cher fils, dit Gaëtan, il me reste encore beaucoup de dispositions à prendre, pour l'œuvre de ce jour ; je vous quitte. Ce que j'avais à vous dire est dit maintenant.

— Ce que j'ai à faire sera fait, reprit le jeune homme avec résolution.

Ils se séparèrent, en s'embrassant, comme s'ils n'eussent plus espéré de se revoir.

Resté seul, le comte Gaëtan assura tous ses préparatifs.

La dernière lettre que reçut Isaure, dans la matinée de ce quinzième jour, était ainsi conçue :

« Isaure, retenez bien ceci, et suivez ponctuellement toutes mes instructions, comme vous avez fait jusqu'à présent.

» Vous êtes à la veille de votre départ pour Londres ; j'ai tout préparé pour votre voyage ; ne vous inquiétez de rien.

» Il ne faut pourtant pas perdre, au dernier jour, le bénéfice de votre longue prudence. En quittant votre maison, vous laisserez, chez votre portier, un billet à l'adresse de Saint-Servais. Ce billet, vous allez le transcrire tel que

je vous l'envoie. — « Cher monsieur, mon propriétaire a
» disposé de mon appartement; il me regarde comme in-
» solvable. Je profite de ce congé pour réaliser un projet
» qui a été le rêve de ma vie. Je vais, à dater de ce mo-
» ment, habiter une petite maison dans un quartier tran-
» quille, à côté du jardin du Luxembourg. J'ai été prise à
» l'improviste ; mais qu'importe, je ne retarde que d'une
» demi-heure le plaisir de vous voir. »

» Vous signez, et vous donnez l'adresse de votre petite
maison du Luxembourg. Votre portier sera votre facteur,
et vous l'avez si généreusement payé qu'il sera discret, en
remettant ce billet, ce soir, à son adresse.

» Autre chose importante. Vous ne devez pas laisser
dans votre cave le ballot de ces livres scandaleux, c'est
évident. Ainsi, votre commissionnaire de confiance recevra
vos ordres, et rapportera ce soir, à dix heures, cette bibliothèque abominable au domicile de Saint-Servais. S'il n'y
avait aucun domestique pour recevoir, en l'absence du
maître, votre messager jettera le ballot par-dessus les
murs dans le jardin.

» Expédiez vite toute cette besogne, et venez le plus tôt
possible. Je vous attends ; emmenez votre femme de chambre
avec vous.

» Comte G***.

» *P. S.* N'oubliez pas les portraits. »

Isaure ne trouva rien d'extraordinaire dans ces dernières
recommandations ; elles lui parurent même fort naturelles
et conformes au système de prudence suivi par le comte.
Au reste, dans l'exaltation fébrile où la jeune femme se
trouvait, elle n'aurait rien pu apprécier; son esprit, sa

raison, sa volonté appartenaient à un autre : le fanatisme du dévouement, cette humaine religion de presque toutes les femmes, emportait Isaure dans toutes les directions où l'appelait la voix de son bienfaiteur. Si parfois l'instinct raisonneur se réveillait en elle, il était promptement étouffé comme une coupable pensée de révolte. La réflexion froide est l'ennemie du dévouement, comme le bon sens est l'ennemi de l'héroïsme.

La dernière épreuve imposée à Isaure par son mari la trouva dans les mêmes dispositions d'obéissance passive.

— Avez-vous suivi point par point mes derniers avis? lui demanda le comte en la voyant arriver dans sa petite maison du Luxembourg.

Isaure fit un signe affirmatif.

Le comte Gaëtan parut contrarié par ce signe.

— Ai-je mal fait d'obéir? demanda Isaure avec une timidité pleine de grâce.

— Non, non, Isaure, reprit le comte avec un embarras bien joué, on ne fait jamais mal en obéissant... Mais, c'est moi qui ai commis la faute... Enfin, le mal n'est pas grand, au fond... Il trouvera votre billet, il viendra, sonnera, et la porte ne s'ouvrant pas, il s'en retournera à pied par le même chemin; tant pis!

— Qui? demanda Isaure en riant, lui?

— Eh! qui donc? reprit le comte. C'est que, voyez-vous, Isaure, depuis hier soir j'ai bouleversé mon plan. Il faut que je sois rendu à Londres demain; mais nous ne pouvons faire route ensemble. Je veux donc que vous preniez les devants avec votre femme de chambre. Tous vos bagages sont déjà au chemin de fer. Voilà vos passe-ports et votre bulletin; provisoirement, descendez à Londres, à

Joney's-hotel, Leicester-square, que vous connaissez. Je partirai, moi, par le convoi de nuit... à moins de quelque empêchement, et alors une lettre vous mettrait au courant de tout... Adieu donc pour quelques heures... Adieu, bonne Isaure... allez à pied jusqu'à la rue Mazarine; là, vous prendrez une voiture à la station, et vous vous rendrez directement à la gare du chemin de fer.

— Si vous voulez, dit Isaure, je puis, en passant, reprendre mon billet chez mon ancien portier; c'est mon chemin.

— Ah! oui! dit le comte d'un ton fort naturel, oui, vous avez une bonne idée! Il ne faut pas que ce Saint-Servais fasse un voyage inutile, ce soir, dans le faubourg, il...

Le comte s'arrêta, parut réfléchir quelques instants, et se ravisant :

— Non, dit-il, non; vous n'avez pas de temps à perdre; vous manqueriez le convoi... Bah! ne changeons rien au plan. Laissons-le venir ce soir, M. Saint-Servais. Cela lui servira de promenade. Il faut bien que je me venge un peu aussi, moi, des cent louis qu'il m'a gagnés au lansquenet.

— Tiens! vous avez raison! dit Isaure en riant.

Et se frappant le front, elle ajouta :

— Ah! mon Dieu! j'oubliais! j'oubliais!... Je ne lui ai pas rendu ses deux billets de mille! Que pensera-t-il de moi? Tous les soirs il me les demande.

— Soyez tranquille, dit le comte, je me charge de les lui faire remettre, en votre nom, chez lui.

— Alors, c'est absolument comme s'il les avait déjà reçus, dit Isaure; je suis contente.

— Isaure, dit le comte avec une émotion contenue, vous avez oublié les portraits?

—Oh! non! moi, oublier une de vos recommandations! Quand une parole ou une ligne de vous arrive à mon oreille ou sous mes yeux, je la reçois comme une chose qui vient du ciel, je la recueille soigneusement, et j'oublie tout le reste.

Isaure, à son insu, perdait insensiblement, devant son mari, ses anciennes allures, et même le ton leste de son organe; elle s'élevait ainsi jusqu'à son rang, par gradations, pour s'efforcer d'être moins indigne d'un noble nom, devenu le sien.

— Ces portraits vont vous arriver dans une heure, ajouta-t-elle.

— Dans une heure! dit le comte avec un léger signe d'impatience; ce ne sera pas trop tard...

— Oh! vous pouvez y compter, interrompit Isaure; M. Vidal me les a promis très-sérieusement. Un grand artiste comme lui n'a que sa parole. D'ailleurs, je viens de les voir. Ils sont terminés. Ce sont deux chefs-d'œuvre de pastel.

— En avez-vous vraiment été satisfaite, Isaure?

— Oui, monsieur le comte; la ressemblance est frappante. Vous n'avez posé que trois heures, vous, et M. Vidal vous a saisi du premier coup : votre figure est vivante, vos yeux brillent comme deux éclairs. On ne ferait pas mieux avec la couleur.

— Et le vôtre, Isaure, vous ne m'en parlez pas?

— Le mien, si j'en juge par le vôtre, doit être aussi très-ressemblant... Il me semble, pourtant, que M. Vidal m'a embellie. Les artistes sont toujours galants. M. Vidal est habitué à inventer ses jolies femmes imaginaires, et il continue devant des modèles vivants.

— Ce n'est pas un défaut, dit le comte avec un léger sourire, le modèle se prêtait à cette erreur... Êtes-vous contente du costume qu'il vous a donné?

— Très-contente! Une robe de soie feuille morte; tout ce qu'il y a de plus simple, ainsi que vous me l'avez recommandé.

— Oui, Isaure, je n'ai pas voulu distraire par le luxe du costume; j'ai voulu que tout l'intérêt se portât sur le visage.

— Maintenant, s'il est permis de vous faire cette question, ajouta timidement Isaure, laisserez-vous ces deux portraits à Paris?

— Non, certes, Isaure; vous les retrouverez à Londres. J'ai profité de nos derniers jours de France pour nous faire peindre tous les deux, dans le même cadre, par un grand artiste de Paris; car, à Londres, le portrait ne ressemble pas toujours.

— Et pourtant, reprit Isaure en riant, vous avez pris une singulière précaution.

— Quelle précaution? demanda vivement le comte.

— Une précaution qui a beaucoup intrigué M. Vidal; vous avez recommandé de mettre nos noms au bas des deux portraits, comme s'ils n'étaient pas ressemblants.

— Oh! ceci, dit le comte avec un léger embarras, est un usage de chez nous... un usage de famille... On inscrit les noms au bas du cadre... Il faut songer aux héritiers.

Cette explication parut satisfaire Isaure, qui ajouta :

— Pour plus de sûreté, je cours à l'avenue Frochot pour voir si M. Vidal a envoyé les portraits. Oui, l'idée est bonne.

Les adieux que fit le comte à sa femme furent froids,

mais affectueux. Isaure, qui commençait à prendre son mariage au sérieux, témoigna d'abord quelque étonnement de voir un mari quitter sa femme avec une tendresse si modérée; mais une simple réflexion la rassura.

— Au fait, pensa-t-elle, ce n'est qu'un adieu au revoir pour quelques heures; il ne s'agit pas ici d'un départ, ou d'un voyage, ou d'une séparation. Mon mari est l'homme des convenances exactes; il a toujours raison.

Pendant le reste de la journée, le comte, aidé par lui seul, acheva de tout disposer pour la réception du soir. Un calme parfait régnait sur toute sa personne, et, dans cette tranquillité virile, il n'y avait rien de trompeur, car la maison était déserte comme une tombe. Si quelqu'un eût surpris le comte Gaëtan au milieu de son travail domestique, il aurait cru voir un maître de maison s'occupant des préparatifs d'un bal. Un témoin, initié au secret de l'affaire, l'aurait comparé à l'habile joueur d'échecs, avançant sur les cases des *pièces* victorieuses, et enlevant par prévision à son adversaire toute chance de succès.

XVI

La Soirée du quinzième jour.

Ce jour, qui paraissait devoir s'éterniser, arriva comme les autres à sa nuit. Devant la maison du comte, la rue, presque toujours déserte en plein midi, devint solitaire comme une zone de désert. Un silence profond tomba sur ce quartier, espèce de province parisienne; on entendait mugir la grande ville dans le lointain, comme on entend au fond d'un vallon tranquille mugir les vagues de la mer.

Une habitude rend les hommes exacts comme des chronomètres ; le comte Gaëtan avait fait cette observation. Au coup de neuf heures, Saint-Servais arriva devant la maison d'Isaure, rue de Provence. Selon son usage aussi, il passait non point en tapinois, mais avec un grand fracas de talons devant la loge, pour faire envier son bonheur par le portier, en l'absence d'un envieux plus distingué, — l'amour-propre récolte ce qu'il peut, — lorsqu'un *monsieur !* répété trois fois par une voix souterraine, l'arrêta dans le vestibule, et lui fit retourner la tête vers l'inscription qui ordonne, à l'impératif, de *parler au portier*.

Une main sortait d'une porte vitrée, et s'agitait en présentant une lettre à Saint-Servais.

Le jeune homme prit la lettre, et, s'approchant d'un quinquet avare, il essaya de lire l'écriture d'Isaure, et ne pouvant la déchiffrer, il entra dans la loge, ce qui excita les murmures du portier.

La logique des portiers est inexorable ; Saint-Servais n'avait jamais honoré d'un *s'il vous plaît* ce maître du cordon, et jamais la main du jeune visiteur n'avait déposé un péage de passé-minuit sur la margelle de la loge. Ces griefs étaient suffisants pour justifier tous les ressentiments amassés dans le cœur du portier contre l'avare et l'orgueilleux Saint-Servais.

La lettre lue, le jeune homme s'adressa brusquement au seigneur de la loge, et lui dit :

— Madame Isaure est déménagée ?

— Dame ! dit le portier en s'occupant d'autre chose, ce n'est pas ma faute...

— Ni la mienne ! répliqua Saint-Servais.

— Ah ! c'est autre chose ! dit le portier.

— Vous voulez insinuer que c'est ma faute, bonhomme !

— D'abord, reprit le portier en se plaçant en face de Saint-Servais, d'abord je ne suis pas un bonhomme... Je vous prie de ménager vos expressions, parce que, voyez-vous, je suis chez moi, et...

— Allons, dit le jeune homme d'un ton conciliant, je n'ai pas voulu vous faire la moindre peine ; cette lettre m'a ému, et dans mon trouble, je me suis servi du premier mot. Vous savez mieux que personne qui je suis... un des amis intimes de votre belle locataire, et son brusque départ me contrarie et m'étonne au dernier point.

— S'il vous contrarie tant, il fallait l'empêcher, dit le portier d'un ton cru.

— L'empêcher ! et comment ? demanda Saint-Servais avec la naïveté de l'avare.

— Comment ! ah ! diable ! c'était bien simple... Vous m'avez tout l'air d'un homme riche ; vous avez un cabriolet sans numéro, un cheval qui laisse de l'écume sur mon trottoir, un domestique qui parle le parisien comme un Anglais ; si j'avais tout cela, moi, je payerais le terme de juillet pour ma princesse... Voyons, est-ce clair ?

Saint-Servais fit un mouvement d'épaules, et se mit à relire la lettre devant une chandelle.

— Le propriétaire, reprit le portier, comme s'il se fût parlé à lui-même, est un bon enfant ; c'est la crème des propriétaires... Vous pouvez parler à tout le quartier de M. Prudent-Voyseau... Tenez, il garde depuis deux ans un pauvre vieux dans une chambre au cinquième, et on peut dire gratis... cinquante francs par terme... cela fait quatre cents francs que ce vieux doit à M. Prudent-Voyseau... j'espère que la somme en vaut la peine... Eh bien ! nous ne donnons pas congé à ce vieux...

— Mais, interrompit vivement Saint-Servais, vous êtes dans l'erreur, mon cher homme...

— Comment ! s'écria le portier, vous me niez ce vieux !... Voulez-vous le voir ? Venez, je vais dire à la fruitière de garder la loge un moment.

— Attendez, vous ne m'avez pas compris, mon brave homme, dit Saint-Servais en arrêtant son interlocuteur par le bras, j'allais vous dire que madame Isaure ne m'a jamais parlé de ses embarras d'argent, à l'époque des termes...

— Elle en devait trois ! interrompit le portier en élevant trois doigts de sa main droite sous le menton de Saint-Servais, oui, trois termes... C'est une digne femme, je vous le dis, moi... Nous savons tout, nous autres concierges... nous voyons passer les masques devant notre loge, et nous leur disons : Je te connais ! J'ai la meilleure porte de Paris, moi qui vous parle... Quinze grands appartements, vingt-cinq moyens, trente-deux chambres de garçon, vingt-trois mansardes ; en voilà du peuple, j'espère, et de tous acabits. Chevaux de fiacre et chevaux de remise ; or et chrysocale, satin et mérinos, vertu et autre chose... Eh bien ! j'en sais, voyez-vous, plus que M. le préfet. Quand je vous dis donc que madame Isaure est une digne femme, je sais ce que je dis...

— Mais je me garde bien de vous contredire, interrompit Saint-Servais, tout joyeux d'entendre l'éloge d'Isaure dans la bouche d'un portier.

— Laissez-moi finir, reprit celui-ci ; j'en sais beaucoup d'autres qui ne la valent pas ni en physique ni en bonne

ngue, et qui ne sont jamais embarrassées le 14 pour
ayer le 15. Un homme n'est jamais seul, entendez-
us? On peut se mettre en actions, et il y en a qui
nt prime le lendemain; je m'y connais, moi; j'ai trois
rléans.

— Vraiment, dit Saint-Servais, qui n'écoutait plus le
rtier. Il y a là-dessous quelque chose que je ne com-
ends pas.

— Dans les actions d'Orléans? demanda le portier.

— Non... voici, reprit le jeune homme; j'ai deux mille
ancs en dépôt chez madame Isaure.

— Je le sais, dit le portier.

— Ah! vous le savez! elle vous a donc raconté...

— Elle m'a seulement parlé de ces deux mille francs...

— Eh bien! interrompit Saint-Servais, je ne comprends
s qu'elle ne se soit pas servie du quart de cette somme
ur s'arranger avec son propriétaire.

— Et moi, je le comprends très-bien, dit le portier;
nez, j'ai là, dans cette armoire, pas mal d'argent, confié
 dépôt; je mourrais de faim devant, plutôt que d'en
cher un centime... Voulez-vous savoir le dernier mot
 madame Isaure?

— Dites.

— Le voici, monsieur... Elle allait partir; elle me faisait
 adieux, la pauvre femme, en me donnant un louis...
bert, m'a-t-elle dit, j'ai dans ce porte-monnaie deux
lets de mille, le croiriez-vous?—Alors, lui ai-je dit, ils ne
us appartiennent pas. — C'est vrai, m'a-t-elle répondu,
st un argent sacré; c'est un dépôt. Il faut que je rende
 deux billets, aujourd'hui, ce soir, ou demain.

— Mon brave homme, dit Saint-Servais d'un ton lamentable; vous qui savez tout; vous qui connaissez toutes les positions, vous devez savoir aussi que les apparences de la richesse trompent souvent...

— Je sais cela aussi, dit le portier d'un air mystérieux.

— Vous me croyez riche ; vous êtes dans une erreur complète... Si je vous disais que j'ai besoin de ces deux mille francs, que répondriez-vous?... On est riche aujourd'hui, on est pauvre demain.

— Vous avez joué à la Bourse? demanda le portier légèrement attendri.

— Non... un accident incroyable m'a ruiné... L'autre nuit... en rentrant chez moi... je demeure dans un quartier très-solitaire... j'avais toute ma fortune en portefeuille... tous mes fonds réalisés en billets de banque... Un bandit me barre le chemin avec deux pistolets... un bandit qui connaissait mon portefeuille, j'en suis sûr... il m'aurait tué comme en pleine forêt de Bondy... Pour sauver ma vie, j'ai donné ma fortune... Voilà ce qui m'est arrivé ; je vous le jure sur mon honneur !

— Et vous n'avez pas porté votre plainte ?

— Ma plainte ne m'a pas encore rendu mon argent, et ne me le rendra jamais... Nous étions sous les arbres; la nuit était sombre; mon bandit avait le visage voilé, moins les yeux. Je n'ai pu donner à la police le moindre renseignement qui puisse éclairer ses démarches. Maintenant, avec nos chemins de fer, un voleur qui a fait un pareil coup arrive le lendemain en pays étranger avec une fortune; impossible de le rattraper.

Bien que tout ne fût pas vrai dans cette histoire, l'importante circonstance du vol suffisait, dans sa vérité affreuse, pour donner à la parole du narrateur un caractère incontestable. Aussi le portier mit un peu plus de douceur dans sa voix, et dit :

— Et vous n'avez pas raconté cela à madame Isaure?

— Non, reprit Saint-Servais, elle se serait trop effrayée; elle n'aurait plus voulu me permettre de rentrer chez moi, au milieu de la nuit... Ensuite, je craignais une chose. En lui racontant ce vol, je semblais lui demander indirectement mes deux mille francs en dépôt... et j'avoue qu'en ce moment, j'ai un besoin indispensable de cette somme... elle m'est nécessaire pour... vivre... oui, voilà le mot vrai, pour vivre... Cette somme provient de ma bibliothèque, que j'ai vendue après le vol, dans mes premières nécessités d'argent. On est bien gêné, n'est-ce pas, quand on vend sa bibliothèque?

— Oh! certainement oui, dit le portier ; tenez, j'ai là, sur ces planchettes, une douzaine de livres de mon père, que je ne vendrais pas pour acheter du pain.

— Aussi, poussé à bout, reprit Saint-Servais, je suis bien déterminé ce soir à réclamer au moins la moitié de mon dépôt...

— Oh! elle vous rendra tout, dit le portier, j'en réponds.

— Et j'y vais de ce pas, dit Saint-Servais en souhaitant le bonsoir à son interlocuteur.

— C'est comme si vous les teniez, vos deux billets, dit le portier en s'inclinant avec respect.

Saint-Servais prit une voiture à la station voisine, et ordonna au cocher de le conduire à l'entrée de la rue de Vaugirard avec la plus grande rapidité. Pendant le trajet, il prépara une phrase adroite et convenable pour réclamer son dépôt, qu'il présumait étourdiment gardé par Isaure. Au reste, il ne mentait pas lorsqu'il avouait ainsi sa gêne au portier de la maison de la rue de Provence. Son ami Pascal lui avait tout enlevé d'un seul coup, à la gare du chemin de fer; et comme un instinct vague conseillait toujours à Saint-Servais une prompte émigration, ces deux mille francs, autrefois superflus, étaient devenus nécessaires pour accomplir un projet de voyage. Ainsi, dans cette soirée, deux sentiments conduisaient ce jeune homme chez Isaure, l'habitude et la nécessité.

La rue de Vaugirard était à peu près déserte lorsque Saint-Servais y descendit; on aurait dit que l'horloge du Luxembourg venait de sonner minuit deux heures trop tôt. Il se dirigea vers le quartier lointain où Isaure avait établi son nouveau domicile. Cette vue intérieure qui fonctionne dans notre âme, aux heures solennelles de la vie, et qui nous donne ce qu'on appelle les pressentiments, révélait à Saint-Servais quelque chose de lugubre, dans cette zone de Paris, où le couvre-feu semble sonner encore à la chute du jour, comme il sonnait pour les ouvriers du palais de Médicis.

Cependant il marchait avec précipitation, et s'arrêtait brusquement, par intervalles, pour voir les numéros des maisons, très-peu éclairés par de rares jalons de gaz. A mesure qu'il s'approchait du terme, il ressentait des émotions jusqu'à ce moment inconnues, et qu'il attribuait à la tristesse nocturne de ce quartier désolé : ses regards rapides se plongeaient dans toutes les directions, pour conjurer une attaque de surprise; mais l'ombre d'un corps humain ne se montrait nulle part; cette absence de la vie était rassurante et effrayante à la fois. A travers les grilles des murs de clôture, on entendait murmurer sourdement les arbres des jardins, et les grandes allées du Luxembourg.

Saint-Servais, conduit par la série des numéros, arriva devant la maison désignée et respira un instant ; puis la sonnette de la petite maison tinta timidement, et la porte s'ouvrit comme d'elle-même. Saint-Servais la referma, et traversa les ténèbres du vestibule ; il vit un corridor lumineux, qui aboutissait à un salon très-bien éclairé. Il marcha joyeusement vers les bougies, et entra dans une pièce meublée avec élégance, mais déserte. Cela ne l'étonna point, car très-souvent à la rue de Provence, Isaure se faisait attendre au salon, comme font toutes les femmes, qui ont toujours un avant-dernier coup d'œil à donner à leur miroir, pour se montrer à un adorateur dans une toilette irréprochable.

Un seul meuble déparait ce salon, mais Saint-Servais crut en deviner tout de suite la destination trop évidente, et il sourit : c'était une table étroite et démesurément longue, recouverte d'un tapis vert.

— Très-bien ! pensa-t-il ; je comprends maintenant le sens caché sous le billet d'Isaure. Ici, dans ce quartier désert, elle pourra donner de lucratives soirées de jeu, sans redouter une descente de police. Cette table enrichira sa maîtresse ; elle aime tant l'argent !

Saint-Servais, toujours en examinant en détail les recoins de ce salon, aperçut un tableau voilé de noir, accroché au mur, de l'autre côté de la table ; il regarda longtemps cet objet mystérieux avec une sorte de curiosité inquiète. Puis il s'avança lentement, doubla l'un des caps de la table étroite, et, montant sur un fauteuil, il souleva le voile du tableau, et vit deux portraits dans le même cadre. D'abord, il reconnut Isaure, et après il reconnut l'autre. On lisait au bas : *Le comte et la comtesse de Sullauze*. Impossible de se méprendre, les deux portraits étaient frappants et exécutés de main de maître au pastel. On aurait cru voir les originaux.

Cette épouvantable apparition de portraits lui rappela l'autre du salon de Saint-Mandé; une sueur froide glaça son épiderme; les racines de ses cheveux brûlèrent son front; il se retourna comme à Saint-Mandé, et vit un homme à figure pâle, le spectre du comte de Sullauze, qui lui dit :

— C'est encore moi! en lui montrant les orifices de deux pistolets de combat.

Saint-Servais resta immobile, debout sur son fauteuil, comme paralysé par la terreur.

— Je puis, cette fois, dit le comte Gaëtan, je puis te tuer sans aucun risque; tu es chez moi, Isaure est ma femme... Voilà mon contrat de mariage; tu peux le lire, je te le permets... Seulement, si tu hasardes un pas pour franchir cette table, je fais feu.

Le comte lança, avec un geste de dédain de l'autre côté de la table, une feuille de papier appesantie par une lame de plomb.

— Je t'ordonne de prendre ce papier et de lire; obéis. Mes doigts pressent deux détentes; ne m'irrite pas. Je ne réponds plus de ma volonté.

Saint-Servais, revenu d'un subit accès de terreur, et s'estimant heureux de n'avoir pas été tué au premier moment, prit un de ces maintiens humbles qui adoucissent les colères des cœurs généreux, et obéit à l'ordre du comte. Il ramassa la feuille et la lut rapidement, sans perdre de vue toutefois les deux bouches à feu braquées sur lui.

La lecture terminée, il donna plus d'humilité encore à

sa contenance, et, résigné comme un gladiateur vaincu, il crut devoir hasarder ses paroles :

— Comte de Sullauze, je ne savais pas qu'Isaure fût votre femme.

Un éclat de rire nerveux sortit en notes stridentes de la poitrine du comte.

— Ah! voilà une réflexion adroite! s'écria-t-il; il s'agit bien de ma femme, vraiment! C'est ma fille, ma fille, qui me crie vengeance! et qui enfin l'obtiendra ce soir! Ce que je viens te demander invinciblement, le voici : Ta vie est dans mes mains; elle est là dans ces deux canons de pistolets. Tu as refusé de te battre, tu as refusé une satisfaction d'honneur, eh bien! j'ai pris mes mesures, moi! **Je veux te tuer**, et dire à la justice : Ce misérable était venu dans ma maison avec une pensée adultère; fouillez-le, vous trouverez sur sa poitrine le portrait d'Isaure en médaillon; voici les lettres qu'il écrivait à ma femme : lisez. J'ai usé du droit des maris; j'ai tué l'infâme au pied du lit conjugal. Aucune voix, pas même celle de la justice, ne peut appeler du nom de crime le plus juste des châtiments.

Saint-Servais baissa la tête en signe d'adhésion.

— Tu reconnais donc que je puis te tuer ici, sans autre préambule, et que ta mort n'attirera sur ma tête aucune répression ?

— Toutes les apparences sont en votre faveur, dit timidement Saint-Servais; vous avez adroitement organisé votre vengeance; mais vous êtes homme d'honneur, vous ne m'assassinerez pas. La satisfaction que je vous ai refusée, je jure de vous l'accorder demain...

— Demain! demain! interrompit le comte de Sullauze; me crois-tu fou? Moi, te laisser échapper une seconde fois quand je te tiens! Écoute, et tu vas voir si je suis l'homme d'honneur dont tu parles. Avance un pas... Soulève le tapis qui couvre cette table, et tu trouveras deux épées; choisis la tienne, envoie-moi l'autre, et défends ta vie si tu peux. Oh! par exemple, si tu hésites, je cesse d'être généreux, je te tue sans combat.

Saint-Servais fit signe qu'il allait obéir; il se baissa, souleva la frange du tapis, chercha d'une main les épées dont le fer résonna, et de l'autre tirant de sa poche un pistolet, il se releva rapidement, et fit feu, à quatre pas, sur son ennemi.

Un cri terrible retentit au même instant; le comte riposta, et Saint-Servais, atteint de deux balles, tomba mort sur le parquet.

Le comte, blessé à l'épaule, chercha un point d'appui sur le dossier d'un fauteuil, et s'assit lourdement, les yeux fixés sur le sang qui ruisselait sous les franges de la table et arrivait à ses pieds.

Tout cela s'était accompli avec la promptitude de l'éclair.

Quelques minutes après, un bruit de porte ouverte et refermée arriva aux oreilles du comte; c'était San-Nereo qui entrait et marchait aux lumières, avec la prudence du soldat qui a flairé une embuscade, et se tient tout prêt pour donner la mort avant de la recevoir.

— San-Nereo, mon fils! dit le comte d'une voix faible, venez, venez, tout est fini...

Alors le jeune homme précipita son pas, et poussa un cri de douleur en voyant le comte de Sullauze baigné de sang, et le visage couvert de la pâleur de l'agonie.

—Moi, blessé! lui mort! dit le comte, et il désignait l'autre côté de la table, là où gisait le cadavre de Saint-Servais.

Un généreux sentiment étouffa la curiosité de San-Nereo : il ne donna aucun regard à l'endroit désigné ; il prodigua ses soins à l'héroïque blessé, son noble vengeur ; il mêla ses larmes au sang qui coulait de la blessure, et quand il se fut bien assuré que la balle avait seulement percé les chairs, sans intéresser l'articulation de l'épaule, il joignit ses mains, et remercia Dieu dans une prière mentale ; puis, s'avançant vers la table, il vit le cadavre, et lui donna ce regard de pitié qu'un homme généreux accorde toujours à un ennemi mort.

Le comte Gaëtan, qui avait prévu toutes les combinaisons probables de cette terrible soirée, dit à San-Nereo :

— Il n'y a pas un instant à perdre ; je vais chez le procureur du roi faire mon rapport, lui montrer ma blessure, et le conduire ici. J'ai tout prévu ; je connais même l'adresse du magistrat auquel je dois m'adresser, à cette heure avancée de la nuit. Demain, j'irai chez le ministre de la guerre, qui est un de mes anciens amis et compagnons d'armes. Notre tranquillité domestique ne sera pas troublée un instant, et grâce à ma blessure providentielle, je n'aurai pas même besoin de me constituer prisonnier pour la forme. San-Nereo, mon fils, allez faire avancer une voiture, et vous m'accompagnerez : chemin faisant, je vous raconterai, dans tous ses détails, cette histoire, dont vous n'avez vu que la fin.

Les apparences étaient tellement favorables au comte de Sullauze, que tout réussit selon ses désirs et ses prévisions. Il fut jusqu'au bout, et d'une manière favorable, le justicier de son honneur.

De toutes les paroles qui furent échangées, à la fin de ce grand jour, entre le comte Gaëtan et son gendre, il est encore bon, pour la complète intelligence de cette histoire, de recueillir celles-ci :

— Mon fils, dit M. de Sullauze, vous trouverez ma fille à Calais, et c'est là que je vais vous conduire, si ma blessure me permet de partir demain.

— Blanche n'est pas à Paris? dit San-Nereo avec une sorte d'effroi.

— Plus tard, mon fils, je vous expliquerai tout le plan que j'ai mis en œuvre pour arriver au résultat de cette nuit. N'ayez aucune crainte. Vous reverrez bientôt ma fille, votre femme. Ensuite, vous me rendrez un service, un grand service... mais à Londres, pour une autre femme...

— Quand vous demanderez, j'obéirai, dit San-Nereo.

XVII

Deux mois après.

Quand une histoire est arrivée à sa péripétie dernière et à son point culminant d'intérêt, elle semble ne devoir pas garder un lendemain pour le lecteur. Tout est dit quand tout est fait. Cependant l'intérêt qui s'est attaché aux personnages ne s'éteignant pas tout de suite, il est bon quelquefois, s'il y a profit pour la moralité de l'œuvre, il est bon de raconter ce lendemain et de faire luire au moins un rayon sur l'avenir d'une famille, quand l'orage est évanoui.

Notre lendemain sera de deux mois, et dans les choses du présent qu'on va lire, on apprendra des choses inconnues d'un passé de soixante jours.

Dans un salon de Joney's-hotel, à Leicester-square,

Isaure, comtesse de Sullauze, est assise et paraît absorbée dans la lecture de l'histoire de Hume. Un domestique entre et annonce le comte San-Nereo, Isaure ferme le livre, le dépose sur une petite table, et se lève pour recevoir le jeune visiteur.

— Enfin, madame, dit San-Nereo, en serrant deux petites mains offertes, enfin, je vous apporte une bonne nouvelle.

— Dieu soit béni! dit la jeune femme en sautant de joie.

— Le comte de Sullauze arrive à Londres demain, reprit San-Nereo en s'asseyant à côté d'Isaure; il est tout à fait rétabli de la blessure de son duel.

— Deux mois! dit Isaure; deux siècles! madame la comtesse San-Nereo doit être bien joyeuse?

— Elle recommence à vivre, répondit le jeune homme. Hélas! madame, depuis le jour où je vins la rejoindre à Calais pour la conduire à Londres, elle m'a donné plus de larmes que de sourires. Nous nous sommes mariés ici pour obéir aux ordres d'un père; le comte, vous le savez, n'a pas voulu attendre son rétablissement. — Si je meurs, m'écrivait-il, je veux savoir avant ma mort que vous êtes mariés. Ce sera la consolation de mon agonie.

— Ah! comte San-Nereo, dit Isaure avec un effroi rétrospectif, vous m'aviez donc caché l'état alarmant de mon mari!

— J'obéissais, madame; cette blessure qui d'abord paraissait légère, a pris ensuite un caractère effrayant de gravité.

— Mon Dieu! dit Isaure en joignant les mains. Et moi, qui mettais ce retard sur le compte de ses affaires!

— Enfin, madame, il est hors de danger; vous le verrez demain.

— Et madame la comtesse de San-Nereo ignore toujours le mariage de son père? demanda Isaure.

— Le comte Gaëtan a voulu se réserver le plaisir d'annoncer son mariage à ma femme... répondit San-Nereo.

Il se leva sur ces mots, et, regardant la fenêtre ouverte, il ajouta :

— Nous avons une superbe journée ; ma voiture est à la porte ; voulez-vous faire quelques tours de promenade à Hyde-Park?

— Oh! je ne commencerai pas mes sorties aujourd'hui, dit Isaure avec vivacité; tant que mon mari ne sera pas arrivé à Londres, je ne bougerai pas de ce salon.

— Vous avez été prisonnière deux mois, dit San-Nereo en riant.

— Et je resterais prisonnière toute la vie, si le comte de Sullauze en personne ne m'ouvrait pas les portes de ma prison.

— Vous devez avoir eu bien des ennuis dans ces deux longs mois?

— J'ai beaucoup lu, reprit Isaure, je me suis fortifiée dans la langue anglaise ; j'ai noirci des masses de papier pour me faire une écriture lisible. Oh! je n'ai pas perdu mon temps.

— Je sais cela, je sais cela, dit San-Nereo avec une intention bien marquée ; je sais aussi que vous avez été obligée de fermer votre porte à beaucoup de visiteurs ennuyeux...

— Figurez-vous donc ce qui me serait arrivé si j'étais sortie! dit Isaure en riant; tous les jours, je fais une très-courte apparition à ma fenêtre, et Dieu m'est témoin que je ne regarde d'autre homme que le Leicester de bronze, qui est à cheval au milieu du *square;* eh bien! cela suffit pour m'attirer, le lendemain, vingt lettres, signées *lord* ou *sir*, qui me demandent la faveur de me rendre une visite, à l'heure convenable du *lunch*.

— C'est vraiment incroyable! remarqua San-Nereo; mais c'est vrai, nous le savons.

— Londres prend les défauts de Paris, continua Isaure; à Paris, une jeune femme isolée, qui a le bonheur de ne pas être laide, attire à elle tous les vieux garçons, tous les jeunes gens sans amour, tous les maris infortunés.

— Elle a raison! dit San-Nereo en riant.

— A Londres, les mêmes mœurs se naturalisent; c'est encore un des bénéfices des chemins de fer. La femme qui n'est pas protégée, comme on dit ici, n'est pas *respectable.* L'hôtel où je suis n'est pas *respectable;* ce *square* n'est pas *respectable.* J'ai déjà fait congédier trois domestiques dans cet hôtel qui n'est pas respectable. Ils entraient pendant mon sommeil et déposaient sur ma table un assortiment de lettres, de cartes, de bijoux et de bouquets. A chaque instant, après midi, ma femme de chambre m'annonce un lord, un marchand de la Cité, un gentleman très-bien mis, un Français en voyage, un député de l'opposition, un ténor italien, un colonel au service de Sa Majesté, un banquier au service de tout le monde, un administrateur de chemin de fer... que sais-je, moi! et j'ai beau ne recevoir personne, l'espoir reste sur mon escalier. Chacun se dit : « Je serai plus heureux que tous les autres, » et tous les autres raisonnent comme chacun. Enfin cela va finir! Demain, je serai une femme respectable, demain j'aurai une protection!

— Oui, dit San-Nereo, demain, à trois heures, le comte de Sullauze vous enlève à cet hôtel.

— Il y a une chose que je redoute, reprit Isaure.

— Laquelle, madame?

— Je ne veux pas avoir l'air de commettre la vertu avec préméditation, et par malheur, les apparences sont contre moi. Un homme moins juste et moins intelligent que M. de Sullauze pourrait voir une adroite tactique de femme dans la façon de vivre que j'ai adoptée ici. Aussi, malgré le désir que j'éprouve de revoir M. de Sullauze, je voudrais encore prolonger mon isolement au delà d'une année, et même plus loin, afin de lui prouver que je suis moins indigne de son affection ou de sa bienveillance. Il est si facile à une femme de garder une conduite réservée pendant deux mois, lorsqu'elle trouve son intérêt dans cette sagesse hypocrite! Comte San-Nereo, me comprenez-vous bien?

— Parfaitement, madame, mais croyez bien que mon beau-père vous saura gré de ces deux mois. Une retraite d'un an n'eût pas mieux plaidé en votre faveur.

— Au reste, dit Isaure en riant, il y a toujours quelques heures amusantes dans ces ennuis de femme assiégée. J'ai là, dans cette boîte, une collection de lettres fort curieuses, dont chacune m'a bien divertie cinq minutes...

— Ah! donnez-m'en quelques échantillons, dit San-Nereo.

— Les hommes qui n'écrivent pas de livres ont la manie d'écrire aux femmes, reprit Isaure; ceux qui écrivent par profession aiment mieux leur parler. J'ai toujours fait cette remarque.

Elle ouvrit la boîte et prit quelques lettres au hasard.

— En voici une de lord... reprit-elle; je vous lis le début :

« Je vivais dans une indifférence heureuse, lorsque votre beauté divine a rayonné devant moi ; elle a ébloui mes yeux, elle a bouleversé mon âme, elle a troublé ma quiétude si douce. Êtes-vous Myrrha, la femme des réalités ? » *Et cœtera...* Quatre pages de ce style.

— C'est, en effet, très-amusant, remarqua San-Nereo.

— En voici une d'un marchand d'or du *Cheapside*... l'adresse est en tête... Voulez-vous la lire ?... c'est très-cavalier.

— Je veux bien, dit San-Nereo en prenant la lettre. Voyons.

« Madame,

» Hier, j'ai passé à Leicester-square, quartier anglais des belles Françaises ; j'ai donné dix livres au garçon de l'hôtel pour savoir votre nom, et je vous écris avec ma franchise de banquier. Il y a un proverbe d'Irlandais qui dit : « Un marin qui part et une femme qui arrive ont » toujours besoin de cinq cents livres sterling. » J'ai trouvé le marin ; j'attends l'autre moitié du proverbe.

» EDMOND SPIEGHERS. »

— Est-il insolent ! dit Isaure. Tenez... en voici une d'un autre genre ; elle est d'un étudiant d'Oxford... Il cite Pope, Shakspeare, Sheridan, Byron, et il m'offre de le suivre dans les montagnes du pays de Galles, *où les forêts, les torrents, les lacs, les colombes, enseignent une science inconnue des universités...* l'amour ! Excellent jeune homme !... En voulez-vous voir d'autres, comte San-Nereo ?

— Mais l'échantillon me suffit. Vous en avez deux cents, au moins ?

— Au moins, comme vous dites... Eh bien ! que le comte de Sullauze me laisse enfermée un an ici, dans ce même hôtel, et je me flatte de lui montrer, après ma reclusion, le style épistolaire de toute la Grande-Bretagne masculine.

— Je le crois, dit San-Nereo.

— Notez bien, reprit Isaure, que je ne tire aucune vanité de ce déluge épistolaire. A ma place, toute autre Française, arrivée à Londres avec une robe de Paris, recevrait le même nombre de lettres, dans le même espace de temps. Et une Anglaise isolée, jeune, blonde, langoureuse, qui ferait tous les jours une apparition sur un balcon de la rue Rivoli, se verrait assiégée de même par les lorgnons et les billets de la terrasse des Feuillants.

— Cela s'est vu et se voit tous les jours, dit San-Nereo.

— Me conseillez-vous de montrer cette collection à M. de Sullauze? demanda Isaure en ouvrant une autre boîte.

— Certainement; c'est même votre devoir.

— Voici une autre collection, reprit Isaure; tous les jours je reçois une ou deux loges d'avant-scène pour le théâtre de Sa Majesté ou pour Drury-Lane. Je garde les coupons, et je passe ma soirée à lire le *Songe d'une nuit du milieu de l'été* ou les *Joyeuses femmes de Windsor* ou *Roméo et Juliette* ou *Macbeth*...

— Dans l'original? demanda San-Nereo.

— Mais oui, monsieur, dans l'original. Lire Shakspeare dans une traduction, c'est ouvrir une ombrelle pour se promener au clair de la lune. J'ai déjà fait trois voyages en Angleterre; je connaissais un peu la langue du pays en y arrivant, et j'ai bien avancé mon éducation dans ces deux derniers mois de séjour. Je veux être tout à fait grande dame, je veux désormais jouer la lady au naturel.

— J'ai toujours remarqué, dit San-Nereo, la facilité avec laquelle une femme, née dans une condition ordinaire, se fait grande dame en peu de temps. La nature a refusé aux hommes ce privilége de transformation.

— Je crois que vous avez raison, comte San-Nereo ; j'ai connu un homme politique qui s'était élevé dans les plus hautes régions de l'État, en traversant tous les salons de Paris. Il parlait supérieurement, s'habillait chez le plus célèbre tailleur, se coiffait comme un jeune premier du Gymnase, se gantait sans faire un pli aux racines des doigts, se chaussait comme une Espagnole de Madrid. Eh bien ! il n'avait jamais pu se faire grande dame, ou, pour mieux dire, homme comme il faut. Il ressemblait toujours à son père, un homme assez mal élevé, qui vendait de la toile écrue dans un village sans nom.

— Madame, dit San-Nereo en se levant, je suis enchanté de voir que vous répondez par instinct, et de votre propre mouvement, aux secrètes intentions du comte de Sullauze ; vous lui donnerez une grande joie à son retour.

— Je suis reconnaissante, voilà tout, dit Isaure en baissant les yeux.

— C'est déjà beaucoup, madame.

— Ce n'est rien, comte San-Nereo ; la reconnaissance suit toujours le bienfait ; à la longue, elle devient un fardeau, et on s'en soulage par l'ingratitude. Voilà ce que je lisais dans le moraliste Addison, l'autre soir. Tous les ingrats sont reconnaissants le lendemain du service reçu.

— C'est assez vrai, remarqua San-Nereo.

— Aussi, comme je vous l'ai dit, je voudrais être soumise à une plus longue épreuve ; mais sa volonté sera la mienne. J'espère bien continuer l'épreuve toujours.

En parlant ainsi, la belle Isaure avait dans son maintien et son organe une distinction si remarquable, qu'elle frappa San-Nereo. Le jeune comte se rappelait tous les détails que son beau-père lui avait donnés sur la femme du Ranelagh et de la rue de Provence, et s'il reconnaissait encore un peu, çà et là, le babil vagabond et piquant de la première manière, il ne reconnaissait plus la Parisienne frivole dans la noble lady du *square* de Leicester. Il crut même devoir prendre une tournure adroite et polie pour lui faire part de son étonnement.

— Monsieur le comte, dit Isaure avec une gravité douce, j'ai pris mon mariage au sérieux; je savais tout ce qui me manquait pour être digne de mes fleurons de comtesse, et j'ai trouvé toutes ces choses absentes en prenant pour modèle la distinction de mon mari. *Je ne suis à son égard*, comme dit Shakspeare, *qu'une image de cire qui a reçu de lui son empreinte* [1]. Hélas! je ne suis pas une étoile, je suis un reflet.

San-Nereo joignit les mains et balbutia quelques paroles, rendues seulement intelligibles par l'émotion qui les accompagnait. Isaure croisa les bras sur son sein, inclina sa tête sur le côté droit, et l'appuyant avec une gracieuse nonchalance sur le sommet de son fauteuil, elle ajouta :

— Vous savez, comte San-Nereo, vous savez par vos lectures, ou par l'étude du monde, que l'éducation du mal se fait très-vite; il y a un proverbe que j'ai lu chez un fabuliste peu connu :

> On est au fond du précipice
> Quand on met le pied sur le bord.

[1] As a form in wax by him imprinted.
SHAK., *Midsummer night's dream*.

Voilà l'éducation du mal. Une chute est toujours très-rapide. L'éducation du bien est un peu plus longue, parce qu'il s'agit de remonter du fond du précipice au bord, mais on remonte toujours quand on le veut bien. La chute dure un instant, l'ascension un jour. J'ai pris deux mois ; c'est beaucoup. Ne me félicitez pas ; M. de Sullauze m'avait tendu la main.

— Oh ! qu'il sera heureux en vous revoyant ! s'écria San-Nereo.

— Mon noble mari, poursuivit Isaure, ne sera nullement étonné de me revoir un peu moins indigne de lui ; M. de Sullauze connaît à fond toutes les choses de ce pauvre monde, et il sait tout ce que je n'oserais lui apprendre. Comte San-Nereo, vous êtes très-jeune, vous, et peut-être puis-je être plus hardie avec vous...

— Parlez, parlez, madame ! dit San-Nereo avec chaleur.

— Ce que je vais vous dire contrariera sans doute quelques-unes de vos idées sur les femmes, idées mises en circulation par des moralistes célibataires, et hargneux dans leurs relations d'amour ! Les hommes ont inventé les coquettes, les femmes sans cœur ; il n'y a point de coquettes, il n'y a point de femmes sans cœur. La femme qui n'aime pas n'a rien trouvé d'aimable, et l'homme, dans son amour-propre effrayant, est toujours décidé à refuser un cœur à la femme qui lui résiste. C'est une coquette. Donnez à cette coquette l'amoureux rêvé, l'homme qui sait être femme, et le cœur existera.

— Cela me paraît juste, remarqua San-Nereo.

— Prenez au hasard cent femmes, poursuivit Isaure ; placez-les comme sœurs de charité dans un hospice ; toutes accepteront leur mission, toutes feront leur devoir ; pas une ne désertera son poste, ni dans les désastres d'une guerre civile, ni dans les horreurs d'une épidémie ; sur cet affreux champ de bataille des infirmeries, pas une ne demandera le fracas d'une fanfare guerrière pour exciter son courage, ou une décoration pour récompenser son dévouement. Elles mourront toutes au chevet des blessés ou des pestiférés, sans songer à retirer de leur mort le moindre bénéfice humain.

— Nous avons toujours vu cela.

— Maintenant, reprit Isaure, pour le même service, prenez cent hommes au hasard, et...

— Je vous arrête là, dit San-Nereo en étendant la main vers la bouche de la jeune femme.

— Je me laisse arrêter volontiers, reprit Isaure en souriant ; on trouverait, je crois, beaucoup de coquettes dans cent hommes pris au hasard, comme frères de charité... Autre chose maintenant, et ceci rentre tout à fait dans le sens de notre entretien... Un homme sachant, non pas lire et écrire, mais sachant aimer, sachant parler, sachant vivre, prendra au hasard, dans les rangs les plus impurs de la société, une femme avec l'intention de réhabiliter cette pauvre créature de Dieu, de la rebaptiser avec le baume de la charité chrétienne, de la relever peu à peu afin de l'élever jusqu'à lui, et à moins de rencontrer l'exception d'une perversité incurable, cette femme ressuscitera d'entre les mortes vivantes, et si l'amour n'existait pas dans le monde, elle l'inventerait pour son généreux libérateur...

— Madame, dit San-Nereo ému, je vous remercie de cette leçon ; elle avancera mon expérience ; je crois fermement à tout ce que vous avez dit.

Il se leva sur ces mots.

— A demain, dit Isaure en se levant aussi ; demain est le *jour heureux qui amène une lune nouvelle,* comme dit Theseus à Hippolyta [1].

— A demain donc, reprit San-Nereo ; j'aurai l'honneur de vous conduire chez votre mari, c'est-à-dire chez vous.

Et le jeune homme sortit enchanté de sa dernière visite, et courut raconter cet entretien au comte de Sullauze ; car, ainsi qu'on l'a peut-être deviné, le comte habitait Londres depuis deux mois, et il soumettait Isaure à une rude épreuve qui devait décider du sort de la jeune femme. Elle avait heureusement pour elle deux vertus de son sexe, le dévouement et la reconnaissance ; et quoiqu'elle fût libre et maîtresse de ses actions, quoiqu'elle eût en son pouvoir assez d'argent comptant pour se croire riche, assez de parures et de bijoux pour compléter sa beauté, elle resta dans son isolement irréprochable, et à force de travailler pour sa réhabilitation, elle la mérita et l'obtint du comte Gaëtan, son mari.

Le lendemain, M. de Sullauze, San-Nereo, Blanche et Isaure célébraient leur réunion, dans un repas de noces, à l'hôtellerie de *Star and Garter,* au délicieux village de Richmond.

C'était le festin de la renaissance de toute une famille. Le changement d'air, de climat, de pays, semblait renvoyer dans une autre vie les événements affreux qui prenaient le caractère d'un rêve dans le souvenir de tous. Ils éprouveraient la même sensation confuse, ceux qui revivraient dans une autre planète, après avoir rendu le der-

[1] Happy day bring another moon.
                                        SHAK.

nier soupir sur la terre. Les visages des quatre convives de Richmond ne gardaient aucune trace des douleurs récentes : on sortait de la convalescence des fièvres du malheur ; il n'y avait plus de larmes pour le passé ; on riait à l'avenir. Isaure de Sullauze faisait les honneurs du festin avec la grâce et la distinction d'une femme du *West-end;* Blanche n'avait pas tout à fait repris son teint éblouissant des jours heureux, mais des nuances vives, éparses déjà sur sa pâleur, annonçaient le retour de la gaieté, comme les douces teintes de l'aurore annoncent le jour. Le comte de Sullauze éclatait en saillies, et rajeunissait à vue d'œil, sous l'auréole de ses cheveux d'argent. San-Nereo ne voyait que Blanche, et quittait rarement sa pose d'adorateur pour se mêler à l'entretien de ses convives. On ne parlait que du présent et de l'avenir. Pas un mot ne faisait jamais allusion aux scènes d'une autre existence. On projetait beaucoup de voyages, et la carte du monde était déployée sur la nappe, à côté de la carte du restaurant; on parlait de gagner Liverpool, ce vestibule de l'Amérique, et de visiter ce voisinage découvert par Christophe Colomb. Le bout du monde était aux portes de l'hôtellerie de *Star and Garter.* Du haut du balcon de la salle des festins, on découvrait un paysage merveilleux, qui ne contribuait pas peu à faire croire à une résurrection dans une autre planète, car rien ne ressemble à la campagne de Richmond, pas même le point de vue de Meudon, ou la terrasse de Saint-Germain : deux admirables choses pourtant. Au fond, dans la vallée, la Tamise prépare ses gouttes d'eau pour les changer en rivière immense et se marier avec l'Océan, comme une pauvre fille ambitieuse qui travaille dans l'obscurité pour épouser un riche voisin. Toutes les collines sont couvertes d'une verdure éblouissante; la plaine se déroule jusqu'à l'horizon toute peuplée d'arbres charmants, toute tapissée des fleurs agrestes de la saison; c'est un haras, un pâturage, un jardin, et dans des proportions infinies. Le soleil des derniers beaux jours animait cet immense paysage de l'Angleterre, et, environnant nos quatre convives de sa sérénité radieuse, il semblait leur dire de croire à l'avenir et de donner à l'espérance le nom de réalité.

FIN D'UNE HISTOIRE DE FAMILLE.

UNE CHASSE AU TIGRE

Dans l'hiver de 1835-36, le hasard m'avait placé dans une loge d'avant-scène, aux Italiens, à côté d'un auditeur somnolent, qui dormait, les yeux ouverts, pendant que la Grisi chantait : *Vieni al tempio, fedel Arturo*, des *Puritains*. Cet homme, me dis-je, doit être un gentilhomme anglais.

Profitant du sommeil de l'auditeur, je demandai à M. le duc de Choiseul le nom de ce dormeur anglais. Ce nom me fit tressaillir et me donna le frisson; c'était sir William Bentinck le roi de l'Inde, après le soleil. Le duc ajouta : — Sir William arrive de Calcutta pour voter, à la chambre haute, où le ministère a besoin d'une voix de plus.

Il y a une question de cabinet en jeu. — Et après? demandai-je au duc. — Après, il retourne à Calcutta.

Ainsi le noble lord sautait un ruisseau pour déposer sa boule; mais ce ruisseau était l'Océan.

Comme je n'aimais qu'avec une modération bien légitime la musique des *Puritains*, je me mis à contempler ce météore indien qui traversait Paris. Il était bien excusable de dormir; je l'aurais même absous de sommeil devant *Otello* et *Semiramide*. — Vous me présenterez à sir William, n'est-ce pas? dis-je au duc de Choiseul. — S'il se réveille, me répondit le duc en riant. — Eh! je vous promets qu'il se réveillera au duo de Lablache et de Tamburini, repris-je.

Ces deux basses, avec leur *Suoni la tromba*, feront leur

partie dans l'orchestre du jugement dernier; l'antechrist es engagera pour réveiller les morts. En effet, sir William bondit sur son fauteuil aux premières mesures de l'étourdissant duo, si aimé du public. Le roi de l'Inde avait cru entendre rugir des tigres, dans les jungles de Calcutta.

Le duc me présenta au noble Anglais ; nous causâmes tigres et éléphants, pendant que les deux basses élevaient leur *gridando libertà* au diapason des ménageries de Madras. Sir William était alors un vert et beau sexagénaire, à taille svelte, mais rappelant un peu cette *proceritate curva*, si bien trouvée par le grand peintre Tacite pour le portrait vivant d'un empereur romain. De tigre en éléphant, il vint à me parler d'une chasse qu'il avait faite dans l'Inde, et qui me parut assez curieuse, car j'arrivais de Marseille, et j'avais assisté à des chasses de grives absentes, sur les collines ornithophobes d'un territoire grec. — Je vous enverrai, me dit sir William, le numéro du *Bombay-Review* qui raconte cette chasse ; vous pourrez l'accommoder à la française, sans faire tort aux détails originaux.

Je remerciai le noble lord. La Grisi chantait d'une voix divine ces paroles un peu lestes, mais que personne ne comprenait. Aux Italiens, personne ne comprend l'italien, excepté Fiorentino et Zaban :

> Vien, diletto ; in ciel e luna
> Tutto tace intorno, intorno ;
> Fin ch'al ciel spunti il giorno,
> Vien ti posar sul mio sen.

Sir William, bercé par cette mélodie, se rendormit. Au final du dernier acte, un gilet rouge parut, et annonça que la chaise de milord était avancée sur le boulevard. Sir William se réveilla, prodigua les *shake-hands* à la société de la loge, et repartit pour Calcutta, en passant par Londres, où il donna sa voix à lord Bathurst. Deux mois après, je reçus le numéro de Bombay, à l'adresse du duc de Choiseul.

J'ai écrit beaucoup de chasses au tigre, dans mes romans ; celle-ci appartient à l'histoire, comme le glorieux nom de sir William Bentinck.

Un jemidar était venu au palais du gouverneur, et avait annoncé aux antichambres une bonne nouvelle ; des antichambres, elle rebondit au salon, où se trouva brillante compagnie : sir William Bentinck, le capitaine Taylor, illustré dans la guerre des Taugs ; le colonel Féneran, le major Harrisson, lady Bentinck, lady Kennet, miss Anna, nièce du gouverneur, et une foule d'invités.

Le jemidar avait découvert deux tigres dans les ruines de la vieille pagode de Senipoor, à deux milles de Calcutta. Tout le monde battit des mains. Depuis longtemps on n'avait flairé le tigre de si près. Le plan d'une chasse fut improvisé pour le lendemain.

Parlez-moi d'une pareille chasse ! Un paysage splendide, un grand soleil ou une grande ombre ; des horizons couverts de lames d'or ; de larges ruisseaux d'eau vive ; des rivières ondoyantes ; des plaines d'euphorbes et d'aloès ; des jardins de balsamines et de pavots rouges ; des bouquets de bananiers largement épanouis ; des perspectives mystérieuses ; d'immenses tapis de velours en gazon ; des ruines sans histoires ; des temples sans nom ; des nuages d'oiseaux couleur d'émeraude ; des solitudes où Dieu parle ; des forêts mornes, où l'homme se tait ; puis, au moment imprévu, un monstre superbe bondit sur les jungles ; tous les cœurs se serrent; la bataille commence; l'émotion enflamme l'air; les doigts tremblent à la détente des carabines; la terre palpite sous les pieds des éléphants!

Comparez cette grande chasse indienne à nos mesquines chasses au cerf, sous un ciel de pluie, entre deux horizons de brouillard, sur un terrain détrempé dans la fange, près d'un étang gris aux eaux plates; et au bout de ces tristes accessoires, un pauvre cerf, animal inoffensif, herbivore, mélancolique, amoureux, père de famille, qui verse des larmes, meurt sous un coutelas, et sert de pâture à une meute de chiens enragés!

Les grandes espèces fauves s'écartent chaque jour un peu plus des villes anglo-indiennes, et se rapprochent des horizons déserts.

Il se fait, depuis quelque temps, un tel bruit de machines sur le Gange, d'artillerie sur les remparts, de mousqueterie dans les campagnes, que les tigres se voyant contrariés dans leurs instincts et leurs traditions de famille, et ne comprenant rien à ces bruyantes énigmes d'une création nouvelle, abandonnent, à reculons, leurs domaines légitimes, et vont chercher des asiles où n'a point encore pénétré le sacrilége fracas de l'industrie, des armes et de la vapeur. Ces animaux, doués d'un très-mauvais naturel, ont encore gagné un degré d'irritation et de rage féline dans ces déménagements domestiques. Ils se montrent aujourd'hui, avec raison, plus intraitables, plus tigres que jamais. L'usurpation anglaise les révolte; la vue d'un habit rouge leur tiraille les nerfs, à trois milles de distance; ils sont furieux contre les Indiens, assez lâches pour accepter paisiblement l'usurpation; ils sont furieux contre les usurpateurs, assez insolents pour leur ravir des droits acquis par soixante siècles de possession, sous prétexte qu'ils ont inventé la poudre; ils sont furieux contre les éléphants, assez infâmes pour mettre leurs forces au service de l'Angleterre, et faire un métier de cheval. Ils sont furieux contre tout, même contre le soleil, qui a toujours ses rayons de chaleur, son sourire, comme à l'âge d'or des tigres, quand le pied d'Albion n'avait pas encore souillé les bords du Gange saint.

Une exaspération inouïe, et fort naturelle, anime donc aujourd'hui toutes les peuplades de tigres, dans les retraites lointaines et inaccessibles où les exila lord Cornwalis en 1799, et après lui sir William Bentinck. Par intervalles, quelques exilés fauves, ennuyés du repaire, rompent leur ban, et veulent voir de près les antiques domaines de la tigrerie adamique et les remparts des usurpateurs. Ce sont ordinairement des tigres célibataires ou insensés qui tentent ces périlleuses explorations; ce sont quelquefois deux vieux amis insociables, ahuris par les récriminations aiguës de leurs voisins, et qui se décident à déménager, coûte que coûte, pour ne plus entendre ces aigres criailleries contre l'Angleterre et le concert de bravades stridentes, qui n'arrive jamais à l'oreille des usurpateurs. Ainsi, aujourd'hui, les tigres isolés, qui viennent fournir un prétexte de chasse, sont des curieux, des fous, des dissidents, des sectaires, des Alcestes, éclaboussure fauve et zébrée d'un volcan lointain.

Les chasseurs partirent de Calcutta, une heure avant le lever du soleil; ils étaient tous à cheval provisoirement; en tête marchaient sir William, le major Harrisson, le capitaine Taylor[1], lady Kennet et miss Anna. Les invités ve-

[1] Auteur d'un excellent ouvrage sur la guerre des Taugs, publié à

naient ensuite; les kansamans ou domestiques indiens fermaient la marche. On chevaucha une demi-heure, et les chasseurs arrivèrent au *Baghaderi*, ou villa du gouverneur, par une belle avenue de *cassuarinas*, arbres charmants, dont les feuilles légères frissonnent à la moindre brise, comme des grappes de sensitives, en imitant le murmure de la mer sur le sable du Coromandel. Les mahouts (cornacs) avaient préparé les éléphants de chasse, devant le péristyle du *Baghaderi;* ils étaient tous là, immobiles sur leurs quatre pieds (ces nobles animaux n'ont point de pattes) comme une collection de pagodes tétrastyles, élevées à la gloire d'Iravalti, l'éléphant favori d'Indra. Les cornacs ordonnèrent à ces colosses de ployer les genoux; on appliqua des échelles sur leurs carapaces rugueuses, et les chasseurs, hommes et femmes, montèrent et s'assirent dans les *howdahs*, incrustés comme des *cabs* sans roues au dos des éléphants.

Quand tous eurent pris leurs places à l'escalade, les cornacs firent relever les colosses, en leur disant : *Outh, Hasté, Jee; doucement, tout doucement, mes petits.* Ensuite ils leur adressèrent la recommandation d'usage, mentionnée dans le bel ouvrage du comte Édouard de Warren, officier anglais : — Éléphants, soyez bien sages, ne jouez pas avec votre trompe, comportez-vous avec prudence, ne volez rien dans les jardins. Si nous sommes contents de vous, nous vous donnerons de bonnes herbes fraîches au retour.

Si on recommandait la même chose à des hommes, ils volerait des fruits dans les jardins, ils se comporteraient

---

Londres, en quatre volumes, *War of Nizam*. Quelques hauts critiques m'ont reproché d'avoir inventé la *Guerre du Nizam*. Hélas! non!

mal, ils joueraient avec leur nez, ils riraient du précepteur ; mais les éléphants ne plaisantent pas avec les sages avis ; il les recueillent avec les cavernes de leurs oreilles et les suivent religieusement. Les éléphants sont les meilleurs des hommes, et s'ils ne font jamais de sottises, c'est que Dieu leur a refusé la parole, pour les empêcher de se faire avocats. Le jemidar, chef de la chasse, consulta la brise de l'aurore, et fit ses dispositions pour ne laisser arriver aucune émanation humaine aux narines infaillibles du formidable gibier.

L'air était fortement assaisonné de toutes les senteurs des arbres à épices ; on traversait un champ semé de noyers de muscade, de girofliers et de cardamones, et ces parfums, ravivés par l'approche du soleil, neutralisaient les émanations ennemies, et rassuraient les chasseurs. Les tigres, après avoir rôdé toute la nuit, savouraient les douceurs du sommeil dans une crevasse des ruines de la pagode de Senipoor. Ils avaient fait élection de domicile au milieu de ces pierres mousseuses, d'après un raisonnement assez juste pour des cervelles de tigre : les ruines, pensaient-ils, attestent que l'homme a été violemment chassé d'un endroit, et qu'il n'ose plus les rebâtir pour y rentrer. Ce qui cause la terreur et la fuite de l'homme doit être propice aux tigres. Nous serons très-bien logés ici et en toute sécurité. Sur la foi de cette douce erreur, nos deux tigres faisaient des rêves délicieux ; ils voyaient les gazelles sortir de la porte d'Ivoire, marcher à l'abreuvoir et se réjouir de l'eau pure, et ils tombaient d'un bond sur cette proie, la dévoraient avec une sensualité brillatsavarine ; et ensuite, se posant en sphinx et mouillant leurs griffes d'une salive distillée sur leurs dents, ils caressaient leurs mufles et leurs oreilles, comme des chats heureux dans une boutique de changeur au boulevard Italien. Cruel réveil! la terre trembla sous les ruines de la pagode. Un tigre, celui qui avait le sommeil le plus léger, se réveilla en sursaut et poussa un cri rauque en voyant le soleil qui *spinchait* à l'horizon.

Les tigres n'aiment pas le soleil, comme les *noirs habitants des déserts* dont parle l'ode de Pompignan. Si nous portions une fourrure comme les tigres, nous n'aimerions pas le soleil aussi et nous vivrions la nuit. Le tigre éleva sa tête au-dessus d'un massif de figuiers sauvages, et toute la peau de son mufle se contracta et se retira des narines au front. Il venait de voir à très-peu de distance un cercle d'éléphants et d'usurpateurs! D'un coup de griffe, il réveilla son compagnon et sembla lui dire : — Voilà les Anglais! Les deux monstres se placèrent côte à côte, et regardèrent l'ennemi en exécutant en sourdine, *arcades ambo*, un duo félin hérissé de notes crochues, de plaintes glauques, de gammes sourdes et dont les paroles, écrites par un librettiste, pourraient être celles-ci :

> O peine cruelle!
> O douleur mortelle!
> Mortels odieux,
> Dont l'âme cruelle
> Nous trouble en ces lieux!

Ces paroles ne sont pas de moi, bien entendu! j'ai compté deux cent vingt-un *en ces lieux* dans un seul opéra. — Que faut-il faire? demanda par un geste expressif l'un des tigres à son camarade. Il était temps de prendre une résolution après le duo. Se laisser enfumer comme d'ignobles lapins dans un terrier, ou s'élancer hardiment sur l'ennemi, faire une brèche au cercle, et trouver le salut ou la mort. Les deux tigres se regardèrent et adoptèrent ce dernier parti. Aussitôt ils bondirent sur une plateforme de ruines, et se mirent à découvert.

Ils étaient superbes; leurs yeux éteignaient les rayons du jour; leurs oreilles frétillaient, leurs queues ondulaient comme des boas. Un frisson de joie et de terreur courut dans le cercle; les carabines résonnèrent aux mains des vaillants; les femmes mirent leurs mains sur leurs yeux; le jemidar agita le *flah* d'Angleterre; les éléphants élevèrent leurs trompes, et mirent les défenses du côté du péril. Le cercle se rétrécissait toujours avec une lenteur solennelle. Miss Anna, qui était assise à côté du capitaine Taylor, dans le même *howdah*, lui dit : — Comment, monsieur, vous osez rire dans un moment pareil? — Miss Anna, répondit Taylor, dans toute chasse au tigre, il est convenu qu'un gentilhomme doit toujours rire, même sans motif. Devant une femme, c'est une galanterie indienne. Le rire est plus rassurant qu'un mot. — Alors vous n'avez nulle envie de rire? reprit la jeune fille. — Nulle envie, dit Taylor en éclatant de rire. L'usage veut que je sois galant. J'obéis à l'usage. Miss Anna poussa un cri. Le capitaine Taylor ajusta sa carabine; il ne riait plus. Les deux tigres venaient de se précipiter du haut des ruines, et leurs bonds décrivaient des arches dans les airs. Cinquante coups de feu retentirent à la fois; aucune balle n'avait atteint les tigres au vol. Ils reparurent dans des éclaircies de fumée, et cette fois plus terribles encore; leurs mugissements déchiraient l'épiderme des chasseurs comme une griffe invisible; leurs bonds se multipliaient et tourbillonnaient avec une telle promptitude que les yeux, éblouis déjà par le soleil, croyaient voir toute une meute de tigres dans un cercle de feu dont les murs étaient taillés en éléphants. Les balles tombaient là où volaient des ombres ; les corps avaient disparu dans un éclair. La rage des deux monstres arrivait à son paroxysme et leur donnait le courage des lions. L'un d'eux attaqua bravement l'éléphant citadelle où miss Anna, convulsive d'épouvante, savourait des émotions anglaises et se créait des souvenirs. — Courage ! Kindly, cria le cornac à l'éléphant. — Courage ! Kindly, dit la jeune fille d'une voix douce qui agita les oreilles du colosse.

Et le cornac piqua de la pointe de sa hallebarde d'acier la plaie vive entretenue au cou des éléphants ; c'est le coup d'éperon. Kindly, calme comme un bloc de Labiata, reçut le tigre à la pointe de ses défenses ; il l'enleva comme un agneau accroché à un clou des abattoirs, le fit retomber lourdement sur l'herbe, et d'un coup de trompe il l'assomma.

L'excellente maîtresse nature a enseigné aux éléphants cet ingénieux procédé pour se délivrer d'un tigre dans une rencontre fortuite au désert. — Bravo ! Kindly, dit la jeune fille en battant des mains.

Le colosse releva sa trompe à défaut de mains, du côté de miss Anna, comme pour lui dire : J'ai fait cela dans l'intention d'obéir à une si charmante voix. L'autre tigre connaissait probablement mieux, par instinct ou expérience, le procédé trop expéditif des éléphants ; blessé deux fois à l'attaque d'une tangente jugée plus faible, il se repliait toujours, comme un clown qui saute du tremplin en arrière, et revenait à la charge pour faire sa trouée dans un vallon d'éléphants. Sir William Bentinck, debout sur son *howdah*, comme un amiral sur son banc de quart, suivait tous les incidents de la chasse avec un dandysme superbe, et, dans les courts moments de répit, il lisait un article du *Times*, arrivé dans la nuit par l'*India-Mail*. Tout à coup le tigre se précipite dans la direction du noble gouverneur de l'Inde, comme dans les mêlées antiques un guerrier au désespoir cherchait le général ennemi pour acheter la victoire en le tuant. Le noble lord quitta le *Times*, prit sa carabine de Birmingham, ajusta le tigre, et le cirque retentit d'applaudissements : on vit l'animal tomber, bondir, se débattre contre la mort, se rouler dans les hautes herbes, et retomber lourdement, avec la roideur du cadavre. Sir William avait repris son journal. Les *kansamans* placèrent les deux trophées sur un brancard de feuillages, et les chasseurs rentrèrent triomphalement à Calcutta.

PARIS FUTUR

Paris ne sera véritablement Paris qu'au vingtième siècle. On a beau démolir la vieille ville du moyen âge, percer des rues nouvelles, marier des palais avec des traits d'union, bâtir des kilomètres de boutiques, planter des promenades, inventer des rivières, creuser des étangs artificiels ; Paris, malgré ces heureuses révolutions maçonniques, restera toujours la ville pluvieuse, la ville sombre, la ville fangeuse, la ville embarrassée d'Henri IV et de Boileau.

Il faut rendre enfin Paris habitable, et surtout instituer le divorce de l'homme et du parapluie. L'homme ne naît pas pour ouvrir et fermer un parapluie jusqu'à sa mort.

La pluie est, depuis Pharamond, élu *sous* un *pavois* (parapluie), la geôlière des Parisiens. Tout Parisien est condamné en naissant, par la pluie, à dix ans de prison. Cela dure depuis quatorze siècles.

On s'est insurgé contre toutes les tyrannies, on les a toutes renversées ; deux tyrannies seules sont encore debout : la pluie et le portier !

C'est le soleil d'Austerlitz ! a dit Napoléon plusieurs fois. Ces quatre mots font réfléchir. Il y avait donc un soleil à Austerlitz, bataille livrée le 2 décembre, au nord.

Nous lisons aussi, dans les histoires, cette phrase : « Ce fut un beau spectacle ! Les cuirassiers de Caulincourt se précipitaient sur la grande redoute, défendue par soixante pièces de canon, et au même moment le soleil, voilé depuis le matin, resplendit sur les cuirasses des cavaliers. » La scène se passe au mois de septembre, à Borodino, près de Moscou, dans un pays où le soleil n'est connu que de réputation, ce qui oblige tous les czars, depuis Pierre le Petit, à regarder toujours l'Orient, comme des Tantales glacés. Austerlitz, Borodino, Moscou, nous prouvent donc qu'il y a un procédé ingénieux pour nous donner du soleil, même en plein hiver, même en plein nord. Il s'agit de tirer force coups de canon. Le 2 décembre 1805 et le 7 septembre 1812, Austerlitz et Borodino auraient gardé leur éternelle coupole de brouillard pluvieux; heureusement, la France passe par là, tire quelques milliers de coups de canon, et montre le soleil aux Moscovites ébahis. Le général russe Bagration, blessé sur la grande route, prononça en tombant ces mémorables paroles : « Je meurs content; j'ai vu le soleil. » Il nous devait ce bonheur.

Ces grands exemples historiques seront-ils perdus pour l'avenir atmosphérique de Paris? Non. Le remède sera d'abord accueilli comme un paradoxe; puis il aura le sort de tous les paradoxes : il sortira de son puits, un miroir à la main.

Les édiles futurs, exonérés des emprunts de cinquante millions, élèveront un jour douze tours cyclopéennes, une par arrondissement; des tours de cent mètres de hauteur, ce sera déjà superbe, comme point de vue. Le sommet de chaque tour sera garni d'une batterie circulaire de cent pièces de canon, et au moindre nuage levé sur un point cardinal quelconque, feu partout ! Le nuage ira faire ses rassemblements autre part qu'aux portes Saint-Martin ou

Saint-Denis ; il ira crever sur la campagne et féconder les jardins ; on n'en reverra plus trace au-dessus de Paris. C'est la guerre déclarée aux ennemis de l'air. Tant pis pour les marchands de parapluies, successeurs de Pharamond ; ils changeront de métier, comme les aubergistes des diligences et les postillons. Les Parisiens diront chaque jour, en passant à pied sec devant la colonne Vendôme : Voilà le soleil d'Austerlitz ! Trois cent soixante-cinq soleils d'Austerlitz par an. Les marchands de parapluies vendront des ombrelles, s'ils ne veulent pas changer d'état.

Mais ce n'est pas le seul service que peuvent rendre les douze tours des douze arrondissements.

Sous les dernières années du règne oisif de Louis-Philippe, on a vu, sur la place du Carrousel, un phare qui ressemblait à une miniature du soleil. Simple essai, modeste germe d'une chose immense qui doit resplendir un jour, c'est-à-dire une nuit, sur les vingt mille toits de la capitale.

On centuplera, dix fois s'il le faut, la puissance lumineuse du phare du Carrousel ; on fera tourner douze soleils de flamme électrique, ou de *but-lite*, au sommet des douze tours *imbrifuges*, et chaque soir le jour sera rallumé, après le coucher du soleil ; on supprimera la nuit odieuse, *nox atra*, cette mère des crimes, cette complice des larrons et des assassins. On y verra clair en plein minuit. Plus de patrouilles grises ; plus de sentinelles enrhumées ; plus de rondes-majors ; plus d'explosions de gaz ; plus de garde nationale. Que de bienfaits !

Poursuivons cette œuvre d'avenir.

Autre paradoxe : Il n'y a pas de fontaines à Paris. La naïade qui croit que les flots sculptés par Jean Goujon lui appartiennent, *fluctus credidit esse suos*, se trompe. Une naïade est obligée par sa profession à faire de l'eau claire, et les porteurs d'eau ne pêchent qu'une eau trouble dans les fontaines de Paris.

Comment se fait-il que Paris, ville essentiellement académique, ville qui a imité les Romains dans les comédies, les tragédies, les arcs de triomphe, les colonnes votives, les temples, les séditions populaires, à tel point que Paris aurait vécu quatorze siècles, les bras croisés, si Rome n'avait pas inventé les colonnes, les tragédies, les batailles, les places Vendôme, les chambres des députés, les pleins cintres, les génies suspendus sur le pied droit, les Renommées, les cirques, les séditions de forum, les Brutus, les Cassius, les guerres civiles, les vers alexandrins, les avocats, les arcs de triomphe, les portiers, les académiciens, les Champs de Mars, les esclaves insulteurs, les colonnes rostrales, les statues de jardin, les femmes libres, les saturnales; comment se fait-il, dis-je, que Paris ait oublié les aqueducs d'eau de source, dans ses innombrables imitations?

Les aqueducs! quelle lacune!

Les Romains avaient une rivière aussi, une rivière jaune, comme la Seine; ils auraient pu faire couler des échantillons du Tibre non filtré dans des fontaines artificielles; mais leurs édiles avaient trop de respect pour les augustes lèvres du peuple-roi. Ils construisirent, à frais énormes, des successions infinies de lignes monumentales, *qui apportaient l'eau au peuple-roi sur des arcs de triomphe*, selon la belle expression de Châteaubriand.

Dès qu'on découvrait une source de qualité supérieure, une eau-Laffitte, une naïade-Chambertin, comme l'eau-

vierge, par exemple, on prenait ce trésor liquide et on le lançait aux lèvres altérées des Romains, à travers trente kilomètres d'aqueducs.

Tant pis pour les marchands de falerne frelaté, ou de massique baptisé d'eau lustrale! Le peuple, amoureux de la naïade nouvelle, s'enivrait dans une orgie hydraulique, et désertait les antres des faux Bacchus, couronnés de lierre, aux angles des carrefours.

L'imitation parisienne sera tardive, mais elle viendra. Paris aura des fontaines sérieuses, comme la *Barcaccia*, comme *Trevi*, et la place *Navone*. Il est temps qu'on boive de l'eau dans le département de la Seine. Les faux Bacchus ont assez fait de mal aux amateurs de campêche liquéfié.

La Seine, comme le Tibre, est une pourvoyeuse de baignoires ou une école de natation ; elle ne coule pas pour abreuver des gosiers humains : si on voyait au microscope solaire les infâmes atomes qu'elle charrie, on mourrait de soif devant un verre de son eau.

Dans le midi, la bonté savoureuse des eaux de source rend les peuples sobres, et leur épargne le vice de l'ivrognerie.

Cette hideuse locution *pourboire*, passée dans les mœurs du nord, flétrirait l'ouvrier méridional, s'il s'en servait. On ne se fortifie pas avec du campêche alcoolisé.

A Rome, les athlètes buvaient de l'eau; Milon de Crotone n'est jamais entré chez un marchand de vin, et il assommait un bœuf d'un coup de poing : si nous croyons à l'hyperbole, mettons un veau, ce ne sera déjà pas mal.

Les collines des environs de Paris sont des réservoirs immenses qui attendent des lignes d'aqueducs, et des sociétés par actions, pour inonder nos fontaines de naïades vierges; il en viendra du haut Meudon, de Franconville, d'Ermont, de Saint-Leu-Taverny, de toutes ces collines ou petites montagnes, voisines de Paris, comme les hauteurs du Soracte et de Tibur sont voisines de Rome, distance égale à peu près.

La Providence n'éloigne jamais ses réservoirs de la lèvre des altérés, elle qui a dit : *Donnez à boire à ceux qui ont soif.*

Cet ordre ne s'adressait pas aux marchands de vin.

Cette même bonne Providence veille sur Paris avec un soin tout maternel, et sa vigilance redouble à mesure que les voies de circulation s'encombrent de roues, de chevaux et de piétons.

Autre chose promise à l'avenir.

Ce que nous voyons aujourd'hui sur nos boulevards ne peut pas durer longtemps ; c'est imposer trop de soins à la Providence, gardienne économique du pavé public et du macadam.

Choisissez sur le boulevard un point d'observation ; par exemple, l'espace qui sépare le passage Jouffroy du passage des Panoramas.

On assiste, pendant des heures entières, à un étrange spectacle.

Au milieu, roulent, marchent, volent, galopent, dans un pêle-mêle affreux, les fiacres, les omnibus, les coupés, les citadines, les milords, les équipages, les charrettes, les camions, les diligences, les tilburys, les trains d'artillerie, toutes les machines inventées pour broyer les pavés, écraser les orteils, tuer les chevaux, étourdir les oreilles, arrêter les passants.

Dans ce tourbillon se démènent sur la pointe des pieds,

le parapluie en main, de hardis piétons, plus compromis que des Turcs dans une sortie de Silistria.

Sur le seuil des passages, hommes et femmes, immobiles comme les ombres du Styx, *ripæ ulterioris amore*, attendent le moins dangereux des moments pour traverser ce boulevard hérissé de périls, ce détroit de Magellan, où les écueils mobiles se croisent; ce long archipel où les Cyclades attelées poursuivent les voyageurs; ce gouffre sombre où deux yeux ne suffisent plus pour voir Charybde à gauche et à droite Scylla.

Et nous ne sommes encore qu'à la première époque du Paris-Aurélien! La voie Appienne n'a pas encore planté ses deux bornes milliaires sur les deux mers.

Vienne un chemin de fer complet ; vienne seulement l'année 1855, avec son concours olympique, et nous verrons des piétons trop prudents ou pusillanimes retenus des journées entières sur l'un des côtés du boulevard, sans trouver une faible éclaircie d'un moment qui leur promette un passage heureux.

Les ombres du Styx attendaient un siècle quelquefois pour passer de l'autre côté, mais elles avaient cette patience que donnent l'absence des affaires et la mort.

Le jour qui verra une distraction de la Providence sur ce passage du boulevard verra aussi éclater une proposition au sein des édiles parisiens.

Une voix municipale dira: «Puisqu'on jette des ponts sur les fleuves morts, il faut en jeter sur les fleuves vivants. »

Des actionnaires peut-être se réuniront pour bâtir ces ponts à leurs frais, et ils feront fortune, si on les autorise.

Le premier pont qui servira de modèle sera construit entre le passage Jouffroy et les Panoramas, au confluent de deux villes énormes, dont l'une a toujours des affaires urgentes chez l'autre.

Ce pont aura une arche colossale ; on le traversera en montant deux larges escaliers ; il sera surmonté d'une galerie couverte, avec restaurants, cafés, cabinets de lecture, ayant fenêtres et balcons ouverts sur les deux horizons du boulevard. Le succès d'un premier pont déterminera d'autres actionnaires à opérer sur d'autres points.

On traversera les boulevards comme on traverse la Seine, depuis les Invalides jusqu'au jardin des Plantes ; les périls de la traversée seront supprimés sur la terre et sur l'eau, et la Providence respirera.

Ces ponts jetés sur les boulevards feront créer un genre nouveau en architecture monumentale ; ils marieront leurs grandes lignes aux toitures infinies des édifices et aux majestueuses perspectives des horizons.

Mais de toutes ces améliorations promises à l'avenir, la plus importante est sans contredit celle qui purifiera l'atmosphère parisienne, rendra la pluie moins fréquente, et saura tenir à distance ce nuage intolérable qui crache éternellement au visage d'une honnête population.

Puisque Pharamond a commis l'énorme faute de fonder une ville sur un terrain toujours exposé aux débordements de l'urne des tristes Hyades, il faut songer à corriger de notre mieux la bévue topographique de ce royal industriel, marchand de pavois.

Aussi, je me plais à reparler encore de ces douze tours *imbrifuges* qui doivent dissiper, sans sommation, les rassemblements de nuages sur la ville de Paris.

L'artillerie, comme tous les poisons, porte en elle un remède mystérieux.

Dieu n'aurait pas permis que la poudre fût inventée, si elle devait servir éternellement à la destruction de l'homme.

L'avenir du monde, c'est l'extinction de la guerre, c'est la paix.

Les grandes cités ont leurs maladies, comme les individus ; la pluie est le plus grand des fléaux urbains ; elle détrempe les édifices, mine les murs, perce les toits, et donne l'ennui, les rhumatismes et l'humidité.

Elle réjouit cinq ou six directeurs de théâtres couverts, voilà tout ; elle ruine tous les autres établissements publics.

Le jardin de Tivoli a disparu après un été de cent cinquante jours pluvieux.

Il faut donc se rendre maître de ce fléau, comme on a fait pour le tonnerre : puisque Franklin a arraché la foudre au ciel, *eripuit cœlo fulmen,* on peut renvoyer la pluie aux nuages, c'est plus aisé.

En consultant une collection du *Moniteur* depuis 1792 jusqu'à nos jours, on verra cette phrase, à peu près reproduite dans le même ordre de mots : « Dès que le cortége a paru, le ciel, qui jusqu'à ce moment était pluvieux, a repris sa sérénité, et le soleil a brillé dans tout son éclat. »

Le soleil a éclairé l'entrée solennelle, à Paris, de tous les gouvernements à cheval ; l'entrée des rois, des dictateurs, des républiques, des gouvernements provisoires, des monarques quasi légitimes, des présidents, des empereurs.

Est-ce que le soleil était bien aise de voir ces cérémonies, et de donner à toutes la même approbation ? Pas le moins du monde. Tout cela lui est bien égal. C'est que toujours, au moment où les gouvernements équestres entrent à Paris, on tire cent et un coups de canon, et les nuages prennent la fuite comme des émeutiers. Bon gré mal gré, le soleil est alors bien obligé de voir passer le cortége, et de le couvrir de rayons.

Maintenant, jugez de l'effet de l'artillerie *imbrifuge* lorsqu'elle opérera, non plus sur les plates-bandes des Invalides, mais sur des tours de cent mètres de hauteur, tirant sur les nuages à brûle-pourpoint! L'Académie des sciences exceptée, le résultat paraît-il douteux à quelqu'un?

Mettez ensuite la chose au pire, et supposons que ces douze tours ne seront jamais des parapluies; qu'elles auront moins d'efficacité que les canons d'Austerlitz, de Moskowa, des Invalides, et qu'enfin elles resteront debout, dans leur inutilité monumentale, comme les fortifications bâties par Louis-Philippe autour de Paris.

Eh bien! on peut leur donner d'autres destinations; d'abord, celle de servir de candélabres cyclopéens aux soleils nocturnes de gaz électrique, et, au besoin, d'annoncer véridiquement, par la main d'un horloger artilleur, les quatre divisions des heures à ce bon peuple parisien qui passe la moitié de sa vie à demander l'heure qu'il est. Les montres invalides et les cadrans menteurs trouveraient ainsi un correctif sonore, à toutes les quinze minutes du jour.

Enfin, si, comme nous le pensons, ces douze tours répondaient à la triple destination de chasser les nuages, d'éclairer Paris, et de tirer l'heure, le bon peuple aurait là, devant lui, un amusement continuel, moins coûteux et aussi émouvant que la loterie. Cette guerre aérienne, la seule possible dans un très-prochain avenir, aura un intérêt toujours nouveau, et jamais épuisé. Le peuple n'aura pas à consulter des bulletins et des dépêches télégraphiques; il lira chaque bataille sur la grande page du ciel.

En été, le vend du sud, généralissime des nuages, conduira son armée, par vieille habitude, sur les frontières de Paris. La tour du dixième arrondissement tirera le canon d'alarme, et on répondra sur toute la ligne avec des voix d'Austerlitz. Ce sera toujours très-court, mais toujours très-décisif. Si la bataille se prolongeait, le peuple perdrait trop de temps sur les places publiques et sur les toits.

Pourquoi Louis-Philippe n'a-t-il pas employé à combattre cette pluie toujours présente, une partie des millions, consacrés circulairement à combattre des ennemis qui ne se présenteront jamais?

L'avenir, qui vient toujours trop tard pour les vivants, verra ces choses, et bien d'autres encore, car le monde est né, ces jours-ci, de l'union de la vapeur et du chemin de fer.

Tout ce qui existait avant-hier n'a plus sa raison d'être; l'ordre nouveau est déjà l'antipode de l'ancien; l'impossible va régénérer le monde; les intérêts ne désunissent plus, ils unissent; Nelson fraternise avec d'Estaing; il n'y a plus de distance; les roues sont des ailes, les montagnes des corridors, les navires des arches de ponts, les océans des ruisseaux. Que va-t-il donc se passer après notre génération? Il est permis de supposer l'incroyable, de rêver le merveilleux, d'admettre l'infini. Nos heureux enfants vont recommencer la Genèse. Que ne sommes-nous nos enfants!

———

M. Victor Meunier ayant répondu à M. Méry, dans le journal *la Presse*, à ce sujet, M. Méry a publié le lendemain ce qui suit dans le même journal :

A M. VICTOR MEUNIER.

« Monsieur et cher confrère,

» Vous avez rendu, je crois, un grand service aux Parisiens de l'avenir en tirant de l'oubli un paradoxe vieux de quinze jours, et que j'ai publié dans le feuilleton de la *Presse*, à la même place où je demandais, en 1847, toujours en forme de paradoxe, la démolition de toutes les rues insalubres de la ville de Paris, ce qui me valut l'ironie écrasante d'un journaliste grave et officiel. La polémique ressuscite les idées mortes, et les fait vivre jusqu'au jour de la réalisation.

» Le grand nom de l'illustre Arago, se mêlant à cette polémique, lui donne encore un intérêt qui portera son fruit tôt ou tard. Je m'incline devant cette autorité sans rivale, mais je me permettrai quelques respectueuses observations.

» M. Arago, dites-vous, a remarqué que le tir de Vincennes n'avait eu aucune influence sur l'état atmosphérique de Paris. Cela me paraît incontestable; mais j'ai appris, par expérience personnelle, que le même tir a une grande influence sur l'état atmosphérique de Vincennes. J'ai assisté, en 1828, à toutes les écoles de tir, au polygone de Vincennes. M. le colonel de Saint-Cyr y commandait alors un régiment d'artillerie de la garde. Tous les matins, à cinq heures, je me rendais, en amateur, à la batterie qui détruisait les cibles du polygone à trois cents toises de distance. L'aurore ne se levait pas toujours avec des doigts de rose; mais après les premiers coups de canon, et surtout après les décharges d'obusiers et des grands mortiers à bombes, le ciel s'éclaircissait, et le soleil ne manquait jamais de luire dans tout son éclat. En septembre et octobre, je n'ai pas vu un seul jour de pluie à Vincennes, et pendant ces deux mois il pleuvait souvent à Paris. J'ai consigné cette remarque dans une lettre adressée au journal le *Courrier français*; vous voyez que mon horreur pour la tyrannie de la pluie date de loin. Si je reviens aujourd'hui sur ce sujet, c'est dans l'espérance de trouver un remède contre un fléau qui se prépare encore à mouiller, à noircir, à moisir un Paris rebâti à neuf, un Paris à mettre sous cloche, comme la tour de Giotto le Florentin.

» Arago, dites-vous encore, cite plusieurs canonnades maritimes qui n'ont arrêté ni les nuages ni le tonnerre; cela se comprend et s'explique très-bien en faveur de la théorie. Ces canonnades n'arrêtaient rien, précisément parce qu'elles étaient maritimes, et qu'elles laissaient, pour ainsi dire, tomber dans l'eau tout le bénéfice de cet ébranlement atmosphérique qui dissipait les nuages à Austerlitz et à Borodino.

» Le *son*, comme la lumière, dit Fontenelle, ne rebondit que sur les corps solides; il est absorbé par les grandes surfaces liquides; il ne peut donc remonter de l'océan aux nuages avec cette énergie d'action qui purifie l'air supérieur. Au reste, en admettant que le bruit du canon ait été impuissant quelquefois, on constate toujours une exception très-favorable à la règle générale, et on est obligé d'aller chercher sur l'eau un exemple que la terre ne fournit pas dans ses batailles depuis l'invention du canon.

» Prenons toujours d'ailleurs nos exemples à Paris, et non pas à Rio-Janeiro; les orages des tropiques sont exceptionnels aussi, et jamais le ciel plat et indolent du Nord n'en confectionna de pareils. L'histoire à la main, il est facile de démontrer que toutes les entrées solennelles des gouvernements ont ramené le soleil avec leur cent et un coups de canon, ainsi que je l'ai déjà remarqué une fois. Aujourd'hui, j'irai plus loin, dans l'intérêt de mon système, et j'affirme que toutes les journées de sédition parisienne, où le canon et la fusillade sont intervenus, n'ont jamais été mouillées par la pluie, depuis le 14 juillet 1789 et le 10 août. Le soleil de la Bastille est proverbial comme celui d'Austerlitz, et l'infortunée madame Élisabeth donna, comme on sait, *un mélancolique regard au soleil du 10 août.*

» Les 14, 15 et 16 juillet 1853 et 1854, nous avons subi cette pluie anniversaire toujours mise par le Parisien sur le compte de saint Médard. Le 10 août prochain, je ne parierai pas pour le soleil. En 1830, les ordonnances de M. de Polignac paraissent le 25 juillet, par un temps gris. Le canon et la fusillade interviennent, le ciel s'éclaircit, et jamais Paris n'a vu trois plus beaux jours. Le *soleil des Trois Jours* devient encore proverbial. Le 30 juillet, dans la nuit, trente-six heures après la bataille tridenne, la pluie tombe sur Paris.

» Notez bien qu'à Paris, toute journée chauffée à trente degrés centigrades se dénoue par un orage au coucher du soleil; c'est invariable; les cochers le savent mieux que les savants. Eh bien! en juillet 1830, nous avons vu trois jours consécutifs de vingt-huit degrés Réaumur, avec un ciel d'un indigo acharné. La longue et funèbre bataille de juin 1848 a commencé par un orage, mais la pluie a cessé bientôt, douze jours après Saint-Médard, et nous avons eu un été fort beau et exceptionnel. Je pourrais prolonger mes citations de preuves à l'appui, car j'ai bien des dates encore en réserve pour l'occasion.

» Parmi les nombreuses lettres qui m'ont été adressées au bureau de la *Presse;* dans celles que vous avez reçues, mon cher confrère ; dans votre excellent feuilleton, *Sciences,* et dans le volume de l'illustre Arago, publié hier, il n'est question, je crois, que de l'influence du canon tiré à niveau du sol ou à fleur d'océan ; ma théorie, veuillez bien le remarquer, prend les choses de plus haut.

» C'est une bonne guerre à faire aux nuages dans le voisinage de leur domaine aérien. Il s'agit de mettre les pacifiques batteries d'Austerlitz, de Borodino, de la Bastille, de 1830, du 24 juin, à cent mètres de hauteur, pour centupler leur efficacité victorieuse et amoindrir un fracas horrible qui, d'ailleurs, serait plus tolérable qu'on ne pense pour nos oreilles, habituées au tonnerre des omnibus et à l'orchestre des opéras.

» Je reviens donc à mes tours *imbrifuges,* à mes forts détachés de la pluie et du beau temps. Ce sera la guerre de la paix; la question du soleil doit venir après la question d'Orient; c'est la logique du ciel.

» Un jour, — et au train dont marche la truelle, ce jour est proche, — un jour, la maçonnerie ouvrière aura terminé sa grande œuvre; il n'y aura plus rien à démolir, plus rien à bâtir. Rome de marbre a remplacé Rome de briques. Paris est vêtu de neuf de la tête aux pieds, comme un jeune marié qui va épouser la Chine disponible. La truelle et le marteau reposent en sautoir sur un écusson de macadam.

» Nous sommes au septième jour de la Genèse nouvelle ; il n'y a plus rien à faire, et nous trouvons, comme le Créateur, que *cela est bon*. Quarante mille ouvriers, en retraite, les bras en croix, trouvent que *cela est mauvais*.

» Faudra-t-il encore prendre des bastilles, et faire des juillet 1830 et des juin 1848, pour chasser la pluie et ramener le soleil? Nous avons usé et abusé de ces procédés atmosphériques et ruineux.

» Alors, nous reverrons ce que Memphis et Rome ont vu. Est-ce que le monde n'est pas destiné à toujours revoir ce qu'il a vu? Quand la sage Égypte eut bâti cette ville de mille cités, dont le Nil était le ruisseau; quand elle eut haché en pièces la chaîne Libyque pour construire Tentyris, Thèbes, Luxor, le Labyrinthe, Arsinoë, Hermopolis et la ville du Soleil; quand elle eut laissé tomber de sa main les obélisques, comme une femme les aiguilles; quand elle eut épuisé toutes ses briques, dans les quatorze pyramides de Saccarah, elle voulut se reposer aussi, et certes jamais repos ne fut mieux mérité par un peuple travailleur; mais cent mille ouvriers qui vivaient de salaires d'oignons demandèrent à vivre; heureusement, la monnaie de solde courait les jardins, et la graine remplissait la caisse des potagers royaux. On aurait alors volontiers bâti d'énormes édifices pour combattre la pluie, mais en Égypte il ne pleut pas; on éleva donc deux montagnes artificielles, Chéops et Scheffrem, deux pyramides de cinq cents pieds de hauteur, pour combattre une autre pluie horizontale : l'invasion du sable des déserts.

» Les pyramides faites, on aurait bâti probablement une nouvelle série d'inutilités monumentales, toujours sagement payées avec des oignons; mais le colosse du Midi, Cambyse, inventa une question d'Orient, et l'Égypte, privée du secours de la France et de l'Angleterre, fut ravagée par la barbarie, en pleine civilisation. — En l'an 80 de l'ère chrétienne, le divin Titus, ayant cent mille ouvriers oisifs sur les bras, leur fit bâtir un Colysée à quatre étages. En 270, le sage Aurélien, le vainqueur de Zénobie, ne trouvant rien à faire bâtir dans cette Rome encombrée de monuments, éleva l'enceinte murale qui porte son nom, et qui avait soixante milles de circonférence. Deux cent mille ouvriers furent employés à ce travail de Romain.

» Donc, lorsque Paris n'aura plus rien à faire, comme Memphis et Rome, Paris songera nécessairement à quelque travail colossal; son enceinte aurélienne est faite; les pyramides ne sont plus de notre goût; un Colysée ne vaut pas un théâtre où Rossini chante; que bâtir alors? Les tours imbrifuges pourront défrayer l'oisiveté dangereuse des maçons, et trouver faveur auprès de l'édilité parisienne. Ce projet, aujourd'hui à l'état fruste, trouvera sans doute des hommes vraiment spéciaux pour l'approfondir, lui ôter son côté chimérique, et le placer dans le domaine du positif.

» En supposant même que l'effet attendu ne soit pas complet dans la réussite, et ne nous donne que la moitié du bénéfice promis, ce sera déjà énorme. Nos neveux béniront encore ces tours imbrifuges, si elles enlèvent seulement vingt jours à la propriété pluvieuse de saint Médard.

» Votre bien dévoué et assidu lecteur,

» MÉRY.

» *P. S.* Voici déjà un commencement d'exécution provoqué par mon feuilleton de la *Presse*. Un jeune ingénieur plein de talent, M. Ferdinand Bouquié, a dessiné les plans des ponts et passerelles du boulevard[1]. Si M. de Girardin, qui fait tout réussir, prend ce nouveau projet sous son patronage, nous verrons bientôt un premier pont sur la vallée impraticable de la porte Saint-Martin, ou devant le passage des Panoramas. »

[1] Cette observation est une occasion qui se présente de mentionner ici sommairement un très-remarquable projet des halles centrales, dont l'auteur est M. Dumery, ingénieur civil, et dont tous les plans nous ont été montrés il y a plusieurs mois. Ce projet, s'il eût été adopté, eût mis les halles centrales en communication directe avec le chemin de fer de ceinture au moyen d'un embranchement ferré traversant le boulevard du Temple, à hauteur des toits de maisons, sur un viaduc monumental qui eût plutôt orné que déparé la grande ligne des boulevards, et qui eût débarrassé ainsi les rues de Paris de plus de la moitié des charrettes qui les obstruent.

E. DE GIRARDIN.

LA TERRE BOULEVERSÉE

Lorsque Dieu peupla la terre (je vous demande pardon de remonter si loin), il voulut donner à l'homme un grand hôtel garni et ne prétendit rien exiger pour le loyer, à condition que le locataire respecterait le mobilier de l'hôtel, ne le vendrait ni en gros ni en détail, et ne le détériorerait en aucune façon.

D'après les intentions du divin propriétaire, l'homme ne devait habiter que les zones du Midi et les bords de la mer. Il y eut profusion de méditerrannées, d'océans et de rayons de soleil, afin que le bienfait de la localité fût accessible à tous, en supposant toutes les éventualités probables d'une population toujours croissante.

Il est tout naturel de penser que Dieu n'a pas fait la mer, — la mer, cette grande et belle chose, — pour qu'on essayât de la voir du haut de Montmartre ou de Meudon. L'intérieur des terres ne fut inventé que pour faire contre-poids; et puis, tout le globe ne pouvait pas être de l'eau pure.

Le domaine primitif de l'homme était, comme on le voit, assez vaste, assez beau. La folie de l'espèce humaine s'est insurgée contre les plans si sages du Créateur. Il se trouva des gens qui, par fièvre d'ennui, se prirent un jour d'une belle passion pour les pays soumis à la trinité dominante de la pluie, de la boue et du froid.

L'Asie versa les peuplades de son immense plateau sur les routes brumeuses qui descendent au pôle. Le Caucase, l'Ararat, l'Hymalaya se chargèrent de peupler la Finlande et l'Islande, que le Créateur avait réservées aux ours blancs, aux rennes, aux albatros, et non point au capitaine Parry ou au capitaine Franklin.

C'est ainsi qu'un beau jour, quelques désœuvrés errants trouvèrent une île de saules au milieu d'une petite rivière et se dirent : « Ceci n'appartient à personne, prenons-le ! » Et ils coupèrent les saules et se bâtirent des masures avec de la boue qui ne leur manquait pas. Ces gens-là goûtaient les délices de la pêche et prenaient beaucoup de rhumatismes, en famille, entre deux eaux.

Cependant ils avaient des enfants. Quelque temps après vint Julien l'Apostat, ce grand philosophe, qui dit : « Voici un beau pays fort humide, fort pluvieux et plein de marécages : bâtissons-y une salle de bains, quoique le ciel et la terre se soient chargés de baigner la population. » Julien l'Apostat construisit des Thermes et un pont. Ensuite arrivèrent Pharamond, Chlodion, Mérovée, Childéric, tous très-chevelus, à cause des rhumes du pays. Ils prirent possession de l'île des saules et de toute la boue et eau fangeuse qui l'entourait. Ils ont été soixante-six, comme ceux-là, qui se sont obstinés à embellir la boue de race en race. Il est vrai qu'on a inventé les parapluies et les socques articulés. Les beaux pays ont été généreusement laissés aux tigres, aux panthères, aux éléphants et aux rhinocéros.

En s'écartant ainsi des lois primordiales de la nature, il a bien fallu se constituer en état de défense permanente contre toutes sortes d'ennemis invisibles.

Alors a commencé le duel sans fin entre l'homme et la nature, duel à mort où la nature ne meurt jamais ! Il a fallu demander des cuirasses à Elbeuf, à Sedan, à Louviers ; des toiles à Rouen et à Mulhouse ; des flanelles à Reims ; des soieries à Lyon ; des casques aux castors. Il a fallu nous bâtir des forteresses pour nous défendre contre les trente-deux aires du vent et l'invasion perpétuelle des giboulées, de la neige, du grésil, de la pluie, de la grêle, que la bienfaisante nature nous garde maternellement dans son inépuisable trésor.

Dès que nous découvrons une nouvelle arme défensive pour enrichir notre arsenal, nous poussons des cris de joie, nous crions au progrès, nous nous embrassons, nous nous félicitons, nous glorifions le génie de l'homme qui est le nôtre, amour-propre à part, comme si toutes ces belles découvertes n'accusaient pas la misère incurable de notre position : car les hommes les plus heureux sont ceux qui n'inventent rien ; les pays les plus beaux sont ceux où le ciel se charge des inventions.

Or, toujours inventant, améliorant et surtout détériorant, nous courons, je crois, à un cataclysme universel.

Aux temps religieux, l'homme disait à Dieu : *Renovabis faciem terræ*, tu renouvelleras la face de la terre. Aujourd'hui que l'homme ne prend plus la peine de dire quelque chose à Dieu, il s'est chargé, lui, faible mortel, de renouveler la face de cette terre, non pas au figuré, mais au propre. Dieu, dans quelques années, ne reconnaîtra plus le globe sorti de ses mains.

L'homme, encouragé par les académies des sciences, s'est imaginé qu'il pouvait impunément bouleverser son hôtel garni, meubler le grenier avec les dépouilles de la cave, planter au salon les arbres du jardin, élever le rez-de-chaussée à la corniche des toits, et que ces dévastations ne nuiraient en rien à la solidité de l'édifice.

Dieu avait semé des forêts, comme des grains de senevé, sur les crêtes des continents; ces forêts avaient leur métier à faire. Quel métier? C'est un secret. Les savants ne le savent pas.

L'homme avait froid, parce qu'il avait écouté les inspirations de Pharamond, de Guillaume le Conquérant, du czar Pierre, surnommé le Grand, je ne sais par qui, mais non à coup sûr par moi. L'homme, pour réchauffer ses membres transis par Pharamond et le czar, coupe les forêts et les transporte dans les villes, sous le nom de chantiers, où on les vend à quarante francs la voie, ce qui est fort cher, n'en déplaise à Pharamond.

Nobles forêts! nobles arbres qui vivaient en famille et qui se racontaient leurs amours avec des voix si harmonieuses!

Nobles hôtelleries ouvertes aux hyménées des oiseaux! Il y a un spéculateur qui vient avec une toise et un registre, et il en fait du *bois flotté*, du *bois neuf*, pour les pyramides de la rue Amelot et du boulevard Beaumarchais! Et vous croyez que la nature ne se vengera pas, elle qui se venge de tout!

Vous n'avez pas de jour! il faut vous éclairer. L'huile vous manque! il vous faut du gaz; inventez du gaz! Le gaz est le soleil et l'olivier de l'Europe du Nord. Eh bien! rien n'est si aisé que d'en fournir abondamment; il y a du gaz partout. Depuis le jour qui mit le globe en fusion, la houille dort dans les entrailles des montagnes : vite, éventrons les montagnes!

Aussitôt dit, aussitôt fait. L'Europe déclare la guerre à ses montagnes. Il faut que l'Europe détruise toujours quelque chose; si la chose manque, on ravagera autrement. A bas les montagnes! En voici une, entre Stafford et Warington, qui se révolte contre l'homme; elle veut garder sa houille, cette pauvre montagne! Quelle prétention! Vite, un régiment de mineurs! On sonne la charge, les clairons anglais jouent faux, selon leur usage; on chante encore plus faux le *God save the King*, et la montagne disparaît de la surface du globe comme un grain de sable! Cette montagne a été brûlée vive; j'en ai allumé mon cigare un matin.

Maintenant les montagnes sont averties. Elles ont cru rester montagnes toute leur vie, jouer avec les nuages, conserver des neiges éternelles, tamiser l'eau du ciel et pourvoir aux besoins des sources et des fleuves : l'industrie en a décidé autrement.

Les montagnes doivent disparaître; il n'en restera pas pierre sur pierre ; ce sont des aspérités qui gênent la plante de nos pieds. Nous allons les couper en deux pour donner passage aux chemins de fer; ensuite nous prendrons les deux mondes pour les faire fondre dans une coupe d'acide, comme les perles de Cléopâtre. Le globe ne doit être qu'une plaine éclairée au gaz.

Passons au bitume. Jusqu'à présent le bitume n'était guère employé qu'en poésie, ou dans le sermon de l'enfer; on ne croyait même pas au bitume : c'était comme une figure de rhétorique, qui servait dans l'occasion pour chauffer un discours. Voilà que soudainement le bitume prend un corps et une âme; l'emblème se matérialise ; il s'habille en actionnaire; il traverse le boulevard de la rue Vivienne, et va se coter à la Bourse : heureux Satan, qui a des *lacs de bitume*, comme dit Bossuet! Qui ne voudrait être Satan aujourd'hui? Si j'étais propriétaire d'un arpent de l'enfer, je gagnerais le paradis... Allons acheter le Vésuve et l'Etna, ces succursales de l'enfer, on peut les mettre à la Bourse. Il faut des volcans pour paver nos rues. Assez longtemps les volcans nous ont brûlés; brûlons les volcans, foulons aux pieds les volcans, écrasons-les en pavés !

Au reste, il faudrait bien se garder de blâmer cette furie de découvertes, qui toutes nous font la vie plus tiède et moins âpre.

Mais ce n'est point là la question, et nous n'avons pas pris la peine de remonter à la création du monde, pour examiner la houille et le bitume au point de vue d'un actionnaire; allons au but. Il est probable que l'inventeur ne s'arrêtera pas en si beau chemin.

N'y a-t-il pas d'ailleurs une *Société de découvertes?* C'est une propagande qui va enlacer le monde dans ses griffes, comme le scarabée des Égyptiens. — Qu'allez-vous découvrir, messieurs ? — Nous ne savons pas ; le monde est à nous ; le monde est plein de secrets : nous allons fouiller le monde; explorer l'océan, feuilleter les Cordillères; tourmenter l'Afrique, de Maroc à Constance; l'Amérique, du détroit de Behring au cap de Horn... Nous découvrirons tout, nous mettrons la planète en actions, nous porterons l'affaire à la Bourse de Paris ; cette bonne planète qui tourne si lourdement autour du soleil sera cotée. Elle aura sa hausse et sa baisse. Nous lui prendrons jusqu'à son dernier intestin, jusqu'à sa dernière bosse, jusqu'à son dernier panache; nous ne lui laisserons que la croûte, parce qu'il nous faut un plancher.

Laissons-nous faire, laissons-nous découvrir; nous allons vous faire un globe parfait, quoique Dieu ait eu l'amour-propre de croire que le sien était bon : *Vidit quod esset bonum*.

En avant donc, messieurs les explorateurs ; vous avez déjà rendu aux éléments supérieurs, ou pour mieux dire au néant, des masses incalculables de forêts et de houille qui avaient leur rôle dans la pesanteur spécifique du globe ; continuez d'alléger ainsi notre planète, comme si vous aviez affaire à Saturne ; brûlez les montagnes dans vos chaudières, comme Micromégas qui en soupait.

Mais convenez que si l'impulsion donnée à de telles explorations continue, que si l'homme se croit obligé pour mieux vivre de consommer une montagne dans sa vie, pour se chauffer, s'éclairer, se faire des trottoirs ; convenez qu'un demi-siècle seulement de pareilles consommations doit porter un notable préjudice à l'harmonie préétablie.

Le statuaire qui extrait un bloc de la mine, pour faire son œuvre, ne fait que déplacer la matière ; mais vous autres, vous ne déplacez pas, vous anéantissez, vous limez le globe à sa surface, vous creusez dans ses entrailles, pour ne rien lui rendre en échange de ce que vous lui volez. De sorte que Dieu seul, qui a pesé la terre dans sa main avant de lui dire : « Tourne ! » sait combien il faut soustraire de ce poids primitif qui était dans la condition de la durée, de la vie, de la solidité de ce pauvre globe si follement rogné par des spéculateurs.

Déjà on se plaint que l'ordre des saisons est interverti, qu'il n'y a plus à compter sur le soleil, que l'hiver passe l'été dans le Nord, que les vents alizés manquent à leur rendez-vous, que les moussons oublient leur ancienne exactitude, qu'enfin rien ne marche dans la nature comme jadis... Je le crois bien, ma foi ! Et que sera-ce après ce siècle d'actionnaires, qui auront vendu le globe à l'encan? Je ne serais pas étonné que le soleil oubliât de se lever en 1952! Voici pourtant quelque chose de bien grave. On a surpris, depuis quelque temps, la boussole en flagrant délit de distraction; l'aiguille aimantée divague, elle tourne le dos au nord, et elle a raison. Les savants ont fait des mémoires, pour prouver que la boussole n'aurait point dû dévier de ses principes. En attendant, la boussole dévie, et l'on ne sait où s'arrêtera cette divagation. Les savants prétendaient que l'aiguille magnétique se tournait vers le nord, parce qu'il y a beaucoup de mines de fer en Suède : c'était une raison comme une autre. La Suède a beaucoup de mines de fer encore ; mais pas assez, probablement à cause des exportations, pour garder l'affection de la boussole.

Nous n'adoptons que faiblement ce système, bien qu'il se rattache directement au nôtre. L'aiguille aimantée, n'en déplaise aux savants, obéissait à d'autres lois qu'aux lois de la Suède; son action mystérieuse était dirigée par une puissance occulte qui tenait un rang dans les harmonies de la nature : or, ces harmonies se *cacophonisant* de jour en jour, grâce à nos folies, doit-on s'étonner des variations de l'aiguille aimantée? doit-on aller en Suède pour découvrir le principe du mal?

Et encore, nous ne sommes qu'au début: regardez la quatrième page des journaux, et tremblez pour vos neveux, si vous en avez, surtout si vos neveux sont marins. L'homme a ordonné à la terre de lui donner tout ce qu'elle a de superflu, depuis le cèdre jusqu'à l'hysope, depuis la perle de Ceylan jusqu'au vil charbon d'Anzin, et la terre obéira; que voulez-vous qu'elle fasse?

Pourtant, on n'insulte pas impunément une planète,

quelque petite qu'elle soit. La boussole prend fait et cause pour le globe : « Ah! vous voulez, dites-vous, que vos navires sillonnent les mers pour le commerce de la houille, du bitume, du bois de sapin, de tout enfin; eh bien! la boussole va donner sa démission : si la boussole s'égare, avec quoi vous conduirez-vous ? » C'est le sel de l'Évangile appliqué à l'aiguille : *Si sal evanuerit, quomodo salietur ?* Si vous n'avez plus de sel, avec quoi salerez-vous ? La boussole arrivant à l'état de torpille, et l'aiguille aimantée devenant une aiguille ordinaire, la mer est interdite aux sages navigateurs : les marins qui, sur la foi d'Euthymènes et de Pythéas, voudront se hasarder sans boussole sur l'océan, passeront leur vie à chercher une île, un cap, un port. Le commerce souffrira beaucoup dans ses rapports internationaux.

Nous avons une catastrophe en perspective, un cataclysme inévitable ; mais nous serons éclairés au gaz, et nous marcherons sur un velours de bitume; nous irons de Paris à Calcutta par le chemin de l'Oronte et de l'Araxe en quinze jours, et nous serons heureux. Mais nos neveux auront la chance de voir le globe se couper en deux, comme une orange, à l'équateur!...

SUITES D'UNE BONNE ACTION

L'existence d'un homme ordinaire se compose d'une série de jours qui se ressemblent tous; c'est toujours la répétition des mêmes idées et des mêmes scènes, à quelques petites nuances près. La vie d'un homme qui s'éloigne des routes communes semble au contraire subordonnée à un destin supérieur qui élève des obstacles, suscite des contrariétés, et fait dépendre d'une seule action les chances de bonheur ou d'infortune.

J'allais quelquefois, dans les jours de captivité, rendre visite à d'autres détenus dont j'étais séparé par des grilles. Un d'eux m'inspira l'intérêt le plus vif; une sombre mélancolie semblait le consumer; il parlait peu, mais ses phrases courtes annonçaient un observateur; la lecture des journaux était sa seule occupation. Je le questionnais souvent; je lui offrais des ressources contre l'ennui; je le pressais de m'accorder sa confiance, de me raconter ses malheurs. Il me répondit un jour, avec un sourire gracieux : — Monsieur, je me suis avisé d'être honnête homme, homme de parole et d'honneur; le destin m'a puni de ce crime; je me vois incarcéré pour avoir laissé protester une lettre de change que je n'ai pu payer. — J'entends : vous avez souscrit une obligation pour rendre service à un ami. — Je n'ai point d'amis, et mon emprisonnement n'est que la conséquence nécessaire de ce crime dont je viens de vous parler. Si j'eusse manqué à ma parole en 1813, je serais libre en 1821 ; c'est une fatalité. Mon système vous paraît ridicule, je le vois bien ; mais je suis systématique, c'est mon défaut. — J'aime tous les systèmes que je ne comprends pas ; le vôtre me sourit depuis longtemps, et comme vous je suis fataliste ; parlez maintenant en toute sûreté. — Je ne parlerai pas. Mais, ajouta-t-il en riant :

... Si tantus amor casus cognoscere nostros,

voilà mon histoire dans ce portefeuille. Je l'ai écrite dans cette prison ; voici les pièces justificatives, la correspondance, mes certificats, mes brevets, etc. ; vous lirez tout en vos moments de loisir. Je pris le portefeuille, en promettant au prisonnier mystérieux de retourner après avoir lu ses manuscrits. Voici l'histoire de Gustave L***. Je la transmets au public telle que je l'ai lue dans l'original :

« Je me trouvais en garnison à Dresde, dans les dernières campagnes, et je logeais chez un marchand qui me traita comme un compatriote et un ami, pendant la durée de mon séjour. Malheureusement pour lui, il n'était pas le seul de sa maison qui me donnât des marques d'estime et d'attachement, sa fille Clara ne partagea que trop l'amour violent que j'avais conçu pour elle, et j'étais sur le point de l'épouser lorsque l'ordre de mon départ arriva. Capitaine de hussards à vingt-six ans, jouissant d'une fortune honnête, aimé de mes inférieurs, estimé de mes chefs, la carrière la plus brillante s'ouvrait devant moi ; une femme vint changer le cours des circonstances. La générale battait dans les rues de Dresde, et j'étais à peine armé ; Clara, pâle, échevelée, jurait de me suivre ou de mourir à mes yeux ; je lui jurais à mon tour de revenir pour l'épouser à la fin de la campagne; elle exigea de moi des serments terribles; je me soumis à tout, et je partis en la laissant évanouie sur l'escalier de sa maison.

» Des combats continuels me laissèrent à peine le temps de songer à Clara; tour à tour vainqueur ou vaincu, la gloire de mon pays fut mon unique pensée. La paix de 1814 me permit de me livrer à d'autres réflexions; je sentais que j'aimais encore Clara; je me rappelais notre cruelle séparation, ses prières et mes serments, l'état déplorable dans lequel je l'avais abandonnée; un désir violent de la revoir s'empara de moi; je sollicitai une permission de quitter Paris, je l'obtins, et je partis pour Dresde, escorté d'un domestique allemand; il fut mon précurseur dans la maison de Clara; par des ruses adroites il parvint jusqu'à elle, lui annonça mon arrivée, et je parus à l'instant même. Cette scène fut touchante; mon amie pleurait de joie, elle me nommait son libérateur et son époux. Je goûtais le plaisir d'avoir fait une bonne action, je m'applaudissais d'avoir cédé à une inspiration généreuse :— Oui, lui dis-je en la serrant sur mon sein, oui, je serai ton époux, et ton enfant pourra nommer son père; allons voir le tien, nous solliciterons notre pardon, nous embrasserons ses genoux...
— Lui ! me dit Clara, jamais; le barbare ne veut plus me revoir; rien ne saurait l'attendrir, ni les larmes de sa fille, ni ton retour inespéré; il abhorre les Français, il a juré qu'il n'accepterait jamais pour gendre un homme de votre nation. — Eh bien ! lui dis-je, partons à son insu, retournons ensemble à Paris. — Oui, reprit vivement Clara, partons, conduis-moi où tu voudras, mais garde-toi de te montrer dans le voisinage; choisis un logement dans Dresde, et lorsque tout sera prêt pour mon évasion, tu seras averti;

Clara veut te suivre partout. Cette journée, la plus belle de ma vie, a fixé le sort de mon avenir; elle a ouvert sous mes pas l'abîme des infortunes, elle a commencé une chaîne d'événements qu'il n'a jamais été en mon pouvoir de maîtriser. Ainsi, avec un cœur droit, avec des intentions pures, avec la sincère volonté de faire le bien, nous sommes souvent entraînés par des causes indépendantes de nos désirs dans des erreurs que le vulgaire juge comme des crimes, et que les sots n'ont jamais commises, parce que le destin semble les avoir abandonnés à leur nullité.

» J'étais à Dresde depuis cinq jours, lorsque mon domestique m'avertit, un soir, que Clara m'attendait à la porte de France. Ma chaise de poste était prête; je partis. Mon amie avait quitté les habits de son sexe; elle prit place à mon côté, mit son enfant sur mes genoux, et notre voiture vola sur la route de Paris.

» Arrivés dans cette capitale, mon premier soin fut d'installer Clara dans un appartement garni, à la rue Taranne; je trouvai une femme de confiance qui s'offrit pour lui donner ses soins. Quinze jours après, nous fûmes mariés à Saint-Sulpice.

» Je me livrais aux douceurs d'une union si désirée, lorsque de nouvelles circonstances politiques me firent rentrer sous les drapeaux; la guerre était plus menaçante que jamais, l'Europe entière courait aux armes.

» Comme je me disposais à partir, j'appris que mon père venait de mourir dans une terre près d'Ostende, où il s'était retiré depuis la mort de sa femme; le secret de sa fortune s'était découvert; il laissait plus de dettes que de biens. Trop insouciant pour me charger de la liquidation des affaires paternelles, je m'en référai absolument aux soins de mon frère cadet. Celui-ci s'en chargea volontiers et m'écrivit un mois après une lettre où je vis beaucoup de protestations d'amitié, et pas une lettre de change. J'étais alors à l'armée; la situation de Clara me causait des peines mortelles; mes ressources très-bornées m'enlevaient la faculté de lui procurer les moyens de vivre dans l'aisance; si je perdais la vie au premier combat, quel sort funeste allait atteindre l'infortunée, au milieu de Paris? A la vérité, j'avais recommandé spécialement à un de mes anciens camarades, nommé Leluc, de veiller sur Clara, et je comptais beaucoup sur les soins de cet homme, dont l'âge et la figure ôtaient tout prétexte à la jalousie, et dont l'amitié me paraissait sincère parce qu'il ne l'avait jamais trahie.

» Elle arriva bientôt, cette journée de douloureuse mémoire, où nous fûmes accablés par l'Europe armée; mes braves amis, mes nobles compagnons de gloire, avaient juré de vaincre ou de s'ensevelir sous leurs drapeaux; ils ne vainquirent pas!... Pour moi, je n'avais rien juré, car ma vie appartenait à Clara bien plus qu'à ma patrie; je combattis sans chercher la mort et sans l'éviter, et m'appliquant ensuite cette pensée de Virgile: *Sat Trojæ Priamoque datum*, je quittai le champ de deuil, au milieu des débris de l'armée.

» Licencié aux rives de la Loire, je pars, je vole à Paris. J'avais prévenu ma femme de mon arrivée; j'entre dans son appartement, ivre de joie et de plaisir; je trouve Clara éplorée, serrant mon fils dans ses bras; un terrible pressentiment vient m'assaillir. — Clara, que signifient ces larmes? reconnais-moi, je suis ton époux, je vis encore pour ton bonheur, tous les braves ne sont pas morts. Elle était muette, ses yeux craignaient de rencontrer les miens;

je la questionne, j'implore une réponse, mille soupçons se pressent dans mon esprit; enfin la colère, l'indignation vont bientôt éclater; Clara rompt le silence, deux mots m'apprirent la triste vérité.

» Le voilà donc connu, ce secret plein d'horreur ! m'écriai-je ; le scélérat !... A qui donc se fier dans le monde, si les lois sacrées de l'amitié sont indignement profanées ? Console-toi, mon amie, sèche tes pleurs ; les larmes ne sont permises qu'au criminel qui se repent ; la vertu n'en a pas besoin pour se justifier. J'affectai alors une apparente tranquillité ; je concentrai les mouvements de rage qui s'élevaient dans mon cœur contre l'infâme Leluc ; je hâtai de tous mes vœux l'instant où ma main devait le punir ; enfin, altéré de vengeance, je saisis mes pistolets, j'embrassai Clara, et je sortis.

» Où trouver maintenant le perfide ? où porter mes pas irrésolus ? J'errais donc au hasard ; hélas ! le hasard me servit trop bien ; je rencontrai Leluc dans une allée solitaire du Luxembourg ; notre explication ne fut pas longue. Le monstre essaya de se justifier ! sa justification me parut plus affreuse que son crime ; deux militaires accourus sur nos pas voulurent bien nous accompagner ; nous sortîmes du jardin par la grille de l'Observatoire. J'étais en proie à la plus violente agitation ; ma rage détourna mon premier coup, je jetai loin de moi l'arme inutile à ma vengeance ; Leluc avait apporté sur le champ du combat ce hideux sang-froid qui souvent accompagne le crime ; il tira... et je tombai sur la poussière, en accusant la justice céleste, et je vis le monstre fuir rapidement ce sol qu'il venait de rougir du sang de son ami.

» Les deux généreux inconnus qui ne m'avaient pas

quitté me firent transporter à l'hôtel; je priai le plus âgé de monter à l'appartement de ma femme pour la préparer à son malheur; j'étais dans la loge du portier, j'entendis le cri terrible que poussa l'infortunée ; je fis de pénibles efforts, ma blessure se rouvrit, je perdis le sentiment de mon existence; le ciel me la rendit pour offrir à mes yeux un triste tableau; plusieurs personnes prodiguaient des secours à ma femme expirante; un jeune chirurgien mettait sur ma plaie le premier appareil, et priait les assistants de conduire Clara dans la chambre voisine; j'approuvai ce conseil par un signe de tête. Allons, me dit l'homme de l'art, ayez bon courage; votre blessure est fort belle, quoique la balle ait traversé la cuisse ; gardez le lit, soyez calme ; je viendrai vous voir tous les jours.

» Plusieurs mois se passèrent avant mon rétablissement. Ma femme n'avait jamais quitté le chevet de mon lit ; ses consolations, sa touchante sollicitude, contribuèrent bien plus à ma guérison que les secours de l'art. Cependant nos moyens pécuniaires et nos ressources s'épuisaient; deux billets de banque de mille francs que j'avais déposés, le jour du combat, dans mon secrétaire, en avaient été enlevés par une main inconnue, quoique soupçonnée ; chaque semaine nécessitait de nouvelles dépenses ; il fallut donc chercher un ami, un protecteur, pour lui exposer l'urgence de nos besoins.

» Clara, née et élevée à Paris, se souvint qu'elle avait laissé au couvent une jeune demoiselle nommée Clémence de T***, qui l'aimait comme une sœur. Ces amitiés de couvent s'évanouissent souvent dans le monde ; mais ma femme, présumant que celle-ci ferait exception à la règle, recueillit plusieurs informations, et apprit que mademoiselle Clémence de T***, devenue madame de N***, logeait rue Duphot; elle se rendit chez son ancienne amie, entra dans la cour de l'hôtel, et demanda timidement au portier si madame était visible. — Elle est au château. — Reviendra-t-elle aujourd'hui? — Je n'en sais rien... et le portier ferma son vasistas. Clara était venue seule et à pied.

» Cette première tentative ne la découragea point; elle ignorait que les valets d'une maison adoptent le caractère de leurs maîtres, et malgré mes observations, pressée par la nécessité, elle retourna le lendemain chez madame de N***, dans un cabriolet de place. — Ah! c'est vous, lui dit le portier; madame est visible; la première porte à droite, la troisième à gauche. — Clara monte l'escalier, ouvre en tremblant une porte, traverse la pièce, et voit au fond d'un appartement superbe son amie assise sur un fauteuil et lisant une brochure. — C'est à madame de N*** que j'ai l'honneur de parler. — Oui, madame. — Madame de N*** ne me reconnaît pas? — Non, madame. — Madame de N*** a oublié Clara Huwart. — J'ai une idée de cette Clara. — C'était l'amie de Clémence de T***. — Mon amie! — Oui, madame. — Oh! j'ai tant d'amies, qu'il n'est pas étonnant... — Mais l'amie d'enfance! — C'est vous qui êtes Clara? — Oui, madame. — Eh bien, c'est singulier, je ne vous remets pas; enfin, soit, que voulez-vous? — Moi, rien, madame; je venais voir s'il était vrai que l'opulence et le rang fussent l'écueil de tous les sentiments de la nature. — Adieu, Clémence. — Je vous salue, madame.

» Clara revint à l'hôtel, et me raconta sans m'étonner l'issue de son voyage au delà des ponts. Je pris le superflu de mes effets, les bijoux de Clara; je sortis appuyé sur un bâton, et je me rendis lentement chez Bernard, rue Saint-

Honoré. Bernard est la ressource de ceux qui n'en ont plus; il examina les hardes et les bijoux, les déprécia tout à son aise, et me remit en argent le tiers de leur valeur, en m'assurant qu'il n'y gagnait rien.

» Plusieurs raisons me détournaient de la carrière militaire; j'avais envoyé ma démission et sollicité un emploi civil; on accepta ma démission, et l'emploi civil n'arrivant pas, je me vis contraint à suivre la file des solliciteurs qui assiégent les bureaux du ministère. Je traversais de vastes salles encombrées de commis; sur le point de présenter ma pétition, je voulus la soumettre à l'examen d'un surnuméraire qui se balançait sur sa chaise; celui-ci prit mon papier, le lut en fredonnant, et me le rendit en me faisant observer que j'avais omis dans le protocole un des titres de Son Excellence.

» J'attendis vainement pendant deux mois le résultat de ma pétition, et dégoûté du métier de soldat, j'abandonnai les antichambres et les corridors; dans l'intervalle, ma femme avait écrit deux lettres à son père; elles étaient restées sans réponse. Je fus encore contraint d'avoir recours aux expédients pour subsister; j'avais déjà vendu le superflu, j'entamai le nécessaire, et Clara supporta cette crise désolante sans se plaindre et sans m'accuser.

» L'infâme Leluc m'avait rendu insupportable la société des hommes; je vivais dans un isolement absolu, la compagnie de ma femme et de mon jeune enfant me suffisait; je sortais pourtant seul quelquefois, et je dirigeais ma course habituellement du côté du jardin des Plantes. Un jour je rencontrai, au milieu de la grande allée de ce jardin public, un monsieur déjà tout blanchi, quoique ne paraissant pas avoir guère plus de trente ans. Il tenait ses regards fixement attachés sur le belvédère du labyrinthe.

» — Monsieur paraît bien préoccupé. — Oh ! très-préoccupé. — La politesse exige alors que je me retire. — Je ne le souffrirai pas, monsieur ; prenez place sur ce siège, je fais les honneurs de chez moi.

» L'inconnu s'assit ; la conversation roula d'abord sur des sujets indifférents ; il me fit l'histoire du jardin des Plantes, de feu l'éléphant et de l'ours Martin ; ses récits frivoles n'étaient pas dépourvus de charme, il s'exprimait avec facilité, et de fréquentes saillies, dites sans prétention, annonçaient que mon voisin était un homme d'esprit. La méfiance est une de mes vertus, ou un de mes défauts ; je crains les hommes parce qu'ils sont à craindre. Cependant cet inconnu se présentait à moi sous des dehors si séduisants, ses manières étaient si franches, sa politesse si naturelle, que, poussé par un ascendant supérieur, je lui confiai une partie de mes infortunes. — Monsieur, me dit-il, j'habite Paris depuis dix ans, je connais cette ville dans ses moindres détails ; eh bien, soyez certain que votre position actuelle vous est commune avec cinquante mille étrangers ; comment font-ils pour vivre, je l'ignore, mais ils vivent ; ne pouvant trouver des amis, ils font des dupes ; ne pouvant payer leurs restaurateurs, ils font des dettes ; ne pouvant payer leurs obligations, ils en contractent de nouvelles ; et c'est ainsi du moins que j'explique le secret de leur existence problématique ; quant à moi, je vous avouerai que, réduit à des rentes médiocres, je me suis trouvé quelquefois au dépourvu ; alors les usuriers m'ont offert leurs services, et, quoiqu'ils soient par trop intéressés, je les ai acceptés ; car, dans un moment d'urgence, l'usure est, à défaut d'amis, la divinité que l'on implore.

— Avez-vous besoin de vingt-cinq louis? — Cette demande... — Vous les aurez demain; rendez-vous à dix heures devant la rotonde du Palais-Royal; je vous présenterai chez Rigal, rue de l'Échelle, près les Tuileries; je serai charmé d'obliger un brave militaire qui craint plus l'indigence que les Anglais.

» Un secours inespéré, quoique offert d'une manière originale, ne me parut pas à dédaigner; on doit, me disais-je en moi-même, se méfier à Paris d'un inconnu qui cherche à vous duper; mais un homme qui vous offre de l'argent comptant mérite une confiance sans bornes. Mon nouvel ami me quitta pour traverser le pont d'Austerlitz en me répétant : — Demain, à dix heures, devant la rotonde.

» Je retournai chez ma femme avec un front serein. Accoutumée à ma tristesse, elle s'étonna de ma gaieté; elle en demanda la cause, et je m'empressai de la mettre au fait. Le lendemain je fus exact au rendez-vous ; dix heures sonnaient à l'horloge du Palais-Royal, je pris une chaise et un journal, et je m'assis. Dans le même instant, mon officieux inconnu entra par le passage du Perron; je quittai la chaise et le journal, je m'avançai vers lui. — Je suis ponctuel, me dit-il; allons chez Rigal. — Nous montâmes au troisième étage d'une maison, rue de l'Échelle; mon compagnon s'avançait en homme qui connaît le terrain; il ouvrit hardiment cinq ou six portes, et je vis l'usurier assis devant un bureau. — Ah! monsieur Thama, dit-il en se levant, à qui suis-je redevable de votre visite? — Le voici, répondit M. Thama : monsieur est un de mes amis, brave militaire, blessé à Waterloo, et qui se trouve momentanément dans la gêne; un petit acte de complaisance de votre part... — J'entends ; monsieur a-t-il besoin d'une forte somme ? — Mais c'est une affaire de vingt-cinq louis à peu près. — Diable ! pour quelle époque ? — Pour six mois. — Le souscrirez-vous ? — Mais s'il le faut. — Oui, pour plus de sûreté. — Allons, je souscrirai. — Commandant, me dit Rigal, voici une feuille de papier timbré ; faites votre billet, s'il vous plaît. — Veuillez bien me dicter, lui dis-je ; je suis très-ignorant dans cette partie. Rigal calcula, compta sur ses doigts et me dicta : *Fin... prochain, nous payerons solidairement à M. Rigal, négociant, ou à son ordre, la somme de huit cent...* Je l'interrompis en disant : Je n'ai demandé que six cents... M. Thama sourit, et Rigal continua : *de huit cent cinquante-huit francs quatre-vingt-cinq centimes, valeur reçue en marchandises. Paris, etc.*, et vous signerez tous les deux.

» Rigal ouvrit une petite caisse, et me remit six cents francs. — Je vous traite en ami, me dit-il ; c'est presque le pair, les temps sont si mauvais ! Je pris l'argent et je sortis, un peu scandalisé ; en descendant l'escalier, j'invitai Thama à déjeuner chez le premier restaurateur ; il accepta. — Vous avez dans votre bourse, me dit-il, les éléments d'une fortune. — Comment cela ? — Ah ! c'est mon secret. — Le garderez-vous toujours ? — Non, j'en fais part à mes amis, ordinairement ; déjeunons d'abord, et je parlerai ensuite. Après le repas, nous entrâmes au Palais-Royal ; là, Thama me dévoila son secret. Il consistait en une martingale infaillible, avec le secours de laquelle la banque des jeux devait un jour s'écrouler ; je lui fis observer que l'auteur de cette martingale aurait dû faire fortune ; il me répondit qu'il n'avait jamais eu à sa disposition la première somme nécessaire pour commencer ; puis il

17

ajouta : Je viens de souscrire un billet avec vous ; je vous ai donné par cette démarche une grande marque de confiance, pourquoi n'attendrais-je pas de vous la même faveur ?

» J'avais le jeu en aversion ; les divers tripots de la capitale m'étaient absolument inconnus ; j'hésitai longtemps à suivre les conseils de Thama ; enfin, pressé, sollicité, harcelé par lui, je le suivis au numéro 9. Les salles étaient encore désertes ; les banquiers étalaient sur une longue table des piles d'or et d'argent et des rouleaux cachetés ; on préparait les sixains des cartes, les fauteuils des banquiers et les chaises des pontes. Insensiblement les joueurs ou les curieux arrivaient ; Thama s'assit, me fit asseoir, demanda une carte et des épingles, et parut absorbé dans les plus graves réflexions. Le banquier annonça le commencement de la taille en frappant trois coups ; les pièces d'or et d'argent tombèrent aussitôt sur la table ; j'attendais les ordres de mon Mentor ; hélas ! tous ceux qu'il me donna lui furent inspirés par le bonheur, et dans mon inexpérience je les mis sur le compte de sa martingale infaillible ! Nous gagnâmes cinquante louis en un quart d'heure ; Thama me dit : C'est assez pour aujourd'hui, sortons ; et nous sortîmes.

» Je brûlais de revoir ma femme, non pour lui raconter mon heureuse fredaine, mais pour confier à sa prudence une partie de l'or que je possédais ; Thama me suivit jusqu'au pont des Arts, m'indiqua son domicile, me salua, et me rappela pour m'emprunter cent francs dont il avait besoin.

» Le même bonheur me favorisa pendant quelques jours ; j'en profitai pour retirer des mains de Rigal la lettre de change, sans attendre l'échéance ; j'obtins une petite réduction sur les intérêts ; enfin les revers commencèrent. Thama, tout en m'assurant qu'il ne pouvait pas perdre, perdait quelques louis à chaque séance ; ma confiance en sa martingale s'affaiblissait de jour en jour ; vingt fois je fus sur le point de renoncer au jeu, pour sauver les débris de ma petite fortune ; mais Thama s'y opposa constamment.

» — La force du jeu est pour moi, me disait-il, nous avons rencontré des tailles extraordinaires ; attendons.

» En attendant, je vis mon dernier écu dévoré par le fatal rateau.

» Thama n'avait pas attendu la dernière chance pour s'éclipser ; j'étais allé le demander à l'hôtel de Danemark, rue Sainte-Anne ; il n'y logeait plus ; je le cherchai inutilement dans ses promenades de prédilection ; je ne l'ai jamais revu, et je suis encore à mettre en problème la conduite de cet homme. Mes fréquentes absences, dont je taisais les motifs à ma femme, l'avaient indisposée contre moi ; elle attribuait ma conduite extraordinaire à quelque intrigue amoureuse ; les raisons que j'alléguais pour me justifier ne lui paraissaient pas convaincantes ; sa jalousie s'en alarma vivement ; elle me défendit de sortir. Je trouvai l'ordre assez tyrannique, et le jour même je le transgressai ; je revis Rigal, il comprit le but de ma visite, et se hâta de me prêter la même somme que la première fois. Le désir de réparer mes pertes précédentes occupait seul ma pensée. L'heure du jeu sonnait ; je courus à la banque. Comme la fortune se joua de moi dans cette fatale journée ! combien elle me fit supporter de bizarreries ! Les heures s'écoulaient, la nuit était arrivée ; je disputais encore au croupier mes derniers louis ; enfin il fallut succomber; j'entendis l'oracle infernal, irrévocable, et je sortis le désespoir dans le cœur.

» Comment soutenir maintenant les regards de ma femme, de ma femme lâchement abandonnée? Irai-je me faire criminel à ses yeux, pour me justifier? ou bien, m'armant de résolution, soutiendrai-je froidement l'orage qui me menace? Livré à ces réflexions déchirantes, je traversai le pont des Arts; une idée horrible s'empara de moi; penché sur la balustrade du pont, je voyais l'abîme ouvert sous mes pieds, la mort était là... Ma raison vint à mon secours : Allons tomber aux genoux de ma femme! m'écriai-je, elle me pardonnera! Je n'avais pas trop préjugé de sa bonté ; Clara entendit en pleurant le récit de mes fautes; je promis de les lui faire oublier; un sourire céleste me fit renaître au bonheur et à l'espérance.

» Au bonheur et à l'espérance!... et j'ai vu mourir dans les bras de ma femme mon jeune fils, premier gage de notre amour! et j'ai compté les derniers soupirs de Clara, et j'ai perdu dans trois mois les seuls objets qui m'attachaient à ce monde! Isolé sur la terre, je voulais quitter cette ville affreuse, tombeau de tout ce qui me fut cher; je voulais porter mes pas vers ces régions lointaines au delà de l'océan; mais, condamné par la justice des hommes à payer ce que je n'ai pas, ce que je n'aurai jamais, je languis ici, sans consolations, sans ressources, sans espérance. »

UN THÉATRE BOURGEOIS

A l'ouest de Marseille, sur les bords de la mer, au milieu d'un champ sablonneux, s'élève une petite maison de campagne, protégée par une haie de tamaris contre les invasions des ondes et la fureur des autans. C'est là qu'

>Un bon mari, sa femme et deux jolis enfants,
>Coulent en paix leurs jours dans le simple héritage
>Où, paisibles comme eux, vécurent leurs parents.

M. Bonnard, c'est le nom du bon mari, ne connaît que deux plaisirs dans le monde : la pêche et la chasse. Levé dès l'aube matinale, il poursuit sur la colline des oiseaux plus lestes que lui, et le soir, escorté de sa famille, et muni de la ligne flexible, il va offrir aux poissons un appât bien souvent dédaigné. M. Bonnard a eu dans sa jeunesse un goût très-vif pour le théâtre; ce goût le tient encore aujourd'hui. Il chante assez faux les airs de la *Belle Arsène*, d'*Orphée* et d'*Armide;* il épouvante, après chaque repas, les échos voisins, en leur jetant des tirades de l'*Honnête criminel* et de *Béverley*, et il laisse passer rarement une semaine sans raconter la catastrophe marseillaise de *Zémire et Azor,* où il reçut un coup de fusil, dont il montre la cicatrice à ses enfants, comme une preuve de la valeur paternelle. Madame Bonnard, épouse prévenante, lui ménage depuis vingt ans une surprise agréable, la veille de

Saint-Valentin, patron de M. Bonnard; indépendamment de la douzaine de fusées obligées, elle fait dresser dans une chambre obscure un théâtre, dont elle confie la direction privilégiée à son neveu, M. Martineau, jeune homme fou de spectacle, qui a fait un mélodrame sifflé et deux vaudevilles inédits. M. Martineau s'est donc rendu, cette année, à la bastide de M. Bonnard, quinze jours avant la Saint-Valentin; il avait amené six jeunes gens de ses amis, qu'il présenta à madame Bonnard comme d'excellents amateurs en tout genre. La première soirée fut consacrée à choisir les pièces qui devaient composer le spectacle de famille; M. Martineau et sa troupe déployèrent une grande érudition; on parcourut tout le répertoire du Théâtre-Français sans trouver un ouvrage convenable : les comédies en cinq actes étaient trop longues; en un acte, trop courtes; on se serait bien décidé pour les pièces en trois actes, mais les plus saillantes avaient au moins deux rôles de femmes, et madame Bonnard n'avait qu'une seule nièce à la disposition de la société. M. Martineau voulut enfin fixer l'indécision des amateurs en faveur du *Mercure galant*; il se chargeait de supprimer une femme, et de remplir cette lacune par des vers de sa façon. L'assemblée agréa l'offre, d'une voix unanime. Il fallait encore une petite tragédie; un premier rôle de dix-sept ans ne manqua pas de proposer *Zaïre*. — Ah! ne me parlez pas de votre *Zaïre*, s'écria madame Bonnard; vous ignorez donc la scène de l'an dernier?... Eh bien! je vais la raconter. Alors madame Bonnard apprit aux six amateurs que sa nièce avait attrapé une entorse en tombant sans précaution au cinquième acte, et que le premier commis de M. d'Alban, qui jouait Orosmane, avait failli se tuer en se poignardant avec le couteau de chasse de son mari ; M. Bonnard, qui soufflait la pièce en pleurant, s'était élancé sur le théâtre, avait relevé sa nièce, tancé vertement Orosmane, et protesté qu'on ne jouerait plus chez lui que des tragédies où personne ne meurt. M. Martineau, qui avait joué Nérestan le jour de l'entorse, confirma l'authenticité de l'anecdote, et dit aux amateurs de réfléchir un instant pour chercher une tragédie où le sang ne doit couler que derrière la toile du fond. On pensait depuis un quart d'heure sans rien trouver, lorsqu'une grosse voix extérieure cria : *Philoctète*.

Tout le conseil délibérant s'étonna de ne l'avoir pas plus tôt deviné. — J'y avais bien pensé, moi, dit un petit amateur ; mais les costumes, la décoration... — Bah ! bah ! reprit M. Martineau, nous avons tout ce qu'il faut, *Philoctète* est adopté... *Tu me menaces, traître...* Je joue Philoctète, c'est mon rôle... *A la proue, à la poupe....* Vous, Alphonse, vous jouerez Pyrrhus.

Nous voici dans Lemnos, dans cette île sauvage...

Et vous qui êtes un vieux routier, Victorin, vous vous chargerez d'Ulysse.

Ou je te fais sur l'heure enlever de ces lieux.

Ainsi, messieurs, nous ferons après-demain une répétition avec la brochure ; ne manquez pas de venir à six heures, en sortant de la Bourse. Madame Bonnard les pria de tenir le secret envers son mari... — Comment, dit M. Martineau, n'est-ce pas lui qui tantôt a crié ?... — Oui, mais il est toujours censé ignorer ce qui se passe. — Les amateurs promirent de garder le secret de la comédie, et ils sortirent en déclamant, sans prendre congé de M. Bonnard, qui était encore censé ne pas les avoir vus.

On fut exact au rendez-vous de la répétition. Mademoiselle Amélie, nièce de M. Bonnard, attendait ses camarades, la brochure à la main ; elle courut annoncer à sa tante leur arrivée, et elle prit ensuite un grand air d'indifférence. M. Victorin lui dit, en l'abordant.— C'est mademoiselle qui aura la bonté de...— Je n'en sais rien, monsieur ; adressez-vous à ma tante. M. Victorin se retourna vers ses amis.—Messieurs, leur dit-il, notre jeune première n'a pas l'air fort aimable.—Laissez-moi faire, dit Martineau, je vais lui parler, moi ; vous allez voir. Il s'avança tout courbé et présentant une brochure à mademoiselle Amélie :—Voici le *Mercure galant* mis en scène par moi ; daignez l'accepter. — Je n'accepte rien, monsieur ; et elle se leva, poussa la porte en sortant et disparut. M. Martineau dit alors, sans s'émouvoir :—Allons, nous commencerons par la tragédie ; Ulysse et Pyrrhus, commencez.—Ma foi, dit Pyrrhus, c'est fort inutile ; nous ne savons pas un mot de notre rôle ; c'était aujourd'hui courrier du Languedoc. — Il s'agit bien du Languedoc, s'écria Martineau ; *Philoctète* passe avant tout. — Oh ! dit Ulysse, je ne suis pas assez fin pour déclamer un rôle sans l'avoir lu ; il faut ajourner la répétition. — Cela prend une mauvaise tournure, observa tristement madame Bonnard. —Du tout, reprit Martineau ; c'est un retard de deux jours au plus ; répétons le *Mercure galant;* appelez votre nièce, madame. On l'appela vingt fois, elle ne vint pas. Répétons sans la nièce, dit Martineau ; je vais déclamer la scène du *coucou*. La scène du *coucou* déplut à madame Bonnard ; elle blâma son régisseur d'avoir adopté cette pièce, et le pria d'en choisir une autre, par égard pour son mari. — Allons, crièrent tous les amateurs à la fois, maintenant que nous avons acheté les brochures ! — Vous les revendrez, repartit aigrement madame Bonnard. — Mais croyez-vous tout de bon, dit Martineau, que votre mari se formaliserait?... — Comment, vous ne le connaissez pas; il croirait qu'on l'a fait à dessein, et que j'ai trempé dans le complot. — Tous les amateurs sortirent un à un sous différents prétextes et allèrent délibérer sur la terrasse ; Martineau les suivit, les harangua, et ne put les faire consentir à rentrer dans le salon; ils prirent le chemin de la ville.

Deux jours s'écoulent, et les amateurs ne paraissent pas; madame Bonnard tremble, sa nièce pleure ; enfin, vers la fin du troisième, la troupe dramatique arrive en carriole ; M. Martineau avait calmé les esprits ; cocher de l'équipage, il s'élance le premier par-dessus le cheval en criant : *Nous apportons les costumes.* — Dieu soit béni ! répond madame Bonnard en l'embrassant, ils apportent les costumes !... Alors un des acteurs ouvre les caissons de la carriole, et jette sur le gazon deux coupons de drap bleu barbeau, pour Ulysse et Pyrrhus, trois casques de sapeurs-pompiers, pour le triumvirat grec; trois paires de cothurnes, jadis bottines, et deux sabres de cavalerie. — Ces pauvres enfants, dit madame Bonnard, en faisant l'inventaire des effets tragiques, quelle peine ils doivent avoir prise, pour se procurer tout cela ! — J'ai couru tout hier, dit Martineau, j'ai manqué la Bourse ! — J'ai manqué une affaire de cent mille rôles ! dit Pyrrhus. — Vous êtes charmant, s'écria madame Bonnard; allons à la répétition !... A propos, quelle comédie jouerons-nous, monsieur Martineau ? — *Les Étourdis ou le Mort supposé ;* je joue Folleville.

Des billets tant qu'on veut, point de lettres de change.

Vous me verrez...— Combien y a-t-il de femmes?—Deux, une nièce et une hôtesse bavarde ; vous devriez vous charger de l'hôtesse. — Mais pourquoi pas ? — Bon ! voilà qui va bien... Mes amis, nous avons l'hôtesse... et madame Bonnard fut portée en triomphe jusqu'au salon des répétitions. Là, Martineau quitta son chapeau, prit un casque, se drapa et déclama ; Ulysse et Pyrrhus l'imitèrent ; Amélie lut son rôle de Julie à haute voix ; les autres acteurs de la comédie, étendus sur le sopha, débitèrent aussi leurs rôles.

M. Bonnard, qui lisait l'*Indicateur* dans la pièce voisine, envoya sa servante prier la société de crier plus bas. Ulysse mit la servante à la porte sans écouter le message, et tous les acteurs crièrent vingt fois plus fort.

On fit trois répétitions dans ce genre ; M. Martineau recommandait, chaque soir, à ses amis d'étudier leurs rôles ; il fut affligé d'une extinction de voix, et les rôles furent toujours négligés jusqu'à la veille du grand jour. Le salon où le théâtre devait être élevé offrit alors l'aspect d'un atelier de menuiserie. M. Martineau, inondé de sueur, prenait tour à tour le rabot, la scie, le compas et le pinceau ; il faisait des coulisses de salon avec la draperie du lit nuptial de M. Bonnard ; il peignait sur papier des portes et des fenêtres ; il restaurait les toiles délabrées, et recevait à chaque instant les félicitations de madame Bonnard, qui suivait de l'œil les progrès de l'édifice dramatique. Enfin, le jour désiré a lui ; le théâtre est achevé, on vient de placer les bancs pour le public ; toutes les figures sont radieuses. M. Bonnard, en habit marron, en culotte de satin, debout sur la terrasse, succombe sous le poids des compliments dont l'accablent les personnes invitées ; la campagne est au pillage, tous les voisins de deux lieues à la ronde pénètrent dans les vignobles et les vergers. En vain M. Bonnard a-t-il placé à son portail un garde champêtre ; la consigne de la sentinelle est violée, on franchit les murs, les halliers, les ravins, on veut voir gratis *Philoctète* et les *Étourdis*.

Cependant les acteurs sont prêts, le souffleur est à son poste ; l'île de Lemnos est éclairée par six lampions ; la clarinette et le violon exécutent déjà l'ouverture du *Calife ;* les spectateurs élus ont rempli le salon, les autres insultent M. Bonnard à la porte… Ulysse et Pyrrhus entrent en scène, et prient le public de se taire et d'écouter ; le calme renaît, et la tragédie commence. Six jeunes gens appuyés sur leur jonc et contre la muraille, amateurs zélés de tragédies, expriment leur mécontentement à chaque vers que prononce l'acteur bourgeois ; ils regardent les décors en pitié, font de mauvaises plaisanteries sur M. Martineau, et communiquent leur gaieté turbulente à toute la compagnie. Ulysse et Pyrrhus se troublent et perdent la mémoire. L'imperturbable Martineau sort de sa caverne, et frappant le plancher de son pied malade :— Je vous l'avais bien dit, s'écrie-t-il, que vous resteriez sur vos dents ; nous n'avons pas fait une bonne répétition !—Pyrrhus prend l'apostrophe en mauvaise part, se fâche et donne sa démission ; Ulysse suit son collègue, et Martineau, resté seul, salue le public, et le prie d'excuser l'impolitesse de ces messieurs. On baisse le rideau, et les acteurs montent aux appartements pour se préparer à la comédie. Après un entr'acte d'une heure, qui a poussé à bout la patience des invités, on voit paraître les *Étourdis*. Martineau remplit la scène, il affermit le courage de l'un, la mémoire de l'autre ; il donne l'exemple de l'assurance et du sang-froid : — Allons, mes amis, nous avons bien débuté... Bravo ! mademoiselle Amélie, vous jouez comme un ange... Ah ! madame Bonnard, quel plaisir vous avez fait dans votre première scène !... Enfin, à force de conseils et d'encouragements, le jeune directeur voit arriver la fin de la comédie, et tombe dans les bras de M. Bonnard, qui le félicite au nom de la société. Cependant, la société désertait le salon en silence, et chacun disait en sortant, à quelques variations près : « Il valait bien la peine de faire deux lieues pour voir ces originaux. »

ALBERT DE KERBRIANT

Devant la rade de Toulon, et sur le versant occidental de cette crête de montagnes qui lie le pic de Coudon aux gorges d'Ollioules, on rencontre à chaque plateau les plus charmantes maisons de campagne qui soient en Provence; elles ont toutes le même point de vue, la mer, la rade, les vaisseaux, c'est-à-dire le tableau le plus riant et le plus varié. Dans les soirées de la belle saison, les familles se rassemblent sur les terrasses de ces petites villas, et se dédommagent de la chaleur accablante du jour par la fraîcheur qui monte de la mer aux approches de la nuit.

Les premières étoiles de la veillée de la Saint-Jean 183... venaient de se lever sur la crête grise et nue de Coudon, lorsque, dans le silence de la campagne, un coup de canon retentit, et s'éteignit d'échos en échos, de la colline de Lamalgue dans les profondeurs du val d'Ollioules. Un mouvement électrique de terreur courut avec les échos, et troubla les veillées de la plus longue et de la plus belle des nuits d'été.

Partout sur les terrasses où causaient les jeunes femmes et les jeunes gens, on entendait ce cri : *C'est un galérien évadé!* Il semble alors que chaque famille isolée va voir tomber au milieu d'elle quelque tigre à face humaine échappé à la ménagerie de l'arsenal de Toulon.

Si quelque observateur avait pu suivre au vol cette longue traînée d'effroi, qui courut de visage en visage à travers les veillées de la Saint-Jean, il aurait remarqué avec surprise la sérénité d'une seule famille, assise sous une treille, entre la rade et la montagne de Six-Fours. Cette sécurité de quelques personnes au milieu de la terreur générale était pourtant facile à expliquer. Depuis quelques jours, madame de Mellan et sa fille Anna étaient arrivées de New-York à Toulon pour terminer une importante affaire de famille, et elles avaient loué une jolie maison de campagne à peu de distance de la mer et du grand chemin. Un vieux domestique et deux femmes de chambre créoles étaient assis sur la terrasse avec les deux dames, lorsque le coup de canon retentit. Personne ne pouvant donner à ces étrangères l'explication de ce signal d'alarme, elles le regardèrent comme un accident fort naturel dans une ville de guerre, et elles n'interrompirent pas même leur conversation.

L'aveugle hasard, ou pour mieux dire l'intelligent conducteur de la fatalité poussa le galérien évadé dans la direction de la campagne habitée par madame de Mellan. C'était un homme qui a laissé un nom illustre dans le *pandémonium* du crime; c'était le fameux Cardan, flétri et condamné pour bigamie compliquée de faux. Il avait mis deux mois à scier l'anneau de fer qui le liait à son camarade, et un jour que celui-ci dormait au soleil, dans le chantier du Mourillon, Cardan rompit le dernier fil de l'anneau et s'évada. Le camarade, après un très-court sommeil escroqué à la vigilance du garde, se vit seul et se blottit dans une caverne de poutres et de planches, pour s'évader à son tour au moment propice; mais on le découvrit le lendemain. Ce ne fut qu'à la nuit close que l'on s'aperçut de la fuite de Cardan.

Ce célèbre forçat était âgé de trente ans, il en avait passé quatre au bagne ; sa taille haute et bien prise, ses manières distinguées, sa figure pâle et fière, annonçaient un criminel de bonne compagnie, avant que la veste rouge qui nivelle tous les rangs eût caché l'homme comme il faut sous l'enveloppe du galérien. Cette nuit-là Cardan ne portait que le pantalon de coutil ; il avait jeté sa veste aux orties ; agile et vigoureux, ses bonds ressemblaient plutôt au vol d'un oiseau ou aux élans de la panthère qu'à la marche précipitée de l'homme. Arrivé sous les grands arbres de la maison de madame de Mellan, il jugea le terrain avec cet instinct subtil que la nature donne à l'être fauve, et grimpant comme un mandrille, le long d'un pieu renversé sur la façade de derrière, il entra dans les appartements du premier étage; et, cinq minutes écoulées, il avait tout visité, tout vu dans les ténèbres, comme s'il se fût éclairé à la flamme de ses cheveux rouges ou de ses yeux.

Si cette espèce d'hommes appliquait au bien les facultés puissantes qu'elle applique au mal, le genre humain serait bientôt régénéré.

Cardan trouva quelques piles d'écus dans un secrétaire et il les serra dans les premières feuilles de papier qu'il sentit grincer sous sa main. Il se contenta de cette petite somme, suffisante pour les besoins urgents, et d'un bond il sauta de la croisée dans la terre labourée du jardin.

Aux premières lueurs de l'aube, il avait atteint le pic volcanique d'Évenos, qui mêle sa lave éteinte aux nuages.

Là, il acheta la défroque d'un berger et quelques moutons, et, par des sentiers de chèvre, il descendit, le bâton à la main, dans la plaine du Bausset.

Sachant qu'une grande route mène toujours à une grande ville, Cardan suivit ce blanc et long ruban qui serpente de la chapelle Sainte-Anne à la plaine de Cuges, et, chemin faisant, il saluait les gendarmes qui conduisaient les réfractaires, les marins en congé, les soldats arrivant d'Afrique, les saltimbanques et les orgues de Barbarie, tout ce curieux personnel de piétons qui peuple la route de Toulon à Marseille.

Il entra, protégé par la nuit, à Marseille, après avoir abandonné ses moutons, et prit une chambre modeste dans la rue du Baignoir, où on loge à pied et à cheval, mais surtout à pied.

En déroulant ses écus à la lueur d'une chandelle, il découvrit que les enveloppes étaient deux lettres, et il se mit machinalement à les lire par désœuvrement. Cette lecture, commencée avec insouciance, contracta bientôt les muscles de la face de Cardan et leur donna une expression singulière. Il se leva, le front penché, les yeux fixes, le poing serré, comme un bandit habitué à tous les crimes, et qui découvre, par subite inspiration, le moyen d'en commettre un nouveau. Les scélérats ont aussi leurs illuminations soudaines, et dans leur cerveau toujours en activité, un plan infernal éclate tout armé de ses noirceurs et de ses pièges victorieux.

Ces deux lettres étaient fort longues; l'une était datée de l'île Bourbon, l'autre du cap de Bonne-Espérance. Elles rempliraient ici trop d'espace; il nous suffira de les analyser en peu de mots et de les réduire à leur plus simple expression. Ce résumé sera court.

Madame de Mellan, veuve depuis dix-huit mois, avait quitté New-York où elle avait perdu son mari, et rentrait en Europe après vingt ans d'absence. Le désir de revoir son pays n'était pour rien dans ce voyage. M. de Mellan, né en Bretagne, était redevable de sa grande fortune à son ami M. de Kerbriant, gentilhomme ruiné par la révolution et non indemnisé. M. de Kerbriant avait un fils unique nommé Albert; ce jeune homme, n'ayant rien à espérer dans l'héritage d'une famille pauvre, s'était voué de bonne heure à la profession de marin; mais il n'avait pas malheureusement cette santé robuste que demande le service de la mer. M. de Mellan, à son lit de mort, fit une disposition suprême qui réglait le mariage de sa fille avec le fils de son bienfaiteur, à des conditions si généreuses qu'elles acquittaient noblement la dette de la reconnaissance. La veuve, madame de Mellan, se soumit aveuglément aux dernières volontés de son mari; elle entama une correspondance avec Albert de Kerbriant, et ne trouva dans ce jeune homme qu'un empressement bien naturel à remplir la clause testamentaire du père d'Anna. Il fut donc convenu que les deux familles se réuniraient à Toulon vers le mois de juillet, époque à laquelle Albert de Kerbriant arriverait de Pondichéry, sur un vaisseau de l'État, et que le mariage du jeune officier et d'Anna serait célébré sans retard. Madame de Mellan et sa fille étaient arrivées les premières à ce rendez-vous donné à travers l'Océan.

Un petit billet attaché à l'une de ses lettres annonçait la mort de M. de Kerbriant. Ce billet n'était pas de la main de son fils Albert, et il portait le timbre de Nantes.

Cardan conçut alors, après une longue méditation, une de ces idées extravagantes que le seul génie du mal peut faire réussir à l'aide d'infernales combinaisons. D'abord, il ne quitta pas subitement son costume indigent, de peur qu'une trop prompte métamorphose ne le compromît aux yeux de l'aubergiste; il se transforma pièce à pièce, achetant et revêtant en détail sa nouvelle toilette, puis il se logea dans une hôtellerie plus distinguée, ayant eu soin de déguiser non-seulement la couleur de ses cheveux et de son teint, mais encore sa taille, sa démarche et sa voix. Sûr de dépister les limiers de la police, il se mit en quête de trouver un ami digne de lui, dans un de ces repaires d'eau-de-vie et de tabac que les grandes villes recèlent honteusement, à l'ombre des plus hideux quartiers.

Lavater et Gall sont deux enfants auprès d'un forçat évadé de Toulon. Celui-ci est doué, pour reconnaître un de ses pairs, d'un sixième sens, qui est l'odorat du crime. Cardan remarqua, dans un antre alcoolique du vieux Marseille, un jeune homme de vingt-cinq à trente ans, d'une figure pâle et nerveuse, avec des yeux d'un vert mat, ayant dans la nonchalance de son maintien tous les symptômes de l'horreur du travail, et dans son regard les reflets des mauvaises passions. Le costume de cet être annonçait, sous son délabrement, une certaine aisance, que la paresse dévasta; chaque pièce de ses vêtements avait joué un rôle aux potences d'un tailleur en renom, à une date oubliée par le *Journal des Modes*. Mais ce qui surtout trahissait une misère fétide et une paresse incurable, c'était une de ces cravates fondues en charpie grasse, et

> Dont la ganse impuissante
> Dissimule si mal une chemise absente.

Pardon, si je me cite moi-même pour compléter ce signalement.

Cardan se lia bientôt, par la sympathie de quelques petits verres d'*eau-de-mort*, avec cet homme, et il ne tarda pas à reconnaître dans ce nouvel ami une de ces organisations indolentes même pour le crime, et qui ne peuvent se rendre coupables que par l'influence extérieure d'un pouvoir dominateur. Cependant, l'habile galérien employa plusieurs jours à sonder cet homme avant de l'élever à la dignité d'un complice, et lorsqu'il crut devoir arriver à la confidence, après quelques largesses d'écus de cinq francs, il lui dévoila ses plans. Dès ce moment, l'un de ces deux misérables fut un esclave aveugle, et l'autre un maître souverain.

Pour mener l'entreprise à bien, il manquait à Cardan une somme d'argent plus forte que celle qu'il avait volée dans le secrétaire de madame de Mellan, et qui d'ailleurs était presque épuisée. Cet obstacle fut bientôt vaincu. Les changeurs de Marseille ne sont pas inexpugnables comme leurs confrères de Paris : ils étalent trop négligemment, et toujours à la portée d'une main adroite d'escamoteur, leurs doubles napoléons et leurs piastres espagnoles. Cardan, qui rendait au besoin ses doigts invisibles, en changeant deux louis chez un de ces marchands d'or, enleva deux rouleaux avec tout le talent d'un prestidigitateur de profession ou d'un jongleur indien. Avec ce renfort métallique, il se sentait de force à conquérir le Pérou.

Le complice créé par Cardan se nommait Valentin Proghère. Il ne conserva que son prénom en devenant le valet de chambre de Cardan, devenu lui-même M. Albert de Kerbriant. La mission que Proghère reçut était fort délicate à remplir, malgré les lumineuses instructions reçues de la bouche du maître. Il s'agissait de se rendre en précurseur à la campagne de madame de Mellan, et de sonder adroitement le terrain avant de commencer le drame sans péril pour l'auteur.

Proghère, vêtu en domestique de confiance de bonne maison, partit pour Toulon, et, arrivé dans cette ville, il s'embarqua sur un petit canot et descendit devant la campagne de madame de Mellan un peu avant le coucher du soleil. Il joua parfaitement son rôle ; il annonça aux dames que M. Albert de Kerbriant était arrivé à Nantes sur vaisseau marchand parti du cap de Bonne-Espérance ; que les fatigues de la mer l'avaient forcé de donner sa démission plutôt qu'il ne l'aurait voulu, et qu'il s'en revenait des Indes simple bourgeois, indépendant du service militaire, et résolu de fixer sa résidence au choix des dames de Mellan.

Pendant l'entretien, Proghère se tenait debout sur la terrasse, tout prêt à s'élancer en trois bonds dans la campagne si le moindre éclair de méfiance paraissait sur le visage des dames. Cette précaution fut inutile. Madame de Mellan était une bonne femme qui avait passé toute sa vie dans une habitation patriarcale des savanes du nouveau monde : elle ajouta foi plénière à tout ce que lui contait le précurseur de son gendre futur, et dans l'ivresse de sa joie, elle embrassa tendrement sa fille, déjà tout émue à l'idée d'un mariage si précipité.

Le lendemain, à trois heures après midi, un grand bruit de roues et le claquement d'un fouet de postillon annoncèrent l'arrivée d'une chaise de poste dans la grande allée de la campagne.

— C'est M. de Kerbriant, mon maître, dit Proghère, je reconnais sa chaise.

Un jeune homme, vêtu de noir et de la tournure la plus

distinguée, sauta lestement de la voiture sur la terrasse, et comme suffoqué par des sanglots de joie, il précipita ses lèvres sur les mains de madame de Mellan. Cardan était si merveilleusement déguisé, que Proghère s'alarma un instant, car il ne le reconnut pas.

Le forçat évadé s'inclina devant mademoiselle Anna, et lui dit cette phrase, préparée pendant quatorze lieues de poste :

— Je bénis la mémoire de votre père, de cet homme généreux qui m'a choisi pour son gendre; mais je suis heureux de vous dire, mademoiselle, qu'après mon voyage autour du monde, c'est vous que j'aurais choisie pour compagne aujourd'hui.

Ces paroles furent suivies du long silence qui arrive toujours après les émotions profondes ; mais lorsqu'on eut accordé à de tristes souvenirs une part raisonnable de douleur muette, la conversation prit insensiblement une allure vive et gaie, surtout au moment du repas. Cardan fit preuve d'un tact exquis aux yeux des dames en parlant de toute chose, excepté de son mariage. Il raconta en détail son voyage qu'il avait appris la veille sur une mappemonde, entremêlant son récit de tous les termes techniques de marine qu'il avait trouvés dans les livres spéciaux. A la fin, il prit une pose et un accent mélancoliques, et dit :

— J'ai fait cinq mille lieues, j'ai visité les cinq parties du monde, j'ai vu tous les peuples, et j'ai reconnu par cette expérience de vieillard qu'un pareil voyage donne à un jeune homme, j'ai reconnu que le bonheur, s'il existe, doit se rencontrer seulement au sein des devoirs domestiques, loin du monde, et dans une famille isolée, faite de parents et d'amis.

Madame de Mellan serra les mains de Cardan, et sa pantomime exprimait tout le bonheur qu'elle éprouvait d'entendre de si beaux sentiments dans la bouche de son gendre.

Par une transition habilement ménagée, Cardan amena sa future belle-mère à prendre une détermination fort importante pour lui. Il raconta de prétendus démêlés qu'il avait eus à Nantes avec de jeunes officiers, ses anciens camarades, qui venaient de lui reprocher ce qu'ils appelaient sa désertion en termes assez vifs pour provoquer une affaire d'honneur.

— Je ne crains pas une rencontre de ce genre, ajouta-t-il, on le sait; mais il est toujours désolant de croiser l'épée avec de vieux amis qui envisagent ma démission avec tant d'injustice. J'aime mieux leur laisser le loisir de réfléchir sur leurs procédés. Lorsque mon commandant, qui me connaît, sera de retour dans un port de France, il plaidera ma cause mieux que moi. Aussi, j'ai bien résolu de ne pas me montrer à Toulon, et d'éviter des désagréments qui peuvent avoir des suites sérieuses et déplorables. Si ma belle-mère y consent, nous ferons quelque petit voyage dans l'intérieur, ou en Italie ou en Espagne, à son choix; et, quand nous rentrerons en France, ma conduite aura déjà été justifiée par mes camarades arrivés des Indes, et mes injustes amis n'auront que des excuses à m'offrir.

Tout cela fut dit d'un ton simple et naturel qui aurait trompé les plus habiles. La bonne et naïve madame de Mellan s'alarma tellement, pour sa fille surtout, à l'idée de ces querelles d'honneur, qu'elle proposa la première d'abandonner le territoire d'une ville où son gendre avait en trop de relations pour ne pas trouver un ennemi et un injuste duel. La campagne même où elle s'était retirée n'était pas une garantie contre ses alarmes maternelles, puisque toutes les résidences voisines étaient peuplées de familles de marins qui échangeaient des visites dans les soirées de la belle saison.

Cardan ne témoigna aucun empressement de quitter sur-le-champ la campagne de Toulon ; mais ce calme, fort bien joué, ne servit qu'à redoubler les craintes de madame de Mellan, qui se crut obligée de faire violence à son gendre futur pour le décider à entreprendre un voyage ; puis, tirant à part le galérien, elle lui dit en montrant Anna :

— Cette pauvre enfant est bien timide ; elle n'ose vous regarder en face ; il faut voyager quelque temps ensemble pour lui donner un peu de hardiesse. Rien ne mûrit promptement les liaisons comme un voyage ; on est de vieux amis au bout d'un mois. Nous sommes indépendants de tout le monde, vous et moi, n'est-ce pas ? vous pouvez épouser ma fille en Espagne, en Italie, comme en France, comme partout. Ainsi, commençons par mettre notre esprit en repos et partons.

Cardan s'inclina de l'air d'un homme qui se résigne, et il dit :

— Je ne veux pas refuser à ma belle-mère le premier service qu'elle me demande ; partons.

Dans les dispositions de départ qui furent faites entre Cardan et la bonne veuve, il fut convenu que Proghère, le prétendu valet de chambre, resterait à la campagne pour soigner les bagages et les petites affaires domestiques laissées en souffrance, et qu'on lui laisserait une certaine somme d'argent pour les dépenses prévues et imprévues.

Le lendemain, avant l'aube, madame de Mellan, sa fille et le galérien partirent en poste pour Marseille. Cardan se procura dans cette ville un passe-port pour l'Espagne, et, quelques jours après, il descendait, avec les deux dames ses victimes, à l'hôtel des Asturies, à Barcelone.

Les annales du crime offrent peu d'exemples d'une histoire où l'incroyable joue un plus grand rôle. Au reste, si ces événements n'étaient pas extraordinaires, ils ne seraient pas racontés.

Deux semaines environ après le départ de madame de Mellan, le jeune Albert de Kerbriant débarquait sur le quai de Toulon, devant l'hôtel de ville, et, sans se donner le temps de quitter les habits qu'il rapportait des Indes, il courait à la recherche de madame de Mellan. Aux bureaux de la poste, on lui indiqua la campagne, et notre marin sauta sur le premier cheval de louage et s'y rendit en trois élans de galop.

Arriver des Indes avec la riante perspective d'un mariage millionnaire improvisé, toucher la terre, voir la maison qu'habite la jeune fille inconnue et adorée, tout cela n'arrive qu'une fois dans ce monde : aussi, je crois qu'il n'y a rien de plus doux. Le jeune Albert tressaillit à la vue de cette treille italienne, qui laissait apercevoir à travers ses pampres des nuages de cheveux et de mousseline blanche : là était sa famille future, son bonheur, sa fortune, son avenir. Il se précipita de cheval à l'extrémité de l'avenue, et, arrivé sur la terrasse dans une agitation extraordinaire, il prononça le nom de madame de Mellan et le sien. Un groupe de dames et de jeunes gens se leva silencieusement au cri d'introduction du jeune homme, et tous les regards stupéfaits interrogèrent ce nouveau venu que personne ne connaissait.

Un instant étourdi par cette réception étrange, Albert de Kerbriant pensa qu'il s'était trompé de maison, et il s'excusa en ces termes :

— Pardon, mesdames, j'ai fait fausse route ; ce n'est pas étonnant, il y a tant de maisons de campagne dans cette plaine sans rues et sans numéros, que j'ai pris celle-ci pour une autre : pourtant on m'avait donné d'excellentes indications.

Une dame d'un âge mûr prit la parole et dit au marin :

— Peut-être vous ne vous êtes pas trompé, monsieur, nous n'habitons cette maison de campagne que depuis la semaine dernière : c'est bien madame de Mellan qui était ici avant nous ; les fermiers nous l'ont dit, et ils vous le diront comme moi.

— Madame de Mellan est donc rentrée en ville ? demanda le jeune homme agité par un pressentiment sinistre.

— Non, monsieur ; elle est partie en chaise de poste avec sa fille et son gendre.

— Son gendre ! s'écria le marin avec une voix surnaturelle.

— Son gendre, ou du moins le jeune homme qui doit épouser sa fille Anna.

Albert de Kerbriant fit un énergique appel à sa force morale, et, honteux de donner son émotion en spectacle à des étrangers, il se composa un visage, un organe et un maintien calmes, et dit :

— Excusez-moi, madame, si j'entre ici dans des détails qui peuvent vous paraître indiscrets ; encore une question, s'il vous plaît : Auriez-vous entendu prononcer le nom de ce gendre, de ce jeune homme qui doit épouser mademoiselle Anna de Mellan?

— Oh! c'est un nom bien connu ici, dans cette maison ; les femmes de chambre l'ont assez répété aux fermiers et aux fermières des environs : Mademoiselle Anna épouse M. Albert de Kerbriant.

— Je le savais!... dit le véritable Albert.

— Vous voyez donc, monsieur, que nous sommes instruits. A cette heure, le mariage doit être accompli.

— Avec M. de Kerbriant! s'écria le jeune homme, d'une voix effrayante qui fit tressaillir les témoins de cette scène.

Toutes les têtes firent des signes affirmatifs.

— Avec M. de Kerbriant! répéta le malheureux Albert sur le même ton de désespoir ; vous voyez bien que c'est impossible! c'est moi qui suis Albert de Kerbriant et qui viens me marier avec Anna de Mellan ! Ceci est un mystère infernal ! Quelque bandit a intercepté mes lettres, a pris mon nom! Quelle révélation affreuse !

Et il s'assit lourdement sur la banquette de la treille en essuyant la sueur froide de son front.

Une surexcitation de colère le remit bientôt fièrement sur ses pieds ; il comprit que toute sa raison, son calme de marin, son sang-froid d'homme lui étaient nécessaires pour découvrir et châtier un acte infâme, sans exemple dans la société. Il prit congé des dames de cette maison de campagne, en s'excusant d'avoir troublé leur solitude; il courut recueillir, aux environs, des renseignements de la bouche des fermiers, et quand il connut, par des rapports certains, l'heure, le jour et la voie de départ, il ne perdit pas un instant et il se jeta sur les traces du ravisseur.

A Marseille, il courut tous les hôtels de luxe, et aux premières informations qu'il prit à l'hôtel des Empereurs, l'intelligent et l'agile Castel reconnut tout de suite les deux voyageuses et le voyageur; il dit à Albert de Kerbriant que les trois personnes auxquelles il portait tant d'intérêt, avaient passé deux jours dans la maison, et qu'elles s'étaient embarquées pour Barcelone. Castel indiqua même le banquier où il avait conduit le faux Albert de Kerbriant, qui demandait une lettre de crédit de quinze mille francs pour sa belle-mère, dont il avait encore la procuration. Le jeune marin courut chez le notaire et le banquier désignés. Non-seulement les renseignements de Castel étaient vrais de tout point, mais Albert de Kerbriant reconnut encore chez le banquier sa propre signature, contrefaite avec un talent d'imitation qui révélait une main de galérien faussaire. Ce fut un trait de lumière pour le jeune homme. Il prit des chevaux de poste, et en moins de cinq heures il était à Toulon, chez M. le commissaire du bagne, qui lui annonça l'évasion de Cardan, bigame et faussaire ; il lui donna son signalement.

Albert, le soir même, partait pour Barcelone, muni d'autres instructions précieuses et d'une lettre pour le consul de France.

Il fallait suivre au vol cette horrible intrigue; une minute perdue pouvait déterminer un malheur irréparable.

A peine débarqué à Barcelone, Albert de Kerbriant courut chez le consul. La nuit couvrait la ville ; neuf heures sonnaient.

Le consul était au théâtre italien. Albert ne fit qu'un bond du consulat au théâtre ; on lui indiqua la loge du représentant de la France, il y entra, et, s'excusant de sa visite importune, il exhiba sa lettre d'introduction qui expliquait tout.

Le consul pria le jeune de Kerbriant de le suivre dans l'arrière-loge, pour causer sans témoins et sans auditeurs.

Voici l'affreuse confidence qu'Albert recueillit dans cet entretien :

— Un étranger d'un âge indéterminé, dit le consul, s'est présenté chez moi, il y a trois semaines environ, s'annonçant sous le nom d'Albert de Kerbriant. Il venait, disait-il, visiter l'Espagne avec sa future belle-mère et sa fiancée. A l'expiration très-prochaine de son deuil, il devait se marier. Les manières de cet homme m'ont paru étranges : c'était un mélange de bon ton étudié, de langage noble et d'habitudes et d'expressions vulgaires. Il avait dans ses poses un calme d'emprunt, contrarié par des élancements nerveux. Il me rendait une visite, disait-il, pour me présenter ses hommages d'abord, et ensuite pour me consulter sur les formes à suivre dans les mariages en pays étranger. Je lui ai donné toutes les explications qu'il a paru désirer. Depuis cette visite, je l'ai revu deux fois, et ce soir, si vous voulez le voir, il est en loge avec ces dames, presque en face de nous, à l'amphithéâtre. Le signalement que vous m'avez donné de cet étranger est frappant d'exactitude, avec cette différence pourtant que ses cheveux sont noirs et abondants, au lieu d'être blonds et courts; mais c'est sans doute une supercherie de coiffure qu'il sera fort aisé de découvrir.

Albert de Kerbriant pria le consul de vouloir bien lui accorder une place dans sa loge, et un instant après il occupait son poste d'observation.

Du premier coup d'œil il jugea la moralité de cet homme

qui, ne se doutant pas qu'un regard scrutateur était fixé sur lui, gardait une immobilité sombre, et semblait n'appartenir que de corps à ce monde enthousiaste qui applaudissait un duo italien. Cardan, vêtu de noir, avec sa figure couverte de cette pâleur cuivrée, fard du galérien, avec son œil fixe, son front déprimé, ses narines convulsives, ressemblait à un être surnaturel, dégagé de toute préoccupation frivole, et méditant quelque projet conseillé par l'enfer. A côté de lui, comme contraste, s'épanouissait, dans sa naïve joie de jeune fille, Anna de Mellan ; on aurait cru voir une colombe ignorant le péril et posée sur le même rameau à côté d'un vautour. Albert de Kerbriant se leva au premier entr'acte, et saluant le consul du geste familier qui signifie : Au revoir dans l'instant, il se dirigea vers la loge du faussaire ravisseur. Le consul suivit Albert de loin.

Il frappa trois légers coups, la porte s'ouvrit, et d'une voix calme et distincte, il nomma M. Albert de Kerbriant.

— C'est moi, monsieur, répondit Cardan.

— J'ai deux mots à vous dire en particulier, dit Albert.

Cardan se leva, non sans trahir quelque émotion, et sortit dans le couloir.

— C'est donc à monsieur Albert de Kerbriant que je parle ? dit Albert.

— Certainement, monsieur, répondit le galérien avec une voix enrouée par un trouble subit.

— Vous êtes bien sûr de cela ?

— Voilà une singulière question ! dit Cardan avec un sourire sérieux.

Albert saisit vivement les cheveux d'emprunt de Cardan, et la tête rasée du galérien se découvrit à nu.

— Tu es un bandit du bagne de Toulon !

Cardan poussa un rugissement sourd, et tirant un poignard, il allait se débarrasser de ce foudroyant inconnu avant que cette scène eût d'autres acteurs, lorsque Albert, qui avait prévu le coup, saisit adroitement le galérien par le bras et la cravate, et l'incrusta sur le mur voisin en appelant à l'aide. Aux cris du marin, on accourut de toutes les loges voisines. Cardan, qui n'avait pas quitté son poignard, fut arrêté par des hommes de police, et Albert, se cramponnant avec une vigueur surhumaine au collet de son habit et au col de sa chemise, déchira linge et drap du même coup de griffe, et mit à nu l'épaule du galérien, flétrie par deux lettres sur une peau brûlée au soleil de Toulon. Un murmure d'horreur éclata de tous côtés ; mais Albert ne perdit pas son temps à raconter son histoire, il avait un plus pressant devoir à remplir.

Madame de Mellan et sa fille prêtaient l'oreille avec inquiétude aux bruits alarmants qui venaient des corridors, et elles n'osaient se hasarder dans cette foule curieuse qui les envahissait. Tout à coup, le consul de France, suivi d'un étranger vêtu de l'uniforme de notre marine royale, entra dans la loge de ces dames, et leur dit :

— Je vous prie d'accepter mon bras, mesdames, et de me suivre chez moi, c'est-à-dire chez vous, car ma maison est celle de tous les Français.

Madame de Mellan et sa fille, trop émues pour approfondir tant d'incidents mystérieux, n'hésitèrent pas à suivre leur consul.

La veuve prit le bras d'Albert, et Anna le bras du consul.

Aux clartés des candélabres, qui versent un grand jour sur le péristyle du théâtre, on distinguait aisément, comme en plein midi, un homme pâle et chauve, les épaules nues, entraîné par la police et hué par la foule.

— Mon Dieu! s'écria madame de Mellan, c'est Albert.

— Non, madame, lui dit le consul, cet homme n'est pas Albert de Kerbriant : c'est un bandit qui a ourdi contre vous et mademoiselle une trame abominable. C'est un galérien évadé du bagne de Toulon ; il est marqué sur l'épaule des lettres T. F., ainsi que vous pourrez le voir, si la foule nous permet de nous approcher de lui.

Un vif saisissement bouleversa toutes les facultés de madame de Mellan, et la parole lui fit défaut pour répondre.

Ce fut dans la maison du consul qu'il y eut un échange d'explications et de surprises, qui devait amener cette histoire à son dénoûment naturel et légitime. Tous les droits usurpés par le faussaire furent restitués au véritable Albert de Kerbriant.

L'émotion qui suivit cette orageuse soirée ne permit pas aux deux dames d'accueillir Albert de Kerbriant comme il méritait d'être accueilli, mais le lendemain, madame de Mellan et sa fille n'eurent pas assez d'éloges à donner à leur jeune et charmant libérateur; et ce jour même, à la table du consul de France, il fut arrêté que le mariage d'Anna et d'Albert serait célébré à l'église Saint-Louis, à Toulon, et que l'amiral serait prié de signer au contrat.

FIN

Paris. — Typographie de Mme Ve Dondey-Dupré, rue Saint-Louis, 46.

COLLECTION MICHEL LÉVY

VOLUMES PARUS ET A PARAITRE
Format grand in-18, à 1 franc

A. DE LAMARTINE — vol.
Les Confidences. . . 1
Nouvelles Confidences. 1

THÉOPHILE GAUTIER
Les Beaux-Arts en Europe. 2
Constantinople. . . . 1
L'Art moderne. . . . 1

GEORGE SAND
Mauprat. 1
Valentine. 1
Indiana. 1
La Mare au Diable. . 1
La petite Fadette. . . 1
François le Champi. . 1

GÉRARD DE NERVAL
La Bohème galante. . 1
Le Marquis de Fayolles. 1
Les Filles du Feu. . . 1

EUGÈNE SCRIBE
Théâtre, tomes 1 à 8. . 8
Nouvelles. 1
Historiettes et Proverbes. 1

F. PONSARD
Études antiques. . . 1

HENRY MURGER
Le dernier Rendez-Vous 1
Le Pays Latin. . . . 1
Scènes de Campagne. . 1

ÉMILE AUGIER
Poésies complètes. . . 1

Mme BEECHER STOWE
Traduction E. Forcade.
Souvenirs heureux. . 1

ALPHONSE KARR
Les Femmes. 1
Agathe et Cécile. . . 1

LOUIS REYBAUD
Le dernier des Commis-Voyageurs. 1
Le Coq du Clocher. . 1
L'Industrie en Europe. 1

Mme ÉMILE DE GIRARDIN
Marguerite, ou Deux Amours. 1

PAUL MEURICE
Scènes du Foyer. . . 1

CHARLES DE BERNARD
Le Nœud gordien. . . 1
Gerfaut. 1
Un Homme sérieux. . 1
Les ailes d'Icare. . . 1

HOFFMANN — vol.
Traduction Champfleury.
Contes posthumes. . . 1

ALEX. DUMAS FILS
Aventures de quatre Femmes. 1
La Vie a vingt ans. . 1
Antonine. 1
La Dame aux Camélias. 1

JULES LECOMTE
Le Poignard de Cristal. 1

X. MARMIER
Au bord de la Newa. . 1

FRANCIS WEY
Les Anglais chez eux. 1

PAUL DE MUSSET
La Bavolette. 1

ACHIM D'ARNIM
Traduction Th. Gautier fils.
Contes bizarres. . . . 1

ARSÈNE HOUSSAYE
Les Femmes comme elles sont. 1

LE GÉNÉRAL DAUMAS
Le Grand Désert. . . 1

H. BLAZE DE BURY
Musiciens contemporains. 1

OCTAVE DIDIER
Madame Georges. . . 1

LÉON GOZLAN
Les Chateaux de France 1
Le Notaire de Chantilly. 1

ÉMILE SOUVESTRE
Un Philosophe sous les Toits. 1
Confessions d'un Ouvrier 1
Au coin du Feu. . . 1
Scènes de la Vie intime. 1
Chroniques de la Mer. 1
Dans la Prairie. . . . 1
Les Clairières. 1
Scènes de la Chouannerie 1
Sur la Pelouse. . . . 1
Les Soirées de Meudon. 1

FÉLIX MORNAND
La Vie arabe. 1

EDGARD POE
Traduction Ch. Baudelaire.
Histoires extraordinaires. 1

A. VACQUERIE
Profils et Grimaces. . 1

CHARLES BARBARA
Histoires émouvantes.

A. DE PONTMARTIN
Contes et Nouvelles.
Mémoires d'un Notaire.
La fin du Procès.
Contes d'un Planteur de choux

HENRI CONSCIENCE
Traduction Léon Vocqu.
Scènes de la Vie flamande.
Le Fléau du Village

DE STENDHAL
(H. Beyle)
De l'Amour.
Le Rouge et le Noir.
La Chartreuse de Parme

PAUL FÉVAL
Le Tueur de Tigres.

LOUIS DE CARNÉ
Un Drame sous la Terreur.

CHAMPFLEURY
Les premiers Beaux Jours

ROGER DE BEAUVOIR
Le Chevalier de Saint Georges.
Aventurières et Courtisanes.
Histoires cavalières.

HILDEBRAND
Traduction Léon Vocqu.
Scènes de la Vie hollandaise.

AMÉDÉE ACHARD
Parisiennes et Provinciales.

ALBÉRIC SECOND
A quoi tient l'Amour.

Mme CAROLINE BERTO
(Née Samson)
Le Bonheur impossible

NADAR
Quand j'étais Étudiant

MARC FOURNIER
Le Monde et la Comédi

JULES SANDEAU
Sacs et Parchemins.

MÉRY
Les Nuits anglaises.
Une Histoire de Famill
André Chénier.

PARIS. — IMP. DONDEY-DUPRÉ, RUE SAINT-LOUIS, 46.